SK하이닉스

고졸/전문대졸 온라인 필기시험

시대에듀

2025 최신판 시대에듀 All-New SK하이닉스 고졸/전문대졸
온라인 필기시험 + 최신기출유형 + 모의고사 4회 + 무료하이닉스특강

Always **with you**

사람의 인연은 길에서 우연하게 만나거나 함께 살아가는 것만을 의미하지는 않습니다.
책을 펴내는 출판사와 그 책을 읽는 독자의 만남도 소중한 인연입니다.
시대에듀는 항상 독자의 마음을 헤아리기 위해 노력하고 있습니다. 늘 독자와 함께하겠습니다.

머리말 PREFACE

SK하이닉스는 현재 이천, 청주의 국내 사업장을 포함하여 중국 우시, 충칭에 4개의 생산기지와 미국, 영국, 독일, 싱가포르, 홍콩, 인도, 일본, 대만, 중국 등 10개국에 판매법인을 운영하고 있으며, 이탈리아, 미국, 대만, 벨라루스 등에서 4개의 연구개발법인을 운영하는 글로벌 기업이다. SK하이닉스는 지난 30여 년간 축적된 반도체 생산운영 노하우를 바탕으로 지속적인 연구개발 및 투자를 통해 기술 및 원가 경쟁력을 확보하고, 세계 반도체시장을 선도하기 위해 노력하고 있다.

SK하이닉스의 Operator 및 Maintenance 직무는 SK그룹의 인적성검사인 SKCT와는 다른 별도의 인적성검사를 치르게 된다. 적성검사는 언어표현, 언어이해, 창의수리, 자료해석과 같은 영역이 출제되며, 문항 수에 비해 제한시간이 짧으므로 평소에 준비하지 않으면 쉽게 통과할 수 없는 시험이다.

이에 시대에듀에서는 SK하이닉스 Operator 및 Maintenance 직무를 희망하는 수험생들에게 좋은 길잡이가 되어주고자 다음과 같은 특징을 가진 본서를 출간하게 되었다.

도서의 특징

❶ 2024∼2023년 2개년 주요기업 생산직 기출복원문제를 수록하여 최근 출제경향을 한눈에 파악할 수 있도록 하였다.
❷ 적성검사 출제영역별 핵심이론과 적중예상문제로 체계적인 학습이 가능하도록 하였다.
❸ 학습 후 실력을 점검하며 마무리할 수 있도록 최종점검 모의고사를 2회 수록하였다.
❹ 인성검사에 대비할 수 있도록 인성검사 예제를 수록하였으며, SK하이닉스의 면접 기출 질문을 수록하여 필기시험과 인성검사는 물론 면접까지 한 권으로 대비할 수 있도록 하였다.

끝으로 본서를 통해 SK하이닉스 Operator 및 Maintenance 채용 시험을 준비하는 모든 수험생 여러분이 합격의 영광을 얻기를 진심으로 기원한다.

SDC(Sidae Data Center) 씀

◇ 기업정보

기업명	SK하이닉스
대표이사	곽노정
반도체 사업개시일	1983년 2월
업종	반도체 소자 제조 및 판매
본사	경기도 이천시 부발읍 경충대로 2091
제품 및 서비스	▶ 메모리 반도체 DRAM, NAND Flash, MCP(Multi-Chip Package) 등 ▶ 시스템 반도체 CIS(CMOS Image Sensor) 등

◇ 직무소개

구분	Operator	Maintenance
직무	반도체장비 Operation을 통한 제조 또는 제조지원 업무, 반도체 제품의 특성 및 Data 입력, 품질 관련 시험 및 불량 요인 검사 업무, 지수 향상을 위한 생산실적 분석 및 개선 업무를 진행한다.	생산장비의 Set-up, 검교정 및 정비, 장비의 최적 가동 상태 유지 업무, Gas/Chemical 설비 운영 및 유지 보수 업무를 진행한다.
세부 업무	• 반도체장비 Operation을 통한 제조 또는 제조지원 업무 • 반도체 제품의 특성 및 Data 입력 • 품질 관련 시험 및 불량 요인 검사 업무 • 지수 향상을 위한 생산실적 분석 및 개선	• 생산장비의 Set-up • 검교정 및 정비 • 장비의 최적 가동 상태 유지 업무 • Gas/Chemical 설비 운영 및 유지 보수
지원 자격	고졸 또는 전문대졸 학력 소지자로 전공 무관	고졸 또는 전문대졸 학력 소지자로 반도체, 전자, 전기, 기계 관련 전공

◇ 인재상

SK하이닉스는 **구성원의 행복이 기업의 행복이자, 사회적 가치**라는 믿음 아래
자신의 행복과 함께 우리 사회를 보다 발전시켜 나갈 다음과 같은 인재를 기다린다.

첨단 기술을 실현할 수 있는 인재	지속적으로 소통하는 인재	도전하고 노력하는 인재

VWBE	자발적(Voluntarily)이고 의욕적(Willingly)인 두뇌활용(Brain Engagement)하는 인재
SUPEX	인간의 능력으로 도달할 수 있는 최고 높은 수준까지 도전하는 인재
패기	스스로 동기부여를 하고 성장을 위해 노력하는 인재
협업능력	제품의 완성도를 위해 다양한 사람과 끊임없이 소통하고 경계를 넘어 협력하는 인재
기술역량	글로벌 반도체 시장을 선도하는 SK하이닉스의 첨단 기술을 함께 실현할 수 있는 인재
사고력 · 실행력	기술에 대한 집념으로 한발 앞서 시장을 읽고 움직이는 인재

◇ **모집시기**

수시채용 실시

◇ **지원방법**

SK하이닉스 채용 홈페이지(recruit.skhynix.com)를 통한 온라인 지원

◇ **Operator 채용**

지원서 접수   서류전형   인/적성검사   면접전형   건강검진   최종합격

① 고졸 또는 전문대졸 학력 소지자이며, 전공은 무관하다.

② 서류전형은 성적, 출결 등의 내용을 위주로 전형한다.

③ 인성검사는 SK하이닉스의 인재상에 부합되는 인재 선발을 위한 요인검사로 시행된다.

◇ **Maintenance 채용**

지원서 접수   서류전형   인/적성검사   면접전형   건강검진   최종합격

① 고졸 또는 전문대졸 학력 소지자 중 반도체 · 전자 · 전기 · 기계 계열의 전공자에 해당된다.

② 서류전형은 성적, 출결 등의 내용을 위주로 전형한다.

③ 인성검사는 SK하이닉스의 인재상에 부합되는 인재 선발을 위한 요인검사로 시행된다.

❖ 채용절차 및 전형은 채용유형과 직무, 시기 등에 따라 변동될 수 있으므로 반드시 채용공고를 확인하기 바랍니다.

2024년 기출분석 ANALYSIS

총평

2024년 SK하이닉스 필기시험은 2023년에 실시된 시험과 달리 온라인으로 시행되었다. 또한 영역의 경우 기초지식(영어/수학), 언어이해, 패턴이해, 상황판단에서 언어표현, 언어이해, 창의수리, 자료해석 네 갈래로 변경되었고 문항 수 또한 80문항에서 100문항으로 늘어났다. 전반적으로 매우 쉬운 난도로 출제되었으나, 온라인 시험이라는 상황 및 짧은 시험시간으로 주어진 시간 내에 얼마나 정확하게 문제를 풀어내는지에 따라 합격의 당락이 갈렸을 것이다.

◇ 영역별 출제비중

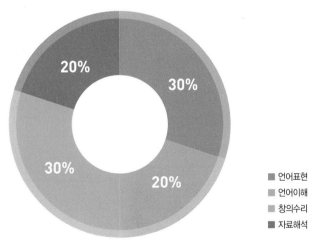

- 20%
- 30%
- 30%
- 20%

■ 언어표현
■ 언어이해
■ 창의수리
■ 자료해석

◇ 영역별 출제특징

구분	영역	문항 수	출제특징
온라인 필기시험	언어표현	30문항	• 유의어/반의어/다의어를 찾는 문제 • 대응되는 단어의 관계를 유추하는 문제 • 제시된 단어들을 보고 연상되는 단어를 찾는 문제
	언어이해	20문항	• 제시된 명제를 통해 참/거짓을 추론하는 문제 • 제시된 결론의 옳고 그름을 판단하는 문제 • 논리적 오류를 찾는 문제
	창의수리	30문항	• 기본적인 사칙연산을 하는 문제 • 거리/속력/시간을 구하는 응용수리 문제
	자료해석	20문항	• 제시된 자료를 읽고 추론하는 문제 • 표에 제시된 수치를 이용해 계산하는 문제

이 책의 차례 CONTENTS

Add+

2개년 주요기업 생산직
기출복원문제

01 언어

※ 다음 제시된 단어의 대응 관계로 볼 때, 빈칸에 들어가기에 알맞은 것을 고르시오. [1~6]

| 2024년 상반기 S-OIL

01

떡 : 쌀 = ( ) : 밀가루

① 보리
② 밥
③ 사탕
④ 빵
⑤ 김치

| 2024년 상반기 S-OIL

02

청소 : 빗자루 = 문학 : ( )

① 사상
② 표현
③ 언어
④ 감정
⑤ 문법

정답 및 해설

01 제시된 단어는 재료와 결과물의 관계이다.
'떡'을 만드는 재료는 '쌀'이고, '빵'을 만드는 재료는 '밀가루'이다.

02 제시된 단어는 도구와 용도의 관계이다.
'빗자루'로 '청소'를 하고, '언어'로 '문학'을 창작한다.

01 ④ 02 ③ 정답

03

제한하다 : 통제하다 = 만족하다 : (   )

① 번잡하다   ② 부족하다

③ 탐탁하다   ④ 모자라다

⑤ 듬직하다

04

암상 : 시기심 = (   ) : 답습

① 장난   ② 흉내

③ 지원   ④ 소풍

⑤ 그림자

정답 및 해설

03 제시된 단어는 유의 관계이다.
'제한하다'의 유의어는 '통제하다'이며, '만족하다'의 유의어는 '탐탁하다'이다.

04 제시된 단어는 유의 관계이다.
남을 시기하고 샘을 잘 내는 마음이나 행동을 의미하는 '암상'의 유의어는 '시기심'이고, 예로부터 해 오던 방식이나 수법을 좇아 그대로 행함을 의미하는 '답습'의 유의어는 '흉내'이다.

03 ③   04 ②   〈 정답

05

| 쌀 : 송편 = 도토리 : (   ) |

① 단오   ② 묵
③ 밤   ④ 밀

06

| 고무 : (   ) = 포도 : 발사믹 식초 |

① 냄비   ② 화선지
③ 나무   ④ 지우개

정답 및 해설

05 제시된 단어는 재료와 음식의 관계이다.
'쌀'로 가루를 내어 '송편'을 만들고, '도토리'로 가루를 내어 '묵'을 만든다.

06 제시된 단어는 재료와 결과물의 관계이다.
'포도'로 '발사믹 식초'를 만들고, '고무'로 '지우개'를 만든다.

05 ②   06 ④   〈 정답

※ 다음 제시된 단어의 대응 관계로 볼 때, 빈칸에 들어가기에 알맞은 것끼리 짝지어진 것을 고르시오. [7~8]

| 2024년 상반기 S-OIL

07

> 테니스 : ( ) = ( ) : 배트

① 탁구, 그물
② 라켓, 야구
③ 외래어, 크리켓
④ 코트, 타자
⑤ 선수, 심판

| 2024년 상반기 S-OIL

08

> ( ) : 설명하다 = 분류하다 : ( )

① 설득하다, 불리하다
② 해설하다, 구별하다
③ 설비하다, 종합하다
④ 평론하다, 분간하다
⑤ 조명하다, 분석하다

정답 및 해설

07 제시된 단어는 운동 종목과 도구의 관계이다.
'테니스'를 하기 위해서는 '라켓'이 필요하고, '야구'를 하기 위해서는 '배트'가 필요하다.

08 제시된 단어는 유의 관계이다.
'설명하다'의 유의어는 '해설하다'이고, '분류하다'의 유의어는 '구별하다'이다.

07 ② 08 ② 〈정답

09

| 2024년 상반기 S-OIL

긴축

① 긴장   ② 절약

③ 수축   ④ 수렴

⑤ 구축

10

| 2024년 상반기 S-OIL

상정

① 가정   ② 사색

③ 성현   ④ 고찰

⑤ 인정

정답 및 해설

09 • 긴축(緊縮) : 재정의 기초를 다지기 위하여 지출을 줄임
  • 절약(節約) : 함부로 쓰지 아니하고 꼭 필요한 데에만 써서 아낌

  오답분석
  ① 긴장(緊張) : 마음을 조이고 정신을 바짝 차림
  ③ 수축(收縮) : 근육 따위가 오그라듦
  ④ 수렴(收斂) : 의견이나 사상 따위가 여럿으로 나뉘어 있는 것을 하나로 모아 정리함
  ⑤ 구축(構築) : 체제, 체계 따위의 기초를 닦아 세움

10 • 상정(想定) : 어떤 정황을 가정적으로 생각하여 단정함
  • 가정(假定) : 사실이 아니거나 또는 사실인지 아닌지 분명하지 않은 것을 임시로 인정함

  오답분석
  ② 사색(思索) : 어떤 것에 대하여 깊이 생각하고 이치를 따짐
  ③ 성현(聖賢) : 성인(聖人)과 현인(賢人)을 아울러 이르는 말
  ④ 고찰(考察) : 어떤 것을 깊이 생각하고 연구함
  ⑤ 인정(認定) : 확실히 그렇다고 여김

09 ②   10 ①   《정답》

※ 다음 제시된 단어들의 관계와 유사한 것을 고르시오. [11~12]

| 2023년 하반기 포스코그룹

11

직권 – 권한

① 백중 – 호각 　　　　　　　　② 직책 – 직업

③ 악화 – 호전 　　　　　　　　④ 광음 – 찰나

| 2023년 하반기 포스코그룹

12

구리 – 전선

① 바람 – 태양열 　　　　　　　② 밀 – 쌀

③ 도토리 – 솔방울 　　　　　　④ 계란 – 마요네즈

정답 및 해설

11　제시된 단어는 유의 관계이다.
- 직권 : 직무상의 권한. 공무원이나 법인 따위의 기관이 그 지위나 자격으로 행할 수 있는 사무나 그런 사무의 범위. '맡은 권한'으로 순화
- 백중 : 재주나 실력, 기술 따위가 서로 비슷하여 낫고 못함이 없음. 또는 그런 형세
- 호각 : 서로 우열을 가릴 수 없을 정도로 역량이 비슷한 것

12　제시된 단어는 재료와 가공품의 관계이다.
'구리'는 '전선'의 재료이고, '계란'은 '마요네즈'의 재료이다.

11 ①　12 ④　＜정답

※ 다음 제시된 단어와 반의 관계인 단어를 고르시오. [13~15]

| 2024년 상반기 S-OIL

13

가지런하다

① 고르다   ② 똑바르다
③ 균등하다   ④ 나란하다
⑤ 들쭉날쭉하다

| 2024년 상반기 S-OIL

14

반박하다

① 부정하다   ② 수긍하다
③ 거부하다   ④ 비판하다
⑤ 논박하다

정답 및 해설

13 • 가지런하다 : 여럿이 층이 나지 않고 고르게 되어 있다.
    • 들쭉날쭉하다 : 들어가기도 하고 나오기도 하여 가지런하지 아니하다.

오답분석
① 고르다 : 여럿이 다 높낮이, 크기, 양 따위의 차이가 없이 한결같다.
② 똑바르다 : 어느 쪽으로도 기울지 않고 곧다.
③ 균등하다 : 고르고 가지런하여 차별이 없다.
④ 나란하다 : 여럿이 줄지어 늘어선 모양이 가지런하다.

14 • 반박하다 : 어떤 의견, 주장, 논설 따위에 반대하여 말하다.
    • 수긍하다 : 옳다고 인정하다.

오답분석
① 부정하다 : 그렇지 아니하다고 단정하거나 옳지 아니하다고 반대하다.
③ 거부하다 : 요구나 제의 따위를 받아들이지 않고 물리치다.
④ 비판하다 : 현상이나 사물의 옳고 그름을 판단하여 밝히거나 잘못된 점을 지적하다.
⑤ 논박하다 : 어떤 주장이나 의견에 대하여 그 잘못된 점을 조리 있게 공격하여 말하다.

13 ⑤   14 ②   〈정답

15

정밀

① 조잡   ② 해산

③ 억제   ④ 촉진

16 다음 중 서로 동의 또는 유의 관계인 단어 2개는?

① 해이   ② 미개   ③ 밀집   ④ 야만   ⑤ 냉대

17 다음 중 서로 반의 관계인 단어 2개는?

① 가공   ② 외환   ③ 만성   ④ 외지   ⑤ 내우

정답 및 해설

15 • 정밀 : 아주 정교하고 치밀하여 빈틈이 없고 자세함
    • 조잡 : 말이나 행동, 솜씨 따위가 거칠고 잡스러워 품위가 없음

오답분석
② 해산 : 모였던 사람이 흩어짐. 또는 흩어지게 함
③ 억제 : 감정이나 욕망, 충동적 행동 따위를 내리눌러서 그치게 함
④ 촉진 : 다그쳐 빨리 나아가게 함

16 • 미개(未開) : 어떤 사회가 발전되지 않고 문화 수준이 낮은 상태
    • 야만(野蠻) : 미개하여 문화 수준이 낮은 상태. 또는 그런 종족

오답분석
① 해이(解弛) : 긴장이나 규율 따위가 풀려 마음이 느슨함
③ 밀집(密集) : 빈틈없이 빽빽하게 모임
⑤ 냉대(冷待) : 정성을 들이지 않고 아무렇게나 하는 대접

17 • 외환(外患) : 외적의 침범에 대한 걱정
    • 내우(內憂) : 나라 안의 걱정

오답분석
① 가공(加功) : 원자재나 반제품을 인공적으로 처리하여 새로운 제품을 만들거나 제품의 질을 높임
③ 만성(慢性) : 버릇이 되다시피 하여 쉽게 고쳐지지 아니하는 상태나 성질
④ 외지(外地) : 자기가 사는 곳 밖의 다른 고장

15 ①   16 ②, ④   17 ②, ⑤   **정답**

※ 다음 글의 중심 내용으로 가장 적절한 것을 고르시오. [18~20]

| 2024년 상반기 S-OIL

18

세계 최대의 소금사막인 우유니 사막은 남아메리카 중앙부 볼리비아의 포토시주(州)에 위치한 소금호수로, '우유니 소금사막' 혹은 '우유니 염지' 등으로 불린다. 지각변동으로 솟아오른 바다가 빙하기를 거쳐 녹기 시작하면서 거대한 호수가 생겨났다. 면적은 1만 2,000km²이며 해발고도 3,680m의 고지대에 위치한다. 물이 배수되지 않은 지형적 특성 때문에 물이 고여 얕은 호수가 되었으며, 소금으로 덮인 수면 위에 푸른 하늘과 흰 구름이 거울처럼 투명하게 반사되어 관광지로도 이름이 높다. 소금층 두께는 30cm부터 깊은 곳은 100m 이상이며 호수의 소금 매장량은 약 100억 톤 이상이다. 우기인 12월에서 3월 사이에는 20 ~ 30cm의 물이 고여 얕은 염호를 형성하는 반면, 긴 건기 동안에는 표면뿐만 아니라 사막의 아래까지 증발한다. 특이한 점은 지역에 따라 호수의 색이 흰색, 적색, 녹색 등의 다른 빛깔을 띤다는 점이다. 이는 호수마다 쌓인 침전물의 색깔과 조류의 색깔이 다르기 때문이다. 또한 소금 사막 곳곳에서는 커다란 바위부터 작은 모래까지 한꺼번에 섞인 빙하성 퇴적물들과 같은 빙하의 흔적들을 볼 수 있다.

① 우유니 사막 이름의 유래
② 우유니 사막의 주민 생활
③ 우유니 사막의 기후와 식생
④ 우유니 사막의 관광 상품 종류
⑤ 우유니 사막의 자연지리적 특징

정답 및 해설

18 제시문은 우유니 사막의 위치와 형성, 특징 등에 대해 설명하고 있으므로 '우유니 사막의 자연지리적 특징'이 중심 내용으로 가장 적절하다.

18 ⑤ 〈 정답

19

헤르만 헤세는 어느 책이 유명하다거나 그것을 모르면 수치스럽다는 이유만으로 그 책을 무리하게 읽으려는 것은 참으로 그릇된 일이라 했다. 그는 이어서, "그렇게 하기보다는 모든 사람은 자기에게 자연스러운 면에서 읽고, 알고, 사랑해야 할 것이다. 어느 사람은 학생 시절의 초기에 벌써 아름다운 시구의 사랑을 자기 안에서 발견할 수 있으며, 혹은 어느 사람은 역사나 자기 고향의 전설에 마음이 끌리게 되고 또는 민요에 대한 기쁨이나 우리의 감정이 정밀하게 연구되고 뛰어난 지성으로 해석된 것에 독서의 매력 있는 행복감을 가질 수 있을 것이다."라고 말한 바 있다.

① 문학 작품을 많이 읽으면 정서 함양에 도움이 된다.
② 학생 시절에 고전과 명작을 많이 읽어 교양을 쌓아야 한다.
③ 독서는 우리의 감정을 정밀하게 연구하고 해석하여 행복감을 준다.
④ 남들이 읽어야 한다고 말하는 책보다 자신이 읽고 싶은 책을 읽는 것이 좋다.
⑤ 자신이 속한 사회의 역사나 전설에 관한 책을 읽으면 애향심을 기를 수 있다.

정답 및 해설

19 제시문 중 헤르만 헤세가 한 말인 "자기에게 자연스러운 면에서 읽고, 알고, 사랑해야 할 것이다."라는 문구를 통해 남의 기준에 맞추기보다 자신의 감정에 충실하게 책을 선택하여 읽으라고 하였음을 알 수 있다.

19 ④　　정답

20

지구 내부는 끊임없이 운동하며 막대한 에너지를 지표면으로 방출하고, 이로 인해 지구 표면에서는 지진이나 화산 등의 자연 현상이 일어난다. 그런데 이러한 자연 현상을 예측하기란 매우 어렵다. 그 이유는 무엇일까?

지구 내부는 지각, 상부 맨틀, 하부 맨틀, 외핵, 내핵이 층상 구조를 이루고 있다. 지구 내부로 들어 갈수록 온도가 증가하는데, 이 때문에 외핵은 액체 상태로 존재한다. 고온의 외핵이 하부 맨틀의 특정 지점을 가열하면 이 부분의 중심부 물질은 상승류를 형성하여 움직이기 시작한다. 아주 느린 속도로 맨틀을 통과한 상승류는 지표면 가까이에 있는 판에 부딪치게 된다. 판은 매우 단단한 암석으로 이루어져 있어 거대한 상승류도 쉽게 뚫지 못한다. 그러나 간혹 상승류가 판의 가운데 부분을 뚫고 곧바로 지표면으로 나오기도 하는데, 이곳을 열점이라 한다. 열점에서는 지진과 화산 활동이 활발히 일어난다.

한편 딱딱한 판을 만난 상승류는 꾸준히 판에 힘을 가하여 거대한 길이의 균열을 만들기도 한다. 결국 판이 완전히 갈라지면 이 틈으로 아래의 물질이 주입되어 올라오고, 올라온 물질은 지표면에서 옆으로 확장되면서 새로운 판을 형성한다. 상승류로 인해 판이 갈라지는 이 부분에서도 지진과 화산 활동이 일어난다.

새롭게 생성된 판은 오랜 세월 천천히 이동하는 동안 식으면서 밀도가 높아지는데, 이미 존재하고 있던 다른 판 중 밀도가 낮은 판과 충돌하면 그 아래로 가라앉게 된다. 가라앉는 판이 상부 맨틀의 어느 정도 깊이까지 들어가면 용융 온도가 낮은 일부 물질은 녹는데, 이 물질이 이미 존재하던 판의 지표면으로 상승하면서 지진을 동반한 화산 활동이 일어나기도 한다. 그러나 녹지 않은 대부분의 물질은 위에서 내리누르는 판에 의해 큰 흐름을 만들면서 맨틀을 통과한다. 이 하강류는 핵과 하부 맨틀 경계면까지 내려와 외핵의 한 부분을 누르게 된다. 외핵은 액체로 되어 있으므로 한 부분을 누르면 다른 부분에서 위로 솟아오르는데, 솟아오른 이 지점에서 또 다른 상승류가 시작된다. 그런 데 하강류가 규칙적으로 발생하지 않으므로 상승류가 언제 어디서 발생하는지 알기 어렵다.

지금까지 살펴본 바처럼 화산과 지진 등의 자연 현상은 맨틀의 상승류와 하강류로 인해 일어난다. 맨틀의 상승류와 하강류는 흘러가는 동안 여러 장애물을 만나게 되고 이로 인해 그 흐름이 불규칙하게 진행된다. 그런데 현대과학 기술로 지구 내부에 있는 이 장애물의 성질과 상태를 모두 밝혀내기는 어렵다. 바로 이것이 지진이나 화산과 같은 자연 현상을 쉽게 예측할 수 없는 이유이다.

① 판의 분포　　　　　　　　　　② 지각의 종류
③ 지구 내부의 구조　　　　　　　④ 내핵의 구성 성분

정답 및 해설

20　제시문은 지구의 내부가 지각, 상부 맨틀, 하부 맨틀, 외핵, 내핵으로 이루어진 층상 구조라고 밝히며, 지구 내부의 구조에 대해 설명하고 있다. 따라서 중심 내용으로 가장 적절한 것은 ③이다.

20 ③ 《정답

21 다음 글의 내용으로 적절하지 않은 것은?

> 최근 민간 부문에 이어 공공 부문의 인사관리 분야에 '역량(Competency)'의 개념이 핵심 주제로 등장하고 있다. '역량'이라는 개념은 1973년 사회심리학자인 맥클랜드에 의하여 '전통적 학업 적성 검사 혹은 성취도 검사의 문제점 지적'이라는 연구에서 본격적으로 논의된 이후 다양하게 정의되어 왔으나, 여기서의 역량의 개념은 직무에서 탁월한 성과를 나타내는 고성과자(High Performer)에 게서 일관되게 관찰되는 행동적 특성을 의미한다. 즉, 지식·기술·태도 등 내적 특성들이 상호작 용하여 높은 성과로 이어지는 행동적 특성이다. 따라서 역량은 관찰과 측정할 수 있는 구체적인 행 위의 관점에서 설명된다. 조직이 필요로 하는 역량 모델이 개발된다면 이는 채용이나 선발, 경력 관리, 평가와 보상, 교육·훈련 등 다양한 인사관리 분야에 적용될 수 있다.

① 역량의 개념 정의는 역사적으로 다양하였다.
② 역량은 개인의 내재적 특성을 포함하는 개념이다.
③ 역량은 직무에서 높은 성과로 이어지는 행동적 특성을 말한다.
④ 역량 모델은 공공 부문보다 민간 부문에서 더욱 효과적으로 작용한다.
⑤ 역량 모델의 개발은 조직의 인사관리를 용이하게 한다.

정답 및 해설

21 민간 부문에서 역량 모델의 도입에 대한 논의가 먼저 이루어진 것으로 짐작할 수는 있지만, 이것이 민간 부문에서 더욱 효과적으로 작용한다는 것을 의미한다고 보기는 어렵다.

21 ④ **정답**

22 다음 글의 내용으로 가장 적절한 것은?

지금까지 보았듯이 체계라는 개념은 많은 현실주의자들에게 있어서 중요한 개념이다. 무질서 상태라는 단순한 개념이건 현대의 현실주의자가 고안한 정교한 이론이건 간에 체계라는 것은 국제적인 행위체에 영향을 주기 때문에 중요시되는 것이다. 그런데 최근의 현실주의자들은 체계를 하나의 유기체로 보고 얼핏 국가의 의지나 행동으로부터 독립한 듯이 기술하고 있다. 정치가는 거의 자율성이 없으며 획책할 여지도 없어서, 정책결정 과정에서는 인간의 의지가 별 효과가 없는 것으로 본다. 행위자로서 인간은 눈앞에 버티고 선 냉혹한 체계의 앞잡이에 불과하고 그러한 체계는 이해할 수 없는 기능을 갖는 하나의 구조이며 그러한 메커니즘에 대하여 막연하게 인지할 수밖에 없다. 정치가들은 무수한 제약에 직면하지만 호기는 거의 오지 않는다. 정치가들은 권력정치라고 불리는 세계규모의 게임에 열중할 뿐이며 자발적으로 규칙을 변화시키고 싶어도 그렇게 하지 못한다. 결국 비판의 초점은 현실주의적 연구의 대부분은 숙명론적이며 결정론적이거나 비관론적인 저류가 흐르고 있다고 지적한다. 그 결과, 이러한 비판 중에는 행위자로서 인간과 구조는 상호 간에 영향을 주고 있다는 것을 강조하면서 구조를 보다 동적으로 파악하는 사회학에 눈을 돌리는 학자도 있다.

① 이상주의자들에게 있어서 체계라는 개념은 그리 중요하지 않다.
② 무질서 상태는 국제적 행위체로서 작용하는 체계가 없는 혼란스러운 상태를 의미한다.
③ 현실주의자들은 숙명론 혹은 결정론을 신랄하게 비판한다.
④ 현실주의적 관점에서 정치인들은 체계 앞에서 무기력하다.

정답 및 해설

22 오답분석
① 제시문에서 언급되지 않은 내용이다.
② '무질서 상태'가 '체계가 없는' 상태라고 할 수 없으며, 그것이 '혼란스러운 상태'를 의미하는지도 제시문을 통해서 알 수 없다.
③ 현실주의자들은 숙명론적이며 결정론적이라고 비판받는다.

22 ④ 《정답》

23 다음 문단을 논리적 순서대로 바르게 나열한 것은?

> (가) 오히려 클레나 몬드리안의 작품을 우리 조각보의 멋에 비견되는 것으로 보아야 할 것이다. 조각보는 몬드리안이나 클레의 작품보다 100여 년 이상 앞서 제작된 공간 구성미를 가진 작품이며, 시대적으로 앞설 뿐 아니라 평범한 여성들의 일상에서 시작되었다는 점 그리고 정형화되지 않은 색채감과 구성미로 독특한 예술성을 지닌다는 점에서 차별화된 가치를 지닌다.
>
> (나) 조각보는 일상생활에서 쓰다 남은 자투리 천을 이어서 만든 것으로, 옛 서민들의 절약 정신과 소박한 미의식을 보여준다. 조각보의 색채와 공간 구성 면은 공간 분할의 추상화가로 유명한 클레(Paul Klee)나 몬드리안(Peit Mondrian)의 작품과 비견되곤 한다. 그만큼 아름답고 훌륭한 조형미를 지녔다는 의미이기도 하지만 일견 돌이켜 보면 이것은 잘못된 비교이다.
>
> (다) 조각보는 기하학적 추상을 표방했던 몬드리안의 작품보다 세련된 색상 배치로 각 색상이 가진 느낌을 살렸으며, 동양적 정서가 담긴 '오방색'이라는 원색을 통해 강렬한 추상성을 지닌다. 또한 조각보를 만드는 과정과 그 작업의 내면에 가족의 건강과 행복을 기원하는 마음이 담겨 있어 단순한 오브제이기 이전에 기복신앙적인 부분이 있다. 조각보가 아름답게 느껴지는 이유는 이처럼 일상 속에서 삶과 예술을 함께 담았기 때문일 것이다.

① (가) – (나) – (다)   ② (나) – (가) – (다)
③ (나) – (다) – (가)   ④ (다) – (가) – (나)

정답 및 해설

23 제시문은 조각보의 정의에서부터 클레와 몬드리안의 차별점, 그리고 조각보가 아름답게 느껴지는 이유에 대해 이야기하고 있다. 따라서 (나) 조각보의 정의, 클레와 몬드리안과의 비교가 잘못된 이유 – (가) 조각보는 클레와 몬드리안보다 100여 년 이상 앞서 제작된 작품이며 독특한 예술성을 지니고 있음 – (다) 조각보가 아름답게 느껴지는 이유는 일상 속에서 삶과 예술을 함께 담았기 때문임 순으로 나열하는 것이 가장 적절하다.

23 ② 〈정답〉

※ 다음과 같이 일정한 규칙으로 수를 나열할 때, 빈칸에 들어갈 알맞은 수를 고르시오. [1~10]

| 2024년 상반기 S-OIL

01

| 4 | 6 | 12 | 24 | ( ) | 96 | 108 | 384 |

① 9
② 10
③ 28
④ 36
⑤ 44

| 2024년 상반기 S-OIL

02

| 84 | 80 | 42 | 20 | 21 | ( ) | 10.5 | 1.25 |

① 3
② 4
③ 5
④ 6
⑤ 7

정답 및 해설

01 홀수 항은 ×3, 짝수 항은 ×4를 하는 수열이다.
따라서 ( )=12×3=36이다.

02 홀수 항은 ÷2, 짝수 항은 ÷4를 하는 수열이다.
따라서 ( )=20÷4=5이다.

01 ④ 02 ③ 《정답

03

| 4 | 5 | 19 | 8 | 7 | 55 | 10 | 2 | ( ) |

① 19

② 20

③ 21

④ 22

⑤ 23

04

| 3 | −4 | 6 | 7 | 4 | ( ) | 18 | −3 | 27 |

① −2

② −5

③ −8

④ −14

⑤ −20

정답 및 해설

03 나열된 수를 각각 A, B, C라고 하면

$\underline{A\ B\ C} \rightarrow A \times B - 1 = C$

따라서 ( )$=10 \times 2 - 1 = 19$이다.

04 나열된 수를 각각 A, B, C라고 하면

$\underline{A\ B\ C} \rightarrow A \times B = -2C$

따라서 ( )$=7 \times 4 \times \left(-\dfrac{1}{2}\right) = -14$이다.

03 ① **04** ④ 《정답

05

| 4 | 2 | 6 | −2 | 14 | −18 | ( ) |

① 46

② −46

③ 52

④ −52

06

| 225 | 256 | 289 | 324 | ( ) | 400 |

① 148

② 242

③ 263

④ 361

07

$$\frac{2}{7} \quad \frac{10}{6} \quad \frac{50}{5} \quad \frac{250}{4} \quad (\ )$$

① $\dfrac{1,250}{4}$

② $\dfrac{1,000}{4}$

③ $\dfrac{1,250}{3}$

④ $\dfrac{1,000}{3}$

정답 및 해설

05 앞의 항에 -2^1, $+2^2$, -2^3, $+2^4$, -2^5, … 을 하는 수열이다.
따라서 ( )$=-18+2^6=46$이다.

06 15^2, 16^2, 17^2, 18^2, … 인 수열이다.
따라서 ( )$=19^2=361$이다.

07 분모는 -1, 분자는 $\times 5$를 하는 수열이다.
따라서 ( )$=\dfrac{250\times5}{4-1}=\dfrac{1,250}{3}$이다.

05 ① **06** ④ **07** ③ 〈 정답

08

| 6 | 24 | 60 | 120 | ( ) | 336 | 504 | 720 |

① 198   ② 210
③ 256   ④ 274

09

| 77 | 35 | 42 | −7 | 49 | ( ) | 105 | −161 |

① − 54   ② − 56
③ − 58   ④ − 60

10

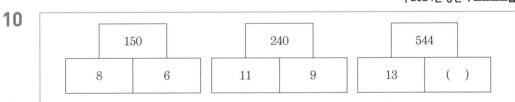

① 11   ② 18
③ 27   ④ 54

정답 및 해설 ─────────────────────────────────────○

08 n번째 항일 때 $n(n+1)(n+2)$인 수열이다.
따라서 ( )=5×6×7=210이다.

09 (앞의 항)−(뒤의 항)=(다음 항)인 수열이다.
따라서 ( )=−7−49=−56이다.

10 오른쪽에 위치한 숫자는 위쪽에 있는 숫자를 왼쪽에 있는 숫자로 나누었을 때의 나머지이다.
따라서 544÷13=41 ⋯ 11이므로 ( )=11이다.

08 ② **09** ② **10** ① 〈 정답

11 농도가 14%로 오염된 물 50g에 깨끗한 물을 넣어 오염농도를 4%p 줄이려고 한다. 이때 넣어야 하는 깨끗한 물의 양은?

① 5g   ② 10g

③ 15g   ④ 20g

⑤ 25g

12 정환이와 민주가 둘레의 길이가 12km인 원 모양의 트랙 위에서 인라인 스케이트를 타고 있다. 같은 지점에서 출발하여 서로 같은 방향으로 돌면 3시간 후에 만나고, 서로 반대 방향으로 돌면 45분 후에 만난다고 할 때, 정환이의 속력은?(단, 정환이의 속력이 민주의 속력보다 빠르다)

① 4km/h   ② 6km/h

③ 8km/h   ④ 10km/h

⑤ 12km/h

정답 및 해설

11 오염물질의 양은 $\frac{14}{100} \times 50 = 7$g이므로 깨끗한 물을 xg 더 넣어 오염농도를 10%로 만든다면 다음과 같은 식이 성립한다.

$$\frac{7}{50+x} \times 100 = 10$$

$$\rightarrow 700 = 10 \times (50+x)$$

$$\therefore x = 20$$

따라서 깨끗한 물을 20g 더 넣어야 한다.

12 정환이의 속력을 $x$km/h, 민주의 속력을 $y$km/h라고 하면 다음과 같은 식이 성립한다.

$$\frac{3}{4}x + \frac{3}{4}y = 12 \cdots \textcircled{\scriptsize ㄱ}$$

$$3x - 3y = 12 \cdots \textcircled{\scriptsize ㄴ}$$

$\textcircled{\scriptsize ㄱ}$, $\textcircled{\scriptsize ㄴ}$을 연립하면 $x = 10$, $y = 6$이다.

따라서 정환이의 속력은 10km/h이다.

13 프로젝트를 완료하는 데 A사원이 혼자 하면 7일, B사원이 혼자 하면 9일이 걸린다. 3일 동안 두 사원이 함께 프로젝트를 진행하다가 B사원이 병가를 내는 바람에 나머지는 A사원이 혼자 처리해야 한다. A사원이 남은 프로젝트를 완료하는 데에는 며칠이 더 걸리겠는가?

① 1일
② 2일
③ 3일
④ 4일
⑤ 5일

14 빨간 공 4개, 하얀 공 6개가 들어있는 주머니에서 공 2개를 동시에 꺼낼 때, 적어도 1개는 하얀 공을 꺼낼 확률은?

① $\frac{1}{4}$
② $\frac{9}{15}$
③ $\frac{5}{12}$
④ $\frac{13}{15}$

정답 및 해설

13 프로젝트를 완료하는 일의 양을 1이라 하면, A사원과 B사원은 하루에 각각 $\frac{1}{7}$, $\frac{1}{9}$ 만큼의 일을 할 수 있다.

두 사람이 3일 동안 같이 한 일의 양은 $\left(\frac{1}{7}+\frac{1}{9}\right)\times3=\frac{16}{21}$ 이므로, A사원이 혼자 해야 할 일의 양은 $\frac{5}{21}$ 이다.

이때 프로젝트를 완료하는 데 걸리는 시간을 x일이라 하면 다음과 같은 식이 성립한다.

$\frac{1}{7}\times x=\frac{5}{21}$

$\therefore x=\frac{5}{3}$

따라서 A사원 혼자 프로젝트를 완료하는 데에는 총 2일이 더 걸린다.

14 (적어도 1개는 하얀 공을 꺼낼 확률)=1−(모두 빨간 공을 꺼낼 확률)
• 전체 공의 개수 : 4+6=10개
• 2개의 공 모두 빨간 공을 꺼낼 확률 : $\frac{_4C_2}{_{10}C_2}=\frac{2}{15}$

따라서 적어도 1개는 하얀 공을 꺼낼 확률은 $1-\frac{2}{15}=\frac{13}{15}$ 이다.

13 ② 14 ④ 《정답》

15 P사원은 지하철을 타고 출근한다. 속력이 60km/h인 지하철에 이상이 생겨 평소 속력의 0.4배로 운행하게 되었다. 지하철이 평소보다 45분 늦게 도착하였다면, P사원이 출발하는 역부터 도착하는 역까지 지하철의 이동거리는?

① 20km   ② 25km

③ 30km   ④ 35km

16 남자 5명, 여자 3명의 후보 중에서, 회장 1명과 남녀 부회장을 각각 1명씩 뽑는 경우의 수는?

① 90가지   ② 124가지

③ 220가지   ④ 336가지

정답 및 해설

15 지하철의 이동거리를 $x$km라 하자.

이상이 생긴 지하철의 속력은 $60 \times 0.4 = 24$km/h이고, 평소보다 45분 늦게 도착하였으므로 다음과 같은 식이 성립한다.

$$\frac{x}{24} - \frac{x}{60} = \frac{45}{60}$$

$\rightarrow 5x - 2x = 90$

$\rightarrow 3x = 90$

$\therefore x = 30$

따라서 지하철의 이동거리는 30km이다.

16 남자 5명 중 부회장 1명과 여자 3명 중 부회장 1명을 뽑고, 남은 6명 중 대표 1명을 뽑으면 되므로 다음과 같은 식이 성립한다.

$5 \times 3 \times 6 = 90$

따라서 회장 1명과 남녀 부회장을 각각 1명씩 뽑는 경우의 수는 90가지이다.

15 ③   16 ①   《정답》

17 어떤 일을 하는 데 민수는 1시간이 걸리고, 아버지는 15분이 걸린다. 민수가 30분간 혼자서 일하는 중에 아버지가 오셔서 함께 그 일을 끝마쳤다면 민수가 아버지와 함께 일한 시간은?

① 5분   ② 6분
③ 7분   ④ 8분
⑤ 9분

18 수학과에 재학 중인 P씨는 자신의 나이로 문제를 만들었다. 자신의 나이에서 4살을 빼고 27을 곱한 다음 1을 더한 값을 2로 나누면 A가 나오고, 자신의 나이 2배에서 1을 빼고 3을 곱한 값과 자신의 나이에서 5배를 하고 2를 더한 다음 2를 곱한 값의 합을 반으로 나눈 값은 A보다 56이 적다고 할 때, P씨의 나이는?

① 20살   ② 25살
③ 30살   ④ 35살
⑤ 40살

정답 및 해설

17 전체 일의 양을 1이라 하면 민수와 아버지가 1분 동안 하는 일의 양은 각각 $\frac{1}{60}$, $\frac{1}{15}$ 이다.

민수가 아버지와 함께 일한 시간을 x분이라 하면 다음과 같은 식이 성립한다.

$\frac{1}{60} \times 30 + \left\{\left(\frac{1}{60} + \frac{1}{15}\right) \times x\right\} = 1$

∴ $x = 6$

따라서 민수가 아버지와 함께 일한 시간은 6분이다.

18 P씨의 나이를 x살이라 하자.

$A = \frac{27(x-4)+1}{2}$ … ㉠

$A - 56 = \frac{(2x-1)3 + (5x+2)2}{2}$ … ㉡

㉡에 ㉠을 대입하면 다음과 같은 식이 성립한다.

$\frac{(2x-1)3 + (5x+2)2}{2} + 56 = \frac{27(x-4)+1}{2}$

→ $\frac{6x-3+10x+4}{2} + 56 = \frac{27x-107}{2}$

→ $16x + 1 + 112 = 27x - 107$

→ $11x = 220$

∴ $x = 20$

따라서 P씨의 나이는 20살이다.

19 A사원이 세미나에 다녀왔는데 갈 때는 시속 70km로 달리는 버스를 탔고, 올 때는 시속 120km로 달리는 기차를 탔더니 총 5시간이 걸렸다. 기차를 타고 온 거리가 버스를 타고 간 거리보다 30km만큼 멀다고 할 때, 기차를 타고 온 거리는?(단, 세미나에 머문 시간은 무시한다)

① 210km

② 220km

③ 230km

④ 240km

20 세 개의 공 A ~ C를 포함하여 공이 총 7개가 들어 있는 주머니에서 공 3개를 동시에 꺼낼 때, 꺼낸 공 중에 A를 포함하는 모든 경우의 수를 a가지, B를 포함하지 않으면서 C를 포함하는 모든 경우의 수를 b가지라고 할 때, $a+b$의 값은?

① 10

② 15

③ 20

④ 25

정답 및 해설

19 버스를 타고 간 거리를 x km, 기차를 타고 온 거리를 y km라고 하면 다음과 같은 식이 성립한다.

$$\begin{cases} \dfrac{x}{70}+\dfrac{y}{120}=5 \\ y=x+30 \end{cases} \rightarrow \begin{cases} 12x+7y=4,200 \\ y=x+30 \end{cases}$$

$\therefore\ x=210,\ y=240$

따라서 기차를 타고 온 거리는 240km이다.

20 • A를 포함하는 모든 경우의 수 : $a={}_6C_2=15$가지

• B를 포함하지 않으면서 C를 포함하는 경우의 수 : $b={}_5C_2=10$가지

따라서 $a+b=15+10=25$이다.

21 다음은 우리나라 부패인식지수(CPI) 연도별 변동 추이에 대한 자료이다. 이에 대한 설명으로 옳지 않은 것은?

〈우리나라 부패인식지수(CPI) 연도별 변동 추이〉

구분		2017년	2018년	2019년	2020년	2021년	2022년	2023년
CPI	점수(점)	4.5	5.0	5.1	5.1	5.6	5.5	5.4
	조사대상국(개)	146	159	163	180	180	180	178
	순위(위)	47	40	42	43	40	39	39
	백분율(%)	32.2	25.2	25.8	23.9	22.2	21.6	21.9
OECD	회원국(개)	30	30	30	30	30	30	30
	순위(위)	24	22	23	25	22	22	22

※ CPI 0 ~ 10점 : 점수가 높을수록 청렴

① CPI를 확인해 볼 때, 우리나라는 2021년에 가장 청렴했다고 볼 수 있다.
② CPI 순위는 2022년에 처음으로 30위권에 진입했다.
③ 청렴도가 가장 낮은 해와 2023년의 청렴도 점수의 차이는 0.9점이다.
④ 우리나라의 OECD 순위는 2017년부터 현재까지 상위권이라고 볼 수 있다.

정답 및 해설

21 우리나라는 30개의 회원국 중에서 OECD 순위가 매년 20위 이하이므로 상위권이라고 볼 수 없다.

오답분석

① 우리나라의 CPI는 2021년에 5.6점으로 가장 높으므로 2021년에 가장 청렴했다고 볼 수 있다.
② 2022년에 39위를 함으로써 처음으로 30위권에 진입했다.
③ 청렴도는 2017년에 4.5점으로 가장 낮고, 2023년과의 차이는 5.4−4.5=0.9점이다.

21 ④ 〈정답

22 다음은 A신도시 쓰레기 처리 관련 통계에 대한 자료이다. 이에 대한 설명으로 옳지 않은 것은?

〈A신도시 쓰레기 처리 관련 통계〉

구분	2020년	2021년	2022년	2023년
1kg 쓰레기 종량제 봉투 가격	100원	200원	300원	400원
쓰레기 1kg당 처리비용	400원	400원	400원	400원
쓰레기 발생량	5,013톤	4,521톤	4,209톤	4,007톤
쓰레기 관련 적자 예산	15억 원	9억 원	4억 원	0원

① 1kg 쓰레기 종량제 봉투 가격이 100원이었던 2020년에 비해 400원이 된 2023년에는 쓰레기 발생량이 약 20% 감소하였고 쓰레기 관련 적자 예산은 0원이 되었다.

② 연간 쓰레기 발생량 감소 곡선보다 쓰레기 종량제 봉투 가격의 인상 곡선이 더 가파르다.

③ 쓰레기 1kg당 처리비용이 인상될수록 A신도시의 쓰레기 발생량과 쓰레기 관련 적자가 급격히 감소하는 것을 볼 수 있다.

④ 쓰레기 종량제 봉투 가격이 인상됨으로써 주민들은 비용에 부담을 느끼고 쓰레기 배출량을 줄였다.

정답 및 해설

22 쓰레기 1kg당 처리비용은 400원으로 동결상태이다. 오히려 쓰레기 종량제 봉투 가격이 인상될수록 A신도시의 쓰레기 발생량과 쓰레기 관련 적자 예산이 급격히 감소하는 것을 볼 수 있다.

22 ③ **◁ 정답**

23 다음은 A, B상품의 일 년 동안의 계절별 판매량을 나타낸 그래프이다. 이에 대한 설명으로 옳지 않은 것은?

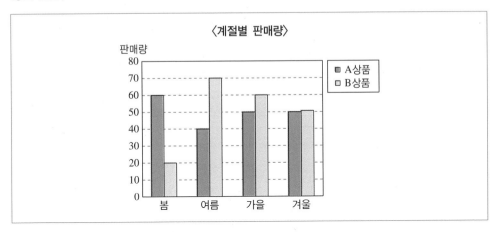

① A상품과 B상품의 연간 판매량은 모두 200 이상이다.

② A상품 판매량의 표준편차가 B상품보다 크다.

③ A상품과 B상품의 판매량의 합이 가장 적은 계절은 봄이다.

④ 두 상품의 판매량의 차는 봄에서부터 시간이 지남에 따라 감소한다.

정답 및 해설 ─────────────────────────────────────○

23 자료의 분포는 B상품이 더 고르지 못하므로 표준편차는 B상품이 더 크다.

오답분석

① • A : 60+40+50+50=200

  • B : 20+70+60+51=201

③ 봄 판매량의 합은 80으로 가장 적다.

④ 시간이 지남에 따라 둘의 차는 점차 감소한다.

23 ② 〈정답

24 다음은 1973 ~ 2023년의 도시 및 농촌 인구수에 대한 자료이다. 이에 대한 설명으로 옳지 않은 것은?

〈1973 ~ 2023년 도시 및 농촌 인구수〉

(단위 : 천 명)

구분	1973년	1983년	1993년	2003년	2013년	2023년
도시	6,816	16,573	32,250	35,802	36,784	33,561
농촌	28,368	18,831	14,596	12,763	12,402	12,415

① 도시 인구수와 농촌 인구수는 1993년에 역전되었다.

② 1973년 농촌 인구수는 도시 인구수의 4배 이상이다.

③ 2013년 대비 2023년의 도시 인구수는 감소하였고, 농촌 인구수는 증가하였다.

④ 1973년 대비 1983년의 도시 인구수는 100% 이상 증가하였고, 농촌 인구수는 25% 미만 감소하였다.

정답 및 해설

24 • 1973년 대비 1983년의 도시 인구수 증가율

$: \dfrac{16,573-6,816}{6,816} \times 100 ≒ 143\%$

• 1973년 대비 1983년의 농촌 인구수 감소율

$: \dfrac{28,368-18,831}{28,368} \times 100 ≒ 34\%$

따라서 1973년 대비 1983년 도시 인구수는 100% 이상 증가하였고, 농촌 인구수는 25% 이상 감소하였다.

오답분석

① 1973년과 1983년에는 도시 인구수가 농촌 인구수보다 적었으나, 1993년부터 도시 인구수가 농촌 인구수보다 많아졌다.

② 6,816×4=27,264<28,368이므로 1973년의 농촌 인구수는 도시 인구수의 4배 이상이다.

③ 2013년 대비 2023년의 도시 인구수는 감소하였고, 농촌 인구수는 증가하였다.

24 ④ 　정답

25 다음은 지난달 봉사 장소의 연령대별 봉사자 수에 대한 표이다. 이에 대한 설명으로 옳은 것을 〈보기〉에서 모두 고르면?(단, 소수점 둘째 자리에서 반올림한다)

〈봉사 장소의 연령대별 봉사자 수〉

(단위 : 명)

구분	10대	20대	30대	40대	50대	합계
보육원	148	197	405	674	576	2,000
요양원	65	42	33	298	296	734
무료급식소	121	201	138	274	381	1,115
노숙자쉼터	0	93	118	242	347	800
유기견보호소	166	117	56	12	0	351
합계	500	650	750	1,500	1,600	5,000

보기

ㄱ. 전체 보육원 봉사자 중 30대 이하가 차지하는 비율은 36%이다.
ㄴ. 전체 무료급식소 봉사자 중 40 · 50대는 절반 이상이다.
ㄷ. 전체 봉사자 중 50대의 비율은 20대의 3배이다.
ㄹ. 전체 노숙자쉼터 봉사자 중 30대는 15% 미만이다.

① ㄱ, ㄷ 　　　　　　② ㄱ, ㄹ
③ ㄴ, ㄷ 　　　　　　④ ㄴ, ㄹ

정답 및 해설

25 ㄴ. 전체 무료급식소 봉사자 중 40 · 50대는 274+381=655명으로, 전체 1,115명의 절반 이상이다.
ㄹ. 전체 노숙자쉼터 봉사자는 800명으로, 이 중 30대는 118명이다.

따라서 노숙자쉼터 봉사자 중 30대가 차지하는 비율은 $\frac{118}{800} \times 100 = 14.75\%$이다.

오답분석

ㄱ. 전체 보육원 봉사자는 총 2,000명으로, 이 중 30대 이하 봉사자는 148+197+405=750명이다.

따라서 전체 보육원 봉사자 중 30대 이하가 차지하는 비율은 $\frac{750}{2,000} \times 100 = 37.5\%$이다.

ㄷ. 전체 봉사자 중 50대의 비율은 $\frac{1,600}{5,000} \times 100 = 32\%$이고, 20대의 비율은 $\frac{650}{5,000} \times 100 = 13\%$이다.

따라서 전체 봉사자 중 50대의 비율은 20대의 $\frac{32}{13} ≒$ 약 2.5배이다.

25 ④ **정답**

많이 보고 많이 겪고 많이 공부하는 것은 배움의 세 기둥이다.

– 벤자민 디즈라엘리 –

PART

1

적성검사

CHAPTER 01 언어표현 핵심이론

단어의 관계를 묻는 유형은 주어진 낱말과 대응 방식이 같은 것 또는 나머지와 속성이 다른 것으로 출제되며, 문제 유형은 'a : b = ( ) : d' 또는 'a : ( ) = ( ) : d'와 같이 빈칸을 채우는 문제이다.

보통 유의 관계, 반의 관계, 상하 관계, 부분 관계를 통해 단어의 속성을 묻는 문제로, 제시된 단어들의 관계와 속성을 바르게 파악하여 적용하는 것이 중요하다.

1. 유의 관계

두 개 이상의 어휘가 서로 소리는 다르나 의미가 비슷한 경우를 유의 관계라고 하고, 유의 관계에 있는 어휘를 유의어(類義語)라고 한다. 유의 관계의 대부분은 개념적 의미의 동일성을 전제로 한다. 그렇다고 하여 유의 관계를 이루는 단어들을 어느 경우에나 서로 바꾸어 쓸 수 있는 것은 아니다. 따라서 언어 상황에 적합한 말을 찾아 쓰도록 노력하여야 한다.

(1) 원어의 차이

한국어는 크게 고유어, 한자어, 외래어로 구성되어 있다. 따라서 하나의 사물에 대해서 각각 부르는 일이 있을 경우 유의 관계가 발생하게 된다.

① 고유어와 한자어

예 오누이 : 남매, 나이 : 연령, 사람 : 인간

② 한자어와 외래어

예 사진기 : 카메라, 탁자 : 테이블

(2) 전문성의 차이

같은 사물에 대해서 일반적으로 부르는 이름과 전문적으로 부르는 이름이 다른 경우가 많다. 이런 경우에 전문적으로 부르는 이름과 일반적으로 부르는 이름 사이에 유의 관계가 발생한다.

예 에어컨 : 공기조화기, 소금 : 염화나트륨

(3) 내포의 차이

나타내는 의미가 완전히 일치하지는 않으나, 유사한 경우에 유의 관계가 발생한다.

예 즐겁다 : 기쁘다, 친구 : 동무

(4) 완곡어법

문화적으로 금기시하는 표현을 둘러서 말하는 것을 완곡어법이라고 하며, 이러한 완곡어법 사용에 따라 유의 관계가 발생한다.

예 변소 : 화장실, 죽다 : 운명하다

2. 반의 관계

(1) 개요

반의어(反意語)는 둘 이상의 단어에서 의미가 서로 짝을 이루어 대립하는 경우를 말한다. 어휘의 의미가 서로 대립하는 단어를 말하며, 이러한 어휘들의 관계를 반의 관계라고 한다. 한 쌍의 단어가 반의어가 되려면, 두 어휘 사이에 공통적인 의미 요소가 있으면서도 동시에 서로 다른 하나의 의미 요소만 달라야 한다.

반의어는 반드시 한 쌍으로만 존재하는 것이 아니라, 다의어(多義語)이면 그에 따라 반의어가 여러 개로 달라질 수 있다. 즉, 하나의 단어에 대하여 여러 개의 반의어가 있을 수 있다.

(2) 반의어의 종류

반의어에는 상보 반의어와 정도 반의어, 방향 반의어가 있다.

① **상보 반의어** : 한쪽 말을 부정하면 다른 쪽 말이 되는 반의어이며, 중간항은 존재하지 않는다. '있다'와 '없다'가 상보적 반의어이며, '있다'와 '없다' 사이의 중간 상태는 존재할 수 없다.
  예 참 : 거짓, 합격 : 불합격

② **정도 반의어** : 한쪽 말을 부정하면 반드시 다른 쪽 말이 되는 것이 아니며, 중간항을 갖는 반의어이다. '크다'와 '작다'가 정도 반의어이며, 크지도 작지도 않은 중간이라는 중간항을 갖는다.
  예 길다 : 짧다, 많다 : 적다

③ **방향 반의어** : 맞선 방향을 전제로 하여 관계나 이동의 측면에서 대립을 이루는 단어 쌍이다. 방향 반의어는 공간적 대립, 인간관계 대립, 이동적 대립 등으로 나누어 볼 수 있다.
  ㉠ 공간적 대립
    예 위 : 아래, 처음 : 끝
  ㉡ 인간관계 대립
    예 부모 : 자식, 남편 : 아내
  ㉢ 이동적 대립
    예 사다 : 팔다, 열다 : 닫다

3. 상하 관계

상하 관계는 단어의 의미적 계층 구조에서 한쪽이 의미상 다른 쪽을 포함하거나 다른 쪽에 포섭되는 관계를 말한다. 상하 관계를 형성하는 단어들은 상위어(上位語)일수록 일반적이고 포괄적인 의미를 지니며, 하위어(下位語)일수록 개별적이고 한정적인 의미를 지닌다. 따라서 상위어는 하위어를 의미적으로 함의하게 된다. 즉, 하위어가 가지고 있는 의미 특성을 상위어가 자동적으로 가지게 되는 것이다.

4. 부분 관계

부분 관계는 한 단어가 다른 단어의 부분이 되는 관계를 말하며, 전체 – 부분 관계라고도 한다. 부분 관계에서 부분을 가리키는 단어를 부분어(部分語), 전체를 가리키는 단어를 전체어(全體語)라고 한다. 예를 들면, '머리, 팔, 몸통, 다리'는 '몸'의 부분어이며, 이러한 부분어들에 의해 이루어진 '몸'은 전체어이다.

대표유형 1 유의어 / 반의어

01 다음 제시된 단어와 같거나 유사한 의미를 가진 단어는?

> 한둔

① 하숙
② 숙박
③ 투숙
④ 노숙
⑤ 야영

| 해설 | '한둔'이란 '한데에서 밤을 지새움'을 뜻한다.

[오답분석]
① 하숙 : 일정한 방세와 식비를 내고 남의 집에 머물면서 숙식함
② 숙박 : 여관이나 호텔 따위에서 잠을 자고 머무름
③ 투숙 : 여관, 호텔 따위의 숙박 시설에 들어서 묵음
⑤ 야영 : 훈련이나 휴양을 목적으로 야외에 천막을 쳐 놓고 생활함

정답 ④

02 다음 제시된 단어와 반대되는 의미를 가진 단어는?

> 토로

① 경외
② 상충
③ 은폐
④ 부각
⑤ 미연

| 해설 |
• 토로 : 마음에 있는 것을 죄다 드러내서 말함
• 은폐 : 덮어 감추거나 가리어 숨김

[오답분석]
① 경외 : 공경하면서 두려워함
② 상충 : 사물이 서로 어울리지 아니하고 어긋남
④ 부각 : 어떤 사물을 특징지어 두드러지게 함
⑤ 미연 : 어떤 일이 아직 그렇게 되지 않은 때

정답 ③

※ 다음 제시된 단어와 같거나 유사한 의미를 가진 단어를 고르시오. [1~3]

01

기반

① 추구   ② 확보

③ 기여   ④ 초석

⑤ 동반

02

성취

① 성장   ② 번성

③ 달성   ④ 취득

⑤ 고취

03

이목

① 괄목   ② 경계

③ 기습   ④ 정도

⑤ 시선

※ 다음 중 동의 또는 유의 관계인 단어를 2개 고르시오. [4~5]

04　① 운영　　　　　　　② 이용
　　　　③ 응용　　　　　　　④ 원용
　　　　⑤ 인용

05　① 실의　　　　　　　② 평안
　　　　③ 재능　　　　　　　④ 안전
　　　　⑤ 기교

※ 다음 제시된 단어와 반대되는 의미를 가진 단어를 고르시오. [6~8]

06

가지런하다

　　　① 나란하다　　　　　② 똑바르다
　　　③ 균등하다　　　　　④ 들쭉날쭉하다
　　　⑤ 고르다

07

망각

① 밀집   ② 정신

③ 내포   ④ 기억

⑤ 착각

08

꿉꿉하다

① 강샘하다   ② 꽁꽁하다

③ 강마르다   ④ 눅눅하다

⑤ 끌탕하다

※ 다음 중 반의 관계가 아닌 것을 고르시오. [9~10]

09   ① 소멸 – 생성   ② 반제 – 차용

      ③ 쇄국 – 개국   ④ 수척 – 초췌

      ⑤ 달성 – 실패

10   ① 동요 – 안정   ② 활용 – 사장

      ③ 외관 – 내면   ④ 유미 – 탐미

      ⑤ 추락 – 상승

다음 문장의 밑줄 친 부분과 같은 의미로 쓰인 것은?

> 자기의 재주를 인정해 주지 않을 때면 공연이 계속되는 중이라도 그는 마술 도구가 든 가방 하나를 들고 <u>거칠</u> 것 없이 단체를 떠났다.

① 고등학교를 <u>거쳐</u> 대학을 간다.
② 칡덩굴이 밭에 <u>거친다</u>.
③ 기숙사 학생들의 편지는 사감 선생님의 손을 <u>거쳐야</u> 했다.
④ 가장 어려운 문제를 해결했으니 특별히 <u>거칠</u> 문제는 없다.
⑤ 대구를 <u>거쳐</u> 부산으로 간다.

| **해설** | 제시문의 '거치다'는 '마음에 거리끼거나 꺼리다.'를 뜻하는 것으로 같은 의미로 쓰인 말은 ④이다.

오답분석
① 어떤 과정이나 단계를 겪거나 밟다.
② 무엇에 걸리거나 막히다.
③ 검사하거나 살펴보다.
⑤ 오가는 도중에 어디를 지나거나 들르다.

정답 ④

※ 다음 밑줄 친 부분과 같은 의미로 쓰인 것을 고르시오. [11~12]

11

> 긴 터널을 <u>벗어난</u> 기차가 다음 역을 향해 힘차게 달려간다.

① 대열에서 <u>벗어나는</u> 사람은 가만두지 않겠어.
② 이야기의 흐름이 요점에서 <u>벗어나지</u> 않도록 주의해야 한다.
③ 일본의 지배로부터 <u>벗어나기</u> 위해 끊임없이 투쟁하였다.
④ 지긋지긋한 과제에서 <u>벗어나고</u> 싶어.
⑤ 취업준비생들이 시험장에서 <u>벗어나</u> 자유를 만끽했다.

12

> 아무래도 말을 꺼내기가 조심스럽다.

① 아이가 말을 배우기 시작했다.
② 빈칸에 들어갈 적절한 말을 찾으시오.
③ 민지와 슬기는 서로 말을 놓기로 하였다.
④ 주영이가 떠난다는 말이 퍼지기 시작했다.
⑤ 경서는 무료해 보이는 연주에게 말을 건넸다.

13 다음 문장의 밑줄 친 단어 중 성격이 다른 것은?

① 어른들에게 반말하는 버릇을 고쳐라.
② 장마철이 오기 전에 지붕을 고쳐라.
③ 엉뚱한 원고를 고치다.
④ 늦잠 자는 습관을 고치기가 쉽지 않다.
⑤ 성종은 옷을 바로 잡으시고 자리를 고쳐 앉으시었다.

14 다음 중 24절기와 계절의 연결이 옳지 않은 것은?

① 곡우(穀雨) - 봄   ② 청명(淸明) - 여름
③ 망종(芒種) - 여름   ④ 한로(寒露) - 가을
⑤ 동지(冬至) - 겨울

15 다음에서 밑줄 친 말은 모두 어떤 물건의 수효를 묶어서 세는 단위로 쓰인다. 이 가운데 수량이 가장 적은 것은?

① 굴비 두 갓   ② 명주 한 필
③ 탕약 세 제   ④ 달걀 한 꾸러미
⑤ 오이 한 거리

16 다음 중 수효가 가장 작은 단위 명사는?

① 톳

② 강다리

③ 손

④ 우리

⑤ 접

17 다음 중 나이를 나타내는 한자어와 나이의 연결이 옳지 않은 것은?

① 상수(上壽) – 100세

② 졸수(卒壽) – 90세

③ 미수(米壽) – 80세

④ 진갑(進甲) – 62세

⑤ 지학(志學) – 15세

18 다음 중 호칭어와 대상의 연결이 옳지 않은 것은?

① 부인의 언니 – 처형

② 부인의 남동생 – 처남

③ 부인의 여동생 – 처제

④ 부인의 남동생의 아내 – 제수

⑤ 부인의 여동생의 남편 – 동서

19 다음 중 높임표현이 옳지 <u>않은</u> 것은?

① (옛 제자에게) 우선 여기 앉아보게.

② 선생님, 아직 저를 기억하시나요?

③ (웃어른이) 그 문제는 선생님한테 물어봐.

④ (관중들을 향해) 조용히 하세요.

⑤ 할머니, 저기 삼촌이 오고 있어요.

20 다음 중 중복된 언어 표현이 <u>없는</u> 것은?

① 빈 공간이 있어야 점포를 얻지.

② 저기 앞에 있는 넓은 광장으로 나오기 바란다.

③ 허연 백발을 한 노인이 앞장서서 천천히 걸어갔다.

④ 저의 좁은 견해로 이런 말씀을 드려도 괜찮겠습니까?

⑤ 우리는 12시에 역전 앞에서 만나기로 약속했다.

다음 밑줄 친 부분이 어법에 어긋나는 것은?

① <u>윗층</u>에 누가 사는지 모르겠다.

② <u>오뚝이</u>는 아무리 쓰러뜨려도 잘도 일어난다.

③ 새 컴퓨터를 살 생각에 좋아서 <u>깡충깡충</u> 뛰었다.

④ 그의 초라한 모습이 내 호기심에 불을 <u>당겼다.</u>

⑤ 형은 끼니도 거른 <u>채</u> 일에 몰두했다.

| 해설 | '웃–' 및 '윗–'은 명사 '위'에 맞추어 통일한다.
예 윗넓이, 윗니, 윗도리 등
다만 된소리나 거센소리 앞에서는 '위–'로 한다.
예 위짝, 위쪽, 위층 등

오답분석
⑤ '채'는 '이미 있는 상태 그대로 있다.'는 뜻을 나타내는 의존명사이므로 띄어 쓴다.

정답 ①

21　다음 밑줄 친 ㉠~㉤ 중 어법상 옳지 않은 것은?

매년 3월 22일은 세계 물의 날로 인구와 경제 활동의 증가로 수질이 오염되고 먹는 물이 부족해지자 UN이 경각심을 ㉠ <u>일깨우기</u> 위해 지정한 날이다. 우리나라의 상수도 보급현황은 매우 우수한 편으로 매년 상승하고 있으나, 해가 갈수록 1인당 물 ㉡ <u>사용량</u>도 늘어나고 있다. 우리나라 수자원량은 '물 스트레스' 국가로 주기적인 물 압박 경험이 있는 수준에 해당된다. 물은 아낄 필요가 있으며, 생활 속에서도 물을 절약하기 위한 여러 방법이 있고 다음과 같은 캠페인도 진행하고 있다.
• 사용 후 ㉢ <u>수도꼭지</u>는 꼭 ㉣ <u>잠궈</u> 주세요.
• 절수용 샤워기를 사용해 주세요.
• 레버를 잠그고 ㉤ <u>양치질</u>을 해 주세요.
• 설거지할 때는 설거지통을 사용해 주세요.

① ㉠ 　　　　　　　　　　　　② ㉡

③ ㉢ 　　　　　　　　　　　　④ ㉣

⑤ ㉤

22 다음 중 빈칸에 들어갈 단어로 바르게 짝지어진 것은?

> ㉠ 매년 10만여 명의 (뇌졸중 / 뇌졸증) 환자가 발생하고 있다.
> ㉡ 그의 변명이 조금 (꺼림직 / 꺼림칙 / 꺼림칫)했으나, 한번 믿어보기로 했다.

	㉠	㉡
①	뇌졸중	꺼림칙
②	뇌졸증	꺼림직
③	뇌졸증	꺼림칫
④	뇌졸중	꺼림칫
⑤	뇌졸증	꺼림직

23 다음 중 밑줄 친 단어의 맞춤법이 옳은 것끼리 짝지어진 것은?

> 오늘은 <u>웬지</u> 아침부터 기분이 좋지 않았다. 회사에 가기 싫은 마음을 다독이며 출근 준비를 하였다. 회사에 겨우 도착하여 업무용 컴퓨터를 켰지만, 모니터 화면에는 아무것도 보이지 않았다. 심각한 바이러스에 노출된 컴퓨터를 힘들게 복구했지만, <u>며칠</u> 동안 힘들게 작성했던 문서가 <u>훼손</u>되었다. 당장 오늘까지 제출해야 하는 문서인데, 이 문제를 <u>어떻게</u> 해결해야 할지 걱정이 된다. 문서를 다시 <u>작성하든지</u>, 팀장님께 사정을 <u>말씀드리던지</u> 해결책을 찾아야만 한다. 현재 나의 간절한 <u>바램</u>은 이 문제가 무사히 해결되는 것이다.

① 웬지, 며칠, 훼손
② 며칠, 어떻게, 바램
③ 며칠, 훼손, 작성하든지
④ 며칠, 말씀드리던지, 바램
⑤ 웬지, 며칠. 작성하든지

24 다음 밑줄 친 단어를 어법에 맞게 수정할 때, 옳지 않은 것은?

> 옛것을 <u>본받는</u> 사람은 옛 자취에 <u>얽메이는</u> 것이 문제다. 새것을 만드는 사람은 이치에 <u>합당지</u> 않은 것이 걱정이다. 진실로 능히 옛것을 <u>변화할줄</u> 알고, 새것을 만들면서 법도에 맞을 수만 있다면 지금 글도 <u>옛글만큼</u> 훌륭하게 쓸 수 있을 것이다.

① 본받는 → 본 받는
② 얽메이는 → 얽매이는
③ 합당지 → 합당치
④ 변화할줄 → 변화할 줄
⑤ 옛글 만큼 → 옛글만큼

25 다음 밑줄 친 부분의 띄어쓰기가 모두 옳은 것은?

① <u>창문밖에</u> 나갔더니, <u>너 밖에</u> 없었더라.

② 일과 여가 <u>두가지를</u> 어떻게 <u>조화시키느냐하는</u> 문제는 항상 인류의 관심대상이 되어 왔다.

③ 실기시험은 까다롭게 <u>심사하는만큼</u> 준비를 철저히 해야 한다. <u>한 달 간</u> 실전처럼 연습하면서 시험에 대비하자.

④ 최선의 세계를 만들기 위해서 <u>무엇 보다</u> 이 세계에 있는 모든 대상들이 지닌 성질을 정확하게 <u>인식해야 만</u> 한다.

⑤ <u>내로라하는</u> 영화배우 중 내 고향 출신도 상당수 된다. 그래서 자연스럽게 영화배우를 꿈꿨고, <u>그러다 보니</u> 영화는 내 생활의 일부가 되었다.

대표유형 4 관계유추 1

다음 제시된 단어의 대응 관계로 볼 때, 빈칸에 들어가기에 알맞은 것은?

( ) : 보강 = 비옥 : 척박

① 상쇄　　　　　　　　② 감소
③ 보전　　　　　　　　④ 감쇄
⑤ 손실

| 해설 | 제시된 단어는 반의 관계이다.
　　• 보강 : 보태어진 것에 영향을 받음
　　① 상쇄 : 상반되는 것이 서로 영향을 주어 효과가 없어지는 일
　　오답분석
　　④ 감쇄 : 단순히 줄어 없어짐

정답 ①

※ 다음 제시된 단어의 대응 관계로 볼 때, 빈칸에 들어가기에 알맞은 것을 고르시오. [26~40]

26

화살 : 촉=포도 : (　　)

① 가시　　　　　　　　　② 식물
③ 씨　　　　　　　　　　④ 과일
⑤ 나무

27

나비 : 더듬이=안경 : (　　)

① 넥타이　　　　　　　　② 렌즈
③ 현미경　　　　　　　　④ 창문
⑤ 망원경

28

건반 악기 : 피아노=문학 : (　　)

① 소설　　　　　　　　　② 음악
③ 미술　　　　　　　　　④ 연극
⑤ 영화

29

태양계 : 수성 = ( ) : 돼지

① 화강암   ② 장미
③ 고양이   ④ 조류
⑤ 포유류

30

40세 : 불혹 = ( ) : 고희

① 40세   ② 50세
③ 60세   ④ 70세
⑤ 80세

31

보유하다 : 갖다 = 조성하다 : ( )

① 벗어나다   ② 내보내다
③ 만들다   ④ 받아들이다
⑤ 이탈하다

32

겨냥하다 : 가늠하다 = 다지다 : ( )

① 진거하다   ② 겉잡다
③ 요량하다   ④ 약화하다
⑤ 강화하다

33

변변하다 : 넉넉하다＝소요하다 : (　　)

① 치유하다   ② 한적하다
③ 공겸하다   ④ 소유하다
⑤ 소란하다

34

공시하다 : 반포하다＝각축하다 : (　　)

① 공들이다   ② 통고하다
③ 독점하다   ④ 상면하다
⑤ 경쟁하다

35

미비 : 완구＝진취 : (　　)

① 완비   ② 퇴각
③ 퇴출   ④ 퇴로
⑤ 퇴영

36

만족 : 흡족＝부족 : (　　)

① 미미   ② 곤궁
③ 궁핍   ④ 결핍
⑤ 가난

37

요긴 : 중요＝특성 : (   )

① 성질   ② 특별
③ 특이   ④ 특질
⑤ 특수

38

세입 : 세출＝할인 : (   )

① 상승   ② 인상
③ 할증   ④ 감소
⑤ 인하

39

독백 : 연극＝추임새 : (   )

① 탈춤   ② 시조
③ 판소리   ④ 농악
⑤ 시나위

40

타짜꾼 : 노름＝(   ) : 가죽신

① 마름   ② 갓바치
③ 쇠재비   ④ 모도리
⑤ 대장공

다음 제시된 단어의 대응 관계로 볼 때, 빈칸에 들어가기에 알맞은 것끼리 짝지어진 것은?

> (   ) : 추출하다=(   ) : 올리다

① 용질, 물
② 고체, 공기
③ 액체, 공간
④ 용매, 물건
⑤ 기체, 수증기

| 해설 | 제시된 단어는 목적어와 동사의 관계이다.
'용매'를 '추출'하고, '물건'을 '올린다'.

정답 ④

PART 1

※ 다음 제시된 단어의 대응 관계로 볼 때, 빈칸에 들어가기에 알맞은 것끼리 짝지어진 것을 고르시오.
 [41~50]

41

> 창조 : (   )=개선 : (   )

① 창출, 수정
② 발명, 발견
③ 수정, 창출
④ 개발, 계발
⑤ 소득, 소비

42

> (   ) : 대중교통=아파트 : (   )

① 택시, 빌라
② 출근, 집
③ 기차, 단독주택
④ 버스, 빌라
⑤ 전철, 집

43

| 서적 : (　　) = (　　) : 냉장고 |

① 양서, 가전　　　　　　　　② 도서, 보관
③ 소설, 냉장　　　　　　　　④ 고서, TV
⑤ 신간, 전기

44

| (　　) : 시간 = (　　) : 차례 |

① 보내다, 지내다　　　　　　② 맞다, 비우다
③ 시각, 제사　　　　　　　　④ 시계, 순서
⑤ 웃다, 맞추다

45

| 목수 : (　　) = (　　) : 운동 |

① 직업, 미장이　　　　　　　② 나무, 정지
③ 건축, 운동선수　　　　　　④ 설계도, 건강
⑤ 연장, 경기

46

| (　　) : 거대하다 = (　　) : 감퇴하다 |

① 미세하다, 수축하다　　　　② 왜소하다, 증진하다
③ 우람하다, 나아가다　　　　④ 광활하다, 증가하다
⑤ 높다랗다, 전진하다

47

( ) : 옥수수=샛별 : ( )

① 수수, 행성   ② 강냉이, 금성

③ 감자, 행성   ④ 감자, 우주

⑤ 강냉이, 화성

48

선풍기 : 바람=( ) : ( )

① 하늘, 가뭄   ② 인쇄기, 종기

③ 제빙기, 얼음   ④ 세탁기, 빨래

⑤ 믹서기, 칼날

49

( ) : 탄소=( ) : 아미노산

① 그래핀, 탄수화물   ② 석탄, DNA

③ 다이아몬드, 펩티드   ④ 메탄, 암모니아

⑤ 흑연, 단백질

50

피곤하다 : ( )=( ) : 밍밍하다

① 산뜻하다, 맹맹하다   ② 곤하다, 심심하다

③ 졸리다, 간간하다   ④ 고달프다, 건건하다

⑤ 궁하다, 취하다

제시된 9개의 단어 중 3개의 단어를 통해 공통적으로 연상되는 단어는?

잡지	언론	설문
취재	대본	투자
연극	출판	신문

① 조사   ② 여론
③ 구독   ④ 기자
⑤ 배우

| 해설 | 언론, 취재, 신문을 통해 '기자'를 연상할 수 있다.

정답 ④

※ 제시된 9개의 단어 중 3개의 단어를 통해 공통적으로 연상되는 단어를 고르시오. [51~60]

51

판결	수갑	전투
자물쇠	재판	검거
수사	장교	재활

① 군인   ② 법원
③ 판사   ④ 열쇠
⑤ 형사

52

둘리	파도	사바나
조개	빙하	곰
툰드라	계곡	낙타

① 북극   ② 공룡
③ 기후   ④ 초원
⑤ 사막

53

빼앗다	전염	성장
인권	떼다	침범하다
짓밟다	사생활	정돈

① 유린 ② 침해

③ 박탈 ④ 보호

⑤ 격리

54

까치	건망증	백아절현
망운지정	이별	스승
벗	각골난망	비둘기

① 효도 ② 은혜

③ 우정 ④ 기억

⑤ 상실

55

사오정	수궁가	신화
수주대토	손오공	장비
잔나비	적벽가	조삼모사

① 서유기 ② 토끼

③ 판소리 ④ 원숭이

⑤ 삼국지

56

수출	극복	순서
지폐	규정	차례
한글	동전	제한

① 맞춤법   ② 한계

③ 규제   ④ 세종

⑤ 질서

57

비	자화상	윤흥길
굴절	인연	돌연
진도	황순원	선물

① 무지개   ② 거울

③ 장마   ④ 소나기

⑤ 지진

58

강도	검거	전설
방파제	약탈	바다
건의	휴가	그림

① 해적   ② 폭력

③ 산적   ④ 파도

⑤ 협박

59

유리	동네	자석
대장	고집	나침반
말썽	옹기	길

① 장이   ② 쟁이
③ 그릇   ④ 방향
⑤ 골목

60

송이	목마	화성
지구	별	전기
관포지교	팽이	죽마고우

① 말   ② 회전
③ 버섯   ④ 우정
⑤ 행성

다음 제시된 단어에서 공통으로 연상할 수 있는 단어는?

저팔계, 족발, 고사

① 소   ② 돼지
③ 제사   ④ 손오공
⑤ 하늘

| 해설 | '저팔계'는 서유기에 등장하는 돼지이고, '족발'은 돼지의 다리이며, '고사'를 지낼 때는 돼지 머리를 올린다. 따라서 '돼지'를 연상할 수 있다.

정답 ②

※ 다음 제시된 단어에서 공통으로 연상할 수 있는 단어를 고르시오. [61~70]

61

용호상박, 12지, 여의주

① 호랑이   ② 용
③ 구슬   ④ 별자리
⑤ 사주

62

소프라노, 하이힐, 고혈압

① 높다   ② 여성
③ 고음   ④ 불편
⑤ 울림

63

지록위마, 사기꾼, 탐지기

① 죄   ② 협박

③ 재판   ④ 거짓말

⑤ 감옥

PART 1

64

독립, 헬스클럽, 선수

① 기구   ② 영양제

③ 1인   ④ 운동

⑤ 개인

65

방역, 코로나, 바이러스

① 백신   ② 중국

③ 맥주   ④ 전염병

⑤ 돌연변이

66

조선왕조실록, 서울역, 역도

① 서울   ② 임금

③ 경기   ④ 역사

⑤ 반란

67

영화, 설렘, 소설

① 블록버스터   ② 공포

③ 배우   ④ 로맨스

⑤ 감독

68

경보, 하늘, 천재

① 대회   ② 비상

③ 폭우   ④ 비행기

⑤ 로켓

69

와신상담, 군인, 국가

① 방위   ② 국가

③ 계급   ④ 원수

⑤ 파병

70

특별자치시, 한글, 만 원

① 화폐   ② 세종

③ 신사임당   ④ 수도

⑤ 서울

01 언어추리

1. 연역 추론

이미 알고 있는 판단(전제)을 근거로 새로운 판단(결론)을 유도하는 추론이다. 연역 추론은 진리일 가능성을 따지는 귀납 추론과는 달리, 명제 간의 관계와 논리적 타당성을 따진다. 즉, 연역 추론은 전제들로부터 절대적인 필연성을 가진 결론을 끌어내는 추론이다.

(1) 직접 추론 : 한 개의 전제로부터 중간적 매개 없이 새로운 결론을 끌어내는 추론이며, 대우 명제가 그 대표적인 예이다.

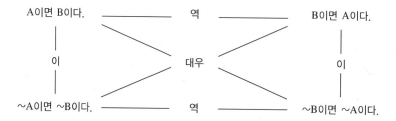

• 한국인은 모두 황인종이다.	(전제)
• 그러므로 황인종이 아닌 사람은 모두 한국인이 아니다.	(결론 1)
• 그러므로 황인종 중에는 한국인이 아닌 사람도 있다.	(결론 2)

(2) 간접 추론 : 둘 이상의 전제로부터 새로운 결론을 끌어내는 추론이다. 삼단논법이 가장 대표적인 예이다.

① **정언 삼단논법** : 세 개의 정언명제로 구성된 간접 추론 방식이다. 세 개의 명제 가운데 두 개의 명제는 전제이고, 나머지 한 개의 명제는 결론이다. 세 명제의 주어와 술어는 세 개의 서로 다른 개념을 표현한다(P는 대개념, S는 소개념, M은 매개념이다).

• 모든 곤충은 다리가 여섯이다.	M은 P이다(대전제).
• 모든 개미는 곤충이다.	S는 M이다(소전제).
• 그러므로 모든 개미는 다리가 여섯이다.	S는 P이다(결론).

② **가언 삼단논법** : 가언명제로 이루어진 삼단논법을 말한다. 가언명제란 두 개의 정언명제가 '만일 ~이라면'이라는 접속사에 의해 결합된 복합명제이다. 여기서 '만일'에 의해 이끌리는 명제를 전건이라하고, 그 뒤의 명제를 후건이라 한다. 가언 삼단논법의 종류로는 혼합가언 삼단논법과 순수가언 삼단논법이 있다.

　㉠ **혼합가언 삼단논법** : 대전제만 가언명제로 구성된 삼단논법이다. 긍정식과 부정식 두 가지가 있으며, 긍정식은 'A면 B다. A다. 그러므로 B다.'이고, 부정식은 'A면 B다. B가 아니다. 그러므로 A가 아니다.'이다.

> • 만약 A라면 B다.
> • B가 아니다.
> • 그러므로 A가 아니다.

　㉡ **순수가언 삼단논법** : 대전제와 소전제 및 결론까지 모두 가언명제들로 구성된 삼단논법이다.

> • 만약 A라면 B다.
> • 만약 B라면 C다.
> • 그러므로 만약 A라면 C다.

③ **선언 삼단논법** : '~이거나 ~이다.'의 형식으로 표현되며 전제 속에 선언명제를 포함하고 있는 삼단논법이다.

> • 내일은 비가 오거나 눈이 온다. A 또는 B이다.　　　　　　　　A 또는 B이다.
> • 내일은 비가 오지 않는다. A가 아니다.　　　　　　　　　　　　A가 아니다.
> • 그러므로 내일은 눈이 온다.　　　　　　　　　　　　　　　　　그러므로 B다.

④ **딜레마 논법** : 대전제는 두 개의 가언명제로, 소전제는 하나의 선언명제로 이루어진 삼단논법으로, 양도 추론이라고도 한다.

> • 만일 네가 거짓말을 하면, 신이 미워할 것이다.　　　　　　　　　(대전제)
> • 만일 네가 거짓말을 하지 않으면, 사람들이 미워할 것이다.　　　　(대전제)
> • 너는 거짓말을 하거나, 거짓말을 하지 않을 것이다.　　　　　　　(소전제)
> • 그러므로 너는 미움을 받게 될 것이다.　　　　　　　　　　　　　(결론)

2. 귀납 추론

특수한 또는 개별적인 사실로부터 일반적인 결론을 끌어내는 추론을 말한다. 귀납 추론은 구체적 사실들을 기반으로 하여 결론을 끌어내기 때문에 필연성을 따지기보다는 개연성과 유관성, 표본성 등을 중시하게 된다. 여기서 개연성이란 관찰된 어떤 사실이 같은 조건하에서 앞으로도 관찰될 수 있는가 하는 가능성을 말하고, 유관성은 추론에 사용된 자료가 관찰하려는 사실과 관련되어야 하는 것을 일컬으며, 표본성은 추론을 위한 자료의 표본추출이 공정하게 이루어져야 하는 것을 가리킨다. 이러한 귀납 추론은 일상생활 속에서 많이 사용하고, 우리가 알고 있는 과학적 사실도 이와 같은 방법으로 밝혀졌다.

> • 히틀러도 사람이고 죽었다.
> • 스탈린도 사람이고 죽었다.
> • 그러므로 모든 사람은 죽는다.

그러나 전제들이 참이어도 결론이 항상 참인 것은 아니다. 단 하나의 예외로 인하여 결론이 거짓이 될 수 있다.

> • 성냥불은 뜨겁다.
> • 연탄불도 뜨겁다.
> • 그러므로 모든 불은 뜨겁다.

위 예문에서 '성냥불이나 연탄불이 뜨거우므로 모든 불은 뜨겁다.'라는 결론이 나왔는데, 반딧불은 뜨겁지 않으므로 '모든 불이 뜨겁다.'라는 결론은 거짓이 된다.

(1) **완전 귀납 추론** : 관찰하고자 하는 집합의 전체를 다 검증함으로써 대상의 공통 특질을 밝혀내는 방법이다. 이는 예외 없는 진실을 발견할 수 있다는 장점은 있으나, 집합의 규모가 크고 속성의 변화가 다양할 경우에는 적용하기 어려운 단점이 있다.

　　예 1부터 10까지의 수를 다 더하여 그 합이 55임을 밝혀내는 방법

(2) **통계적 귀납 추론** : 통계적 귀납 추론은 관찰하고자 하는 집합의 일부에서 발견한 몇 가지 사실을 열거함으로써 그 공통점을 결론으로 끌어내려는 방식을 가리킨다. 관찰하려는 집합의 규모가 클 때 그 일부를 표본으로 추출하여 조사하는 방식이 이에 해당하며, 표본추출의 기준이 얼마나 적합하고 공정한가에 따라 그 결과에 대한 신뢰도가 달라진다는 단점이 있다.

　　예 여론조사에서 일부의 국민에 대한 설문 내용을 바탕으로, 이를 전체 국민의 여론으로 제시하는 것

(3) **인과적 귀납 추론** : 관찰하고자 하는 집합의 일부 원소들이 지닌 인과관계를 인식하여 그 원인이나 결과를 끌어내려는 방식을 말한다.

　　① **일치법** : 공통적인 현상을 지닌 몇 가지 사실 중에서 각기 지닌 요소 중 어느 한 가지만 일치한다면 이 요소가 공통 현상의 원인이라고 판단

　　　　예 마을 잔칫집에서 돼지고기를 먹은 사람들이 집단 식중독을 일으켰다.
　　　　　　따라서 식중독의 원인은 상한 돼지고기가 아닌가 생각한다.

② **차이법** : 어떤 현상이 나타나는 경우와 나타나지 않은 경우를 놓고 보았을 때, 각 경우의 여러 조건 중 단 하나만이 차이를 보인다면 그 차이를 보이는 조건이 원인이 된다고 판단

　　예 현수와 승재는 둘 다 지능이나 학습 시간, 학습환경 등이 비슷한데 공부하는 태도에는 약간의 차이가 있다.

　　따라서 둘의 성적이 차이를 보이는 것은 학습 태도의 차이 때문으로 생각된다.

③ **일치ㆍ차이 병용법** : 몇 개의 공통 현상이 나타나는 경우와 몇 개의 그렇지 않은 경우를 놓고 일치법과 차이법을 병용하여 적용함으로써 그 원인을 판단

　　예 학업능력 정도가 비슷한 두 아동 집단에 대해 처음에는 같은 분량의 과제를 부여하고 나중에는 각기 다른 분량의 과제를 부여한 결과, 많이 부여한 집단의 성적이 훨씬 높게 나타났다. 이로 보아, 과제를 많이 부여하는 것이 적게 부여하는 것보다 학생의 학업성적 향상에 도움이 된다고 판단할 수 있다.

④ **공변법** : 관찰하는 어떤 사실의 변화에 따라 현상의 변화가 일어날 때 그 변화의 원인이 무엇인지 판단

　　예 담배를 피우는 양이 각기 다른 사람들의 집단을 조사한 결과, 담배를 많이 피울수록 폐암에 걸릴 확률이 높다는 사실이 발견되었다.

⑤ **잉여법** : 앞의 몇 가지 현상이 뒤의 몇 가지 현상의 원인이며, 선행 현상의 일부분이 후행 현상의 일부분이라면, 선행 현상의 나머지 부분이 후행 현상의 나머지 부분의 원인임을 판단

　　예 어젯밤 일어난 사건의 혐의자는 정은이와 규민이 두 사람인데, 정은이는 알리바이가 성립되어 혐의사실이 없는 것으로 밝혀졌다.

　　따라서 그 사건의 범인은 규민이일 가능성이 높다.

3. 유비 추론

두 개의 대상 사이에 일련의 속성이 동일하다는 사실에 근거하여 그것들의 나머지 속성도 동일하리라는 결론을 끌어내는 추론, 즉 이미 알고 있는 것에서 다른 유사한 점을 찾아내는 추론을 말한다. 그렇기 때문에 유비 추론은 잣대(기준)가 되는 사물이나 현상이 있어야 한다. 유비 추론은 가설을 세우는 데 유용하다. 이미 알고 있는 사례로부터 아직 알지 못하는 것을 생각해 봄으로써 쉽게 가설을 세울 수 있다. 이때 유의할 점은 이미 알고 있는 사례와 이제 알고자 하는 사례가 매우 유사하다는 확신과 증거가 있어야 한다. 그렇지 않은 상태에서 유비 추론에 의해 결론을 끌어내면, 그것은 개연성이 거의 없고 잘못된 결론이 될 수도 있다.

- 지구에는 공기, 물, 흙, 햇빛이 있다(A는 a, b, c, d의 속성을 가지고 있다).
- 화성에는 공기, 물, 흙, 햇빛이 있다(B는 a, b, c, d의 속성을 가지고 있다).
- 지구에 생물이 살고 있다(A는 e의 속성을 가지고 있다).
- 그러므로 화성에도 생물이 살고 있을 것이다(그러므로 B도 e의 속성을 가지고 있을 것이다).

02 논리구조

논리구조에서는 주로 단락과 문장 간의 관계나 글 전체의 논리적 구조를 정확히 파악했는지를 묻는다. 글의 순서를 바르게 나열하는 유형이 출제되고 있다. 제시문의 전체적인 흐름을 바탕으로 각 문단의 특징, 단락 간의 역할 등을 논리적으로 구조화할 수 있는 능력을 길러야 한다.

1. 문장과 문장 간의 관계

① **상세화 관계** : 주지 → 구체적 설명(비교, 대조, 유추, 분류, 분석, 인용, 예시, 비유, 부연, 상술 등)

② **문제(제기)와 해결 관계** : 한 문장이 문제를 제기하고, 다른 문장이 그 해결책을 제시하는 관계(과제 제시 → 해결 방안, 문제 제기 → 해답 제시)

③ **선후 관계** : 한 문장이 먼저 발생한 내용을 담고, 다음 문장이 나중에 발생한 내용을 담고 있는 관계

④ **원인과 결과 관계** : 한 문장이 원인이 되고, 다른 문장이 그 결과가 되는 관계(원인 제시 → 결과 제시, 결과 제시 → 원인 제시)

⑤ **주장과 근거 관계** : 한 문장이 필자가 말하고자 하는 바(주지)가 되고, 다른 문장이 그 문장의 증거(근거)가 되는 관계(주장 제시 → 근거 제시, 의견 제안 → 의견 설명)

⑥ **전제와 결론 관계** : 앞 문장에서 조건이나 가정을 제시하고, 뒤 문장에서 이에 따른 결론을 제시하는 관계

2. 문장의 연결 방식

① **순접** : 원인과 결과, 부연 설명 등의 문장 연결에 쓰임
  예 그래서, 그리고, 그러므로 등

② **역접** : 앞글의 내용을 전면적 또는 부분적으로 부정
  예 그러나, 그렇지만, 그래도, 하지만 등

③ **대등·병렬** : 앞뒤 문장의 대비와 반복에 의한 접속
  예 및, 혹은, 또는, 이에 반하여 등

④ **보충·첨가** : 앞글의 내용을 보다 강조하거나 부족한 부분을 보충하기 위해 다른 말을 덧붙이는 문맥
  예 단, 곧, 즉, 더욱이, 게다가, 왜냐하면 등

⑤ **화제 전환** : 앞글과는 다른 새로운 내용을 이야기하기 위한 문맥

⑥ **비유·예시** : 앞글에 대해 비유적으로 다시 말하거나 구체적인 예를 보임
  예 예를 들면, 예컨대, 마치 등

3. 원리 접근법

앞뒤 문장의 중심 의미 파악	→	앞뒤 문장의 중심 내용이 어떤 관계인지 파악	→	문장 간의 접속어, 지시어의 의미와 기능	→	문장의 의미와 관계성 파악
각 문장의 의미를 어떤 관계로 연결해서 글을 전개하는지 파악해야 한다.		지문 안의 모든 문장은 서로 논리적 관계성이 있다.		접속어와 지시어를 음미하는 것은 독해의 길잡이 역할을 한다.		문단의 중심 내용을 알기 위한 기본 분석 과정이다.

03 논리적 이해

1. 전제의 추론

전제의 추론은 원칙적으로 주어진 내용의 이면에 내포되어 있는 이미 옳다고 인정된 사실을 유추하는 유형이다.
① 먼저 주장이 무엇인지 명확하게 파악해야 한다.
② 주장이 성립하기 위해서 논리적으로 필요한 요건이 무엇인지 생각해 본다.
③ 선택지 중 주장과 논리적으로 인과관계를 형성할 수 있는 조건을 찾아낸다.

2. 결론의 추론

주어진 내용을 명확히 이해한 다음, 이를 근거로 끌어낼 수 있는 올바른 결론이나 관련 사항을 논리적인 관점에서 찾는 문제 유형이다. 이와 같은 문제는 평상시 비판적이고 논리적인 관점으로 글을 읽는 연습을 충분히 해두어야 유리하다고 볼 수 있다.

3. 주제의 추론

주제와 관련된 추론 문제는 적성검사에서 자주 출제되는 유형으로서, 글의 표제, 부제, 주제, 주장, 의도를 파악하는 형태의 문제와 같은 유형이다. 이러한 유형의 문제는 주제를 글의 첫 문단이나 마지막 문단을 통해서 찾을 수 있으며 그렇지 않더라도 문단의 병렬·대등 관계를 파악하면 쉽게 찾을 수 있다. 여러 문단에서 공통된 주제를 추론할 때는 각각의 제시문을 먼저 요약한 뒤, 핵심 키워드를 찾은 다음 이를 토대로 주제문을 가려내어 하나의 주제를 유추하면 된다. 따라서 평소에 제시문을 읽고 핵심 키워드를 찾아 문장을 구성하는 연습을 많이 해두어야 한다. 또한 겉으로 드러난 주제나 정보를 찾는 데 그치지 않고 글 속에 숨겨진 의도나 정보를 찾기 위해 꼼꼼히 관찰하는 태도가 필요하다.

CHAPTER 02 언어이해 적중예상문제

정답 및 해설 p.009

대표유형 1 참 · 거짓 · 알 수 없음

제시문 A를 읽고, 제시문 B가 참인지 거짓인지 혹은 알 수 없는지 고르면?

> [제시문 A]
> • 수영을 잘하는 모든 사람은 축구를 잘한다.
> • 축구를 잘하는 모든 사람은 농구를 잘한다.
>
> [제시문 B]
> 수영을 잘하는 철수는 농구도 잘한다.

① 참   ② 거짓   ③ 알 수 없음

| **해설** | 수영을 잘하면 축구를 잘하고, 축구를 잘하면 농구를 잘하기 때문에 수영을 잘하는 철수는 농구도 잘한다.

정답 ①

※ 제시문 A를 읽고, 제시문 B가 참인지, 거짓인지 혹은 알 수 없는지 고르시오. **[1~3]**

01

> [제시문 A]
> • 수진이는 2개의 화분을 샀다.
> • 지은이는 6개의 화분을 샀다.
> • 효진이는 화분을 수진이보다는 많이 샀지만, 지은이보다는 적게 샀다.
>
> [제시문 B]
> • 효진이는 4개 이하의 화분을 샀다.

① 참   ② 거짓   ③ 알 수 없음

02

[제시문 A]
- A ~ D는 각각 수리 영역에서 1 ~ 4등급을 받았고, 등급이 같은 사람은 없다.
- D보다 등급이 높은 사람은 2명 이상이다.
- D는 B보다 한 등급 높고, A는 C보다 한 등급 높다.

[제시문 B]
- C는 수리 영역에서 3등급을 받았다.

① 참   ② 거짓   ③ 알 수 없음

03

[제시문 A]
- 바이올린을 연주할 수 있는 사람은 피아노를 연주할 수 있다.
- 플루트를 연주할 수 있는 사람은 트럼펫을 연주할 수 있다.
- 피아노를 연주할 수 없는 사람은 트럼펫을 연주할 수 없다.

[제시문 B]
- 플루트를 연주할 수 있는 사람은 피아노를 연주할 수 있다.

① 참   ② 거짓   ③ 알 수 없음

※ 다음 제시문을 읽고 각 문장이 항상 참이면 ①, 거짓이면 ②, 알 수 없으면 ③을 고르시오. [4~5]

- 5층짜리 아파트에 A, B, C, D, E가 살고 있다.
- A는 2층에 살고 있다.
- B는 A보다 위층에 살고 있다.
- C와 D는 이웃한 층에 살고 있다.

04 E는 1층에 살고 있다.

① 참   ② 거짓   ③ 알 수 없음

05 B는 4층에 살고 있다.

① 참   ② 거짓   ③ 알 수 없음

※ 다음 제시문을 읽고 각 문장이 항상 참이면 ①, 거짓이면 ②, 알 수 없으면 ③을 고르시오. [6~7]

- 6명의 친구가 달리기를 했다.
- A는 3등으로 들어왔다.
- B는 꼴찌로 들어왔다.
- C는 E 바로 앞에 들어왔다.
- D는 F 바로 앞에 들어왔다.

06 D가 4등이라면 E는 2등일 것이다.

① 참   ② 거짓   ③ 알 수 없음

07 C는 1등으로 들어왔다.

① 참   ② 거짓   ③ 알 수 없음

※ 다음 제시문을 읽고 각 문장이 옳은지, 그른지, 제시문으로는 알 수 없는지를 판단하시오. [8~10]

경제성장률은 기술 수준을 고려한 1인당 국민소득 수준과 장기균형 국민소득 수준의 격차에 비례해서 결정되고 장기적으로는 기술 증가율에 의해 결정된다. 이를 보면 기술 수준의 변화를 고려하지 않는다고 하더라도 경제성장률을 결정해주는 것은 경제규모인 총 국민소득이 아니라 1인당 국민소득 수준이라는 것을 쉽게 알 수 있다. 세계은행이 발표한 자료 중 가장 많은 국가들이 포함된 연도인 2003년의 2000년 기준 실질자료를 보면 경제규모를 반영하는 국내총생산(GDP)의 경우 세계 180개국 중 한국은 미국(1위), 일본(2위), 브라질(10위), 멕시코(11위) 다음인 12위였다. 반면 1인당 국민소득을 반영하는 1인당 GDP는 룩셈부르크 (1위), 노르웨이(2위) 등에 비해 한국은 1만 2,245달러로 세계에서 35위였다. 반면에 최근 고속성장을 하는 중국과 인도를 보자. 중국은 GDP 기준으로 세계 4위에 해당되지만 1인당 GDP는 1,209달러로 세계 111위에 해당되고, 인도는 GDP로는 세계 13위이지만 1인당 GDP는 512달러로 141위에 해당한다. 경제의 성숙도를 경제규모 기준으로 본다면 중국이 한국보다 훨씬 높은 성숙단계의 국가가 되고 이는 최근 5년간 성장률이 10%에 이르는 중국이 한국(4.8%)보다 앞서는 것을 설명하기 어렵다. 또한 유사한 경제규모를 갖고 있는 인도의 경우 최근 5년간 약 7.8%의 성장률을 보여 같은 기간 우리보다 높은 경제성장률을 보여 주는 것도 설명하기 어렵다. 이는 국가의 성숙도를 경제규모가 아닌 1인당 국민소득으로 봐야 함을 뜻한다.

08 중국이 인도보다 1인당 GDP가 더 높다.

① 항상 옳다.
② 전혀 그렇지 않다.
③ 제시문으로는 옳고 그름을 알 수 없다.

09 경제성장률을 결정해주는 것은 경제규모인 총 국민소득이다.

① 항상 옳다.
② 전혀 그렇지 않다.
③ 제시문으로는 옳고 그름을 알 수 없다.

10 한국은 인도보다 총 국민소득이 많다.

① 항상 옳다.
② 전혀 그렇지 않다.
③ 제시문으로는 옳고 그름을 알 수 없다.

※ 다음 제시문을 읽고 각 문장이 옳은지, 그른지, 제시문으로는 알 수 없는지를 판단하시오. [11~13]

> 맨해튼 프로젝트는 제2차 세계대전 기간 중 미국이 주도한 원자폭탄 개발계획으로 최초의 거대과학 프로그램이었다. 우주공학과 우주과학을 포함하는 우주개발은 거대과학의 전형을 보여 준다. 소련의 스푸트니크 위성 발사는 냉전 시대 최고의 선전도구였다. 이 사건은 이듬해 미 항공우주국(NASA)을 탄생시키는 계기가 되었다. 미국은 1961년부터 우주에서의 우위를 점하기 위해 거대과학 우주 프로그램인 아폴로 계획을 출범시켰다. 1969년에는 아폴로 11호가 인간을 달에 착륙시키고 무사히 지구로 귀환했다. 우주개발 분야에서 현재 진행 중인 대표적인 거대과학이 국제우주정거장 건설이다. 미국, 유럽, 러시아, 일본 등 16개국이 참여해 지구 저궤도 350 ~ 400km에 건설 중이다. 2003년 컬럼비아 우주왕복선의 사고와 소요 재원 문제로 일부 계획이 축소됐다. 2010년 완공 예정으로 우주환경 이용 및 유인 우주활동을 위한 기반 정비를 목표로 추진 중이다. 건설과 운영에 소요되는 비용이 100조 원에 이를 것으로 예상된다. 최근에는 우주 선진국이 국제협력을 통해 달 및 화성에 대한 유인탐사를 공동으로 수행하는 방안을 협의 중이다.

11 최초의 거대과학 프로그램으로 일본인이 다치는 결과가 발생하였다.

① 항상 옳다.
② 전혀 그렇지 않다.
③ 제시문으로는 옳고 그름을 알 수 없다

12 우주정거장 건설 사업에는 약 100억 달러의 비용이 소요될 것으로 예상된다.

① 항상 옳다.
② 전혀 그렇지 않다.
③ 제시문으로는 옳고 그름을 알 수 없다.

13 국제우주정거장 건설 사업에는 한국도 참여 중이다.

① 항상 옳다.
② 전혀 그렇지 않다.
③ 제시문으로는 옳고 그름을 알 수 없다.

A ~ E 5명이 5층 건물에 한 층당 한 명씩 살고 있다. 다음에 근거하여 바르게 추론한 것은?

- C와 D는 서로 인접한 층에 산다.
- A는 2층에 산다.
- B는 A보다 높은 층에 산다.

① D는 가장 높은 층에 산다.
② A는 E보다 높은 층에 산다.
③ C는 3층에 산다.
④ E는 D보다 높은 층에 산다.
⑤ A는 가장 낮은 층에 산다.

| 해설 | 아래층부터 (E, A, B, C, D), (E, A, C, D, B), (E, A, B, D, C), (E, A, D, C, B)의 네 가지 경우를 추론할 수 있다. 따라서 모든 경우에 A는 E보다 높은 층에 살고 있다.

정답 ②

※ 다음 명제가 모두 참일 때 옳게 추론한 것을 고르시오. [14~18]

14

- A고등학교 학생은 봉사활동을 해야 졸업한다.
- 이번 학기에 봉사활동을 하지 않은 A고등학교 학생이 있다.

① A고등학교 졸업생은 봉사활동을 했다.
② 봉사활동을 안한 A고등학교 졸업생이 있다.
③ 다음 학기에 봉사활동을 해야 하는 A고등학교 학생이 있다.
④ 다음 학기에 봉사활동을 하지 않는 학생은 졸업을 할 수 없다.
⑤ 이번 학기에 봉사활동을 하지 않은 A고등학교 학생은 이미 봉사활동을 했다.

15

- 효주는 지영이보다 나이가 많다.
- 효주와 채원이는 같은 회사에 다니고, 이 회사는 나이 많은 사람이 승진을 더 빨리 한다.
- 효주는 채원이보다 승진을 빨리 했다.

① 채원이가 가장 어리다.
② 효주는 나이가 가장 많다.
③ 채원이는 효주보다 나이가 많다.
④ 지영이는 채원이보다 나이가 많다.
⑤ 채원이는 지영이보다 나이가 많다.

16

- 속도에 관심 없는 사람은 디자인에도 관심이 없다.
- 연비를 중시하는 사람은 내구성도 따진다.
- 내구성을 따지지 않는 사람은 속도에도 관심이 없다.

① 연비를 중시하지 않는 사람도 내구성은 따진다.
② 디자인에 관심 없는 사람도 내구성은 따진다.
③ 연비를 중시하는 사람은 디자인에는 관심이 없다.
④ 내구성을 따지지 않는 사람은 디자인에도 관심이 없다.
⑤ 속도에 관심이 있는 사람은 연비를 중시하지 않는다.

17

- 재호는 매월 관리비를 내고 있다.
- 3월의 관리비가 4월의 관리비보다 많았다.
- 4월에 재호에게 청구된 관리비는 2월의 관리비보다 많았다.

① 재호는 4월에 가장 많은 관리비를 냈다.
② 재호는 2월에 가장 많은 관리비를 냈다.
③ 재호는 3월에 가장 적은 관리비를 냈다.
④ 재호는 2월에 가장 적은 관리비를 냈다.
⑤ 재호는 3월에 2월보다 적은 관리비를 냈다.

18

- 민현이는 1995년에 태어났다.
- 재현이는 민현이보다 2년 늦게 태어났다.
- 정현이는 재현이보다 먼저 태어났다.

① 민현이의 나이가 가장 많다.
② 정현이의 나이가 가장 많다.
③ 정현이는 민현이보다 어리다.
④ 민현이는 정현이보다 어리다.
⑤ 정현이는 1997년 이전에 태어났다.

다음 명제가 모두 참일 때, 빈칸에 들어갈 명제로 가장 적절한 것은?

- 철학은 학문이다.
- 모든 학문은 인간의 삶을 의미 있게 해준다.
- 그러므로 _____

① 철학과 학문은 같다.
② 학문을 하려면 철학을 해야 한다.
③ 철학은 인간의 삶을 의미 있게 해준다.
④ 철학을 하지 않으면 삶은 의미가 없다.
⑤ 철학을 제외한 학문은 인간의 삶을 의미 없게 만든다.

| 해설 | 철학은 학문이고, 모든 학문은 인간의 삶을 의미 있게 해준다. 따라서 철학은 인간의 삶을 의미 있게 해준다.

정답 ③

※ 다음 명제가 모두 참일 때, 빈칸에 들어갈 명제로 가장 적절한 것을 고르시오. [19~23]

19

- 영양소는 체내에서 에너지원 역할을 한다.
- 탄수화물은 영양소이다.
- 그러므로 _____

① 탄수화물은 체내에 필요하다.
② 에너지원 역할을 하는 것은 영양소이다.
③ 에너지원 역할을 하는 것은 탄수화물이다.
④ 탄수화물은 체내에서 에너지원 역할을 한다.
⑤ 탄수화물을 제외한 영양소는 에너지원 역할을 하지 않는다.

20

> • 승리했다면 팀플레이가 된다는 것이다.
> • _____
> • 승리했다면 패스했다는 것이다.

① 팀플레이가 된다면 승리한다.
② 팀플레이가 된다면 패배한다.
③ 승리했다면 패스했다는 것이다.
④ 패배했다면 패스하지 않은 것이다.
⑤ 팀플레이가 된다면 패스했다는 것이다.

21

> • 인기가 하락했다면 호감을 못 얻은 것이다.
> • _____
> • 인기가 하락했다면 타인에게 잘 대하지 않은 것이다.

① 호감을 얻으면 인기가 상승한다.
② 호감을 얻으면 타인에게 잘 대한다.
③ 타인에게 잘 대하면 호감을 얻는다.
④ 타인에게 잘 대하면 인기가 하락한다.
⑤ 타인에게 잘 대하지 않으면 호감을 얻지 못한다.

22

- 과학자들 가운데 미신을 따르는 사람은 아무도 없다.
- 돼지꿈을 꾼 다음 날 복권을 사는 사람들은 모두가 미신을 따르는 사람들이다.
- 그러므로 _____

① 과학자가 아닌 사람들은 모두 미신을 따른다.
② 돼지꿈을 꾼 다음 날 복권을 사는 사람이라면 과학자가 아니다.
③ 미신을 따르는 사람들은 모두 돼지꿈을 꾼 다음 날 복권을 산다.
④ 돼지꿈을 꾼 다음날 복권을 사지 않는다면 미신을 따르는 사람이 아니다.
⑤ 미신을 따르지 않는 사람 중 돼지꿈을 꾼 다음 날 복권을 사는 사람이 있다.

23

- 어떤 사람은 신의 존재와 운명론을 믿는다.
- 모든 무신론자가 운명론을 거부하는 것은 아니다.
- 그러므로 _____

① 어떤 무신론자는 신의 존재와 운명론을 믿는다.
② 운명론을 받아들이는 무신론자가 있을 수 없다.
③ 모든 사람은 신의 존재와 운명론을 믿는다.
④ 무신론자 중에는 운명론을 믿는 사람이 있다.
⑤ 모든 무신론자가 신의 존재를 거부하는 것은 아니다.

다음과 동일한 오류를 범하고 있는 것은?

> 철수가 우등상을 받지 못한 걸 보니 꼴찌를 한 것이 분명하다.

① 아파트 내에서 세차를 하면 구청에 고발하겠습니다.
② 철수, 넌 내 의견에 찬성할 거지? 넌 나의 죽마고우잖아.
③ 어머니는 용꿈을 꾸었기 때문에 나를 낳았다고 말씀하셨다.
④ 영희는 자장면을 좋아하지 않으니까 틀림없이 자장면을 싫어할 거야.
⑤ 지옥에는 행복이 없다. 이 세상은 지옥이다. 따라서 이 세상에는 행복이 없다.

| 해설 | 철수의 성적이 중간 정도일 수 있는데도 불구하고 우등생이 아니면 꼴찌라고 생각하는 것은 흑백 사고의 오류이다. 이와 유사한 오류를 보이는 것은 ④이다.

정답 ④

24 다음 중 논리적으로 타당한 것은?

① 아침에 떡과 엿을 많이 먹었으니, 웬만하면 시험에 척 붙을 거야.
② 만일 그가 무사하다면 그는 돌아왔을 것이다. 그는 돌아왔다. 따라서 그는 무사하다.
③ 돼지는 미련한 동물이든지 구질구질한 동물이다. 돼지는 미련한 동물이다. 따라서 돼지는 구질구질한 동물은 아니다.
④ 후보자들이 이기심을 극복할 수 있다면 부정선거는 사라질 것이다. 그러나 후보자들은 이기심을 극복할 수 없다. 따라서 부정선거는 사라지지 않는다.
⑤ 나는 부산에 남든지 서울에 있든지 해야 한다. 만일 내가 부산에 남는다면 서울에 있는 딸이 불편해할 것이다. 또한, 만일 내가 서울에 있다면 부산에 있는 아들이 불편해할 것이다. 따라서 딸이 불편해하든지, 아들이 불편해할 것이다.

25 다음 대화에서 나타난 오류로 가장 적절한 것은?

> 의사 : 음주와 흡연은 고혈압과 당뇨를 유발할 수 있으니 조절하십시오.
> 환자 : 에이, 의사선생님도 술, 담배 하시잖아요.

① 성급한 일반화의 오류   ② 피장파장의 오류
③ 군중에 호소하는 오류   ④ 인신공격의 오류
⑤ 흑백사고의 오류

26 다음 사례의 '갑'에게 나타난 인지적 오류 유형에 대한 설명으로 옳은 것은?

> 지난해까지 높은 매출을 올렸던 여행사가 코로나19로 인해 재정 문제에 부딪히면서 직원들을 해고하게 되었다. 회사의 위기에 어쩔 수 없는 외부 요인이 있었음에도 불구하고 여행사 직원인 '갑'은 자신이 이러한 상황을 예상하지 못했고, 적절한 조처를 하지 못했다는 생각에 괴로워했다. 결국 모두 자신의 잘못이며, 자신은 회사에 도움이 되지 않는 사람이라고 생각하게 되었다.

① 무관한 사건을 자신과 관련된 것으로 잘못 해석하고 있다.
② 충분한 근거 없이 미래에 일어날 일을 단정하고 확신하고 있다.
③ 충분한 근거 없이 다른 사람의 마음을 추측하고 단정하고 있다.
④ 한두 번의 사건의 근거하여 일반적인 결론을 내리고, 무관한 상황에도 그 결론을 적용하고 있다.
⑤ 상황의 주된 내용은 무시하고, 특정한 일부의 정보에만 주의를 기울여 전체의 의미를 해석하고 있다.

27 다음 〈보기〉 중 같은 유형의 논리적 오류를 범하는 것을 모두 고르면?

> **보기**
> ㉠ 내가 사회의 큰 인물이 되기엔 키가 너무 작아.
> ㉡ 나는 예술가보다 음악가가 되고 싶어.
> ㉢ 이 병에는 무엇이든지 녹이는 약이 담겨있습니다.
> ㉣ 그는 동남아시아에서 오지 않았어. 베트남에서 왔다던 걸?

① ㉠, ㉡
② ㉠, ㉣
③ ㉡, ㉢
④ ㉡, ㉣
⑤ ㉢, ㉣

28 다음과 동일한 오류를 범하고 있는 것은?

> 길을 지나가는 사람을 붙잡고 물어봐. 백이면 백 다 네가 잘못했다고 하지.

① 내 이야기가 재미없다고? 네가 하는 이야기는 더 재미없어.
② 오주임, 지저분한 책상을 보아하니 본인 방 청소도 자주 안 하겠어.
③ 국가의 혜택을 받고 있는 사람이라면 정부의 세금 정책에 반대해서는 안 돼.
④ 우리 반 애들은 나만 빼고 전부 다 최신 휴대폰을 써. 나도 휴대폰 새로 사줘.
⑤ 제가 먹여 살릴 식구가 다섯이나 됩니다. 이번 연봉 협상을 통해서 반드시 연봉을 인상해야만 합니다.

연경, 효진, 다솜, 지민, 지현 5명 중에서 1명이 선생님의 책상에 있는 화병에 꽃을 꽂아 두었다. 이 가운데 두 명의 이야기는 모두 거짓이지만 세 명의 이야기는 모두 참이라고 할 때 선생님 책상에 꽃을 꽂아둔 사람은?

- 연경 : 화병에 꽃을 꽂아두는 것을 나와 지현이만 보았다. 효진이의 말은 모두 맞다.
- 효진 : 화병에 꽃을 꽂아둔 사람은 지민이다. 지민이가 그러는 것을 지현이가 보았다.
- 다솜 : 지민이는 꽃을 꽂아두지 않았다. 지현이의 말은 모두 맞다.
- 지민 : 화병에 꽃을 꽂아두는 것을 세 명이 보았다. 효진이는 꽃을 꽂아두지 않았다.
- 지현 : 나와 연경이는 꽃을 꽂아두지 않았다. 나는 누가 꽃을 꽂는지 보지 못했다.

① 연경   ② 효진
③ 다솜   ④ 지민
⑤ 지현

|해설| 연경, 효진, 다솜, 지민, 지현의 증언을 차례대로 검토하면서 모순 여부를 찾아내면 쉽게 문제를 해결할 수 있다.
1) 먼저 연경이의 증언이 참이라면, 효진이의 증언도 참이다. 그런데 효진이의 증언이 참이라면 지현이의 증언은 거짓이 된다.
2) 지현이의 증언이 거짓이라면, '나와 연경이는 꽃을 꽂아두지 않았다.'는 말 역시 거짓이 되어 연경이와 지현이 중 적어도 한 명은 꽃을 꽂아두었다고 봐야 한다. 그런데 효진이의 증언은 지민이를 지적하고 있으므로 역시 모순이다. 결국 연경이와 효진이의 증언은 거짓이다.
그러므로 다솜, 지민, 지현이의 증언이 참이 되며, 이들이 언급하지 않은 다솜이가 꽃을 꽂아두었다.

정답 ③

---

29 5명의 취업준비생 갑, 을, 병, 정, 무가 S그룹에 지원하여 그중 1명이 합격하였다. 취업준비생들은 다음과 같이 이야기하였고, 그중 1명이 거짓말을 하였다. 합격한 학생은 누구인가?

- 갑 : 을은 합격하지 않았다.
- 을 : 합격한 사람은 정이다.
- 병 : 내가 합격하였다.
- 정 : 을의 말은 거짓말이다.
- 무 : 나는 합격하지 않았다.

① 갑   ② 을
③ 병   ④ 정
⑤ 무

30 A ~ E는 각각 월요일 ~ 금요일 중 하루씩 돌아가며 당직을 선다. 이 중 2명이 거짓말을 하고 있다고 할 때, 이번 주 수요일에 당직을 서는 사람은?

> • A: 이번 주 화요일은 내가 당직이야.
> • B: 나는 수요일 당직이 아니야. D가 이번 주 수요일 당직이야.
> • C: 나와 D는 이번 주 수요일 당직이 아니야.
> • D: B는 이번 주 목요일 당직이고, C는 다음날인 금요일 당직이야.
> • E: 나는 이번 주 월요일 당직이야. 그리고 C의 말은 모두 사실이야.

① A   ② B
③ C   ④ D
⑤ E

31 체육 수업으로 인해 한 학급의 학생들이 모두 교실을 비운 사이 도난 사고가 발생했다. 담임 선생님은 체육 수업에 참여하지 않은 A ~ E 5명과 상담을 진행하였고, 이들은 아래와 같이 진술하였다. 이 중 2명의 학생은 거짓말을 하고 있으며, 거짓말을 하는 한 명의 학생이 범인이다. 다음 중 범인은?

> • A: 저는 그 시간에 교실에 간 적이 없어요. 저는 머리가 아파 양호실에 누워있었어요.
> • B: A의 말은 사실이에요. 제가 넘어져서 양호실에 갔었는데, A가 누워있는 것을 봤어요.
> • C: 저는 정말 범인이 아니에요. A가 범인이에요.
> • D: B의 말은 모두 거짓이에요. B는 양호실에 가지 않았어요.
> • E: 사실 저는 C가 다른 학생의 가방을 열어 물건을 훔치는 것을 봤어요.

① A   ② B
③ C   ④ D
⑤ E

32 준수, 민정, 영재, 세희, 성은 5명은 각각 항상 진실만을 말하거나 거짓만 말한다. 다음 진술을 토대로 추론할 때, 거짓을 말하는 사람을 모두 고르면?

- 준수 : 성은이는 거짓만 말한다.
- 민정 : 영재는 거짓만 말한다.
- 영재 : 세희는 거짓만 말한다.
- 세희 : 준수는 거짓만 말한다.
- 성은 : 민정이와 영재 중 한 명만 진실만 말한다.

① 민정, 세희   ② 영재, 준수

③ 영재, 성은   ④ 영재, 세희

⑤ 민정, 영재, 성은

33 기말고사를 치르고 난 후 A ~ E 5명의 친구가 다음과 같이 성적에 대해 이야기를 나누었는데, 이 중 1명의 진술은 거짓이다. 다음 중 올바른 결론을 내린 것은?(단, 동점은 없으며, 모든 사람은 진실 또는 거짓만 말한다)

- A : E는 1등이고, D는 C보다 성적이 높다.
- B : B는 E보다 성적이 낮고, C는 A보다 성적이 높다.
- C : A는 B보다 성적이 낮다.
- D : B는 C보다 성적이 높다.
- E : D는 B보다, A는 C보다 성적이 높다.

① B가 1등이다.   ② A가 2등이다.

③ E가 2등이다.   ④ B는 3등이다.

⑤ D가 3등이다.

다음 문장을 논리적 순서대로 바르게 나열한 것은?

(가) 하지만 몇몇 전문가들은 유기 농업이 몇 가지 결점을 안고 있다고 말한다.
(나) 유기 농가들의 작물 수확량이 전통적인 농가보다 훨씬 낮으며, 유기농 경작지가 전통적인 경작지보다 잡초와 벌레로 인해 많은 피해를 입고 있다는 점이다.
(다) 최근 많은 소비자들이 지구에 도움이 되는 일을 하고 있고, 건강에 좀 더 좋은 음식을 먹고 있다고 확신하면서 유기농 식품 생산이 급속도로 증가하고 있다.
(라) 또한 유기 농업이 틈새시장의 부유한 소비자들에게 먹을거리를 제공하지만, 전 세계 수십억의 굶주리는 사람을 먹여 살릴 수는 없다는 점이다.

① (나) – (가) – (다) – (라)
② (나) – (가) – (라) – (다)
③ (나) – (다) – (라) – (가)
④ (다) – (가) – (나) – (라)
⑤ (다) – (나) – (라) – (가)

| 해설 | 제시문은 유기농 식품의 생산이 증가하고 있지만, 몇몇 전문가들은 유기 농업을 부정적으로 보고 있다는 내용이다. 따라서 (다) 최근 유기농 식품 생산의 증가 – (가) 유기 농업을 부정적으로 보는 몇몇 전문가들의 시선 – (나) 전통 농가에 비해 수확량도 적고 벌레의 피해가 잦은 유기 농가 – (라) 유기 농업으로는 굶주리는 사람을 충분히 먹여 살릴 수 없음 순으로 연결되어야 한다.

정답 ④

34

(가) 공공재원의 효율적 활용을 지향하기 위해 사회 생산성 기여를 위한 공간정책이 마련되어야 함과 동시에 주민복지의 거점으로서 기능을 해야 한다. 또한 도시체계에서 다양한 목적의 흐름을 발생, 집중시키는 노드로서 다기능·복합화를 실현하여 범위의 경제를 창출하여 이용자 편의성을 증대시키고, 공공재원의 효율적 활용에도 기여해야 한다.

(나) 우리나라도 인구감소 시대에 본격적으로 진입할 가능성이 높아지고 있다. 이미 비수도권의 대다수 시·군에서는 인구가 급속하게 줄어왔으며, 수도권 내 상당수의 시·군에서도 인구정체가 나타나고 있다. 인구감소 시대에 접어들게 되면, 줄어드는 인구로 인해 고령화 및 과소화가 급속하게 진전된 상태가 될 것이고, 그 결과 취약계층, 교통약자 등 주민의 복지수요가 늘어날 것이다.

(다) 앞으로 공공재원의 효율적 활용, 주민복지의 최소 보장, 자원배분의 정의, 공유재의 사회적 가치 및 생산에 대해 관심을 기울여야 할 것이다. 또한 인구감소 시대에 대비하여 창조적 축소, 거점 간 또는 거점과 주변 간 네트워크화 등에 관한 논의, 그와 관련되는 국가와 지자체의 역할 분담, 그리고 이해관계 주체의 연대, 참여, 결속에 관한 논의가 계속적으로 다루어져야 할 것이다.

(라) 이러한 상황에서는 공공재원을 확보, 확충하기가 어렵게 되므로 재원의 효율적 활용 요구가 높아질 것이다. 실제로 현재 인구 감소에 따른 과소화, 고령화가 빠르게 전개되어 온 지역에서 공공서비스 공급에 제약을 받고 있으며, 비용 효율성을 높여야 한다는 과제에 직면해 있다.

① (가) – (다) – (나) – (라)
② (가) – (라) – (나) – (다)
③ (나) – (가) – (라) – (다)
④ (나) – (라) – (가) – (다)
⑤ (나) – (라) – (다) – (가)

35

(가) 그런데 자연의 일양성은 선험적으로 알 수 있는 것이 아니라 경험에 기대어야 알 수 있는 것이다. 즉, '귀납이 정당한 추론이다.'라는 주장은 '자연은 일양적이다.'라는 다른 지식을 전제로 하는데, 그 지식은 다시 귀납에 의해 정당화되어야 하는 경험 지식이므로 귀납의 정당화는 순환 논리에 빠져 버린다는 것이다. 이것이 귀납의 정당화 문제이다.

(나) 귀납은 논리학에서 연역이 아닌 모든 추론, 즉 전제가 결론을 개연적으로 뒷받침하는 모든 추론을 가리킨다. 귀납은 기존의 정보나 관찰 증거 등을 근거로 새로운 사실을 추가하는 지식 확장적 특성을 지닌다.

(다) 이와 관련하여 흄은 과거의 경험을 근거로 미래를 예측하는 귀납이 정당한 추론이 되려면 미래의 세계가 과거에 우리가 경험해 온 세계와 동일하다는 자연의 일양성, 곧 한결같음이 가정되어야 한다고 보았다.

(라) 이 특성으로 인해 귀납은 근대 과학 발전의 방법적 토대가 되었지만, 한편으로 귀납 자체의 논리 한계를 지적하는 문제들에 부딪히기도 한다.

① (가) – (나) – (다) – (라)   ② (가) – (다) – (나) – (라)
③ (가) – (라) – (나) – (다)   ④ (나) – (다) – (라) – (가)
⑤ (나) – (라) – (다) – (가)

36

(가) 새 술은 새 부대에 담아야 하듯이, 낯선 세계는 낯선 표현 방식을 통해 더욱 잘 드러낼 수 있다.

(나) 시에는 주관적이고 낯선 이미지들이, 철학책에는 이해하기 힘든 추상적 용어들이 산재해 있기 때문이다.

(다) 우리의 친숙한 삶에 '느낌'과 '위험'으로 충만한 낯선 세계를 불러들인다는 점에서 시와 철학은 동일한 역할을 수행한다고 볼 수 있는 것이다.

(라) 그러나 이것은 시인과 철학자가 친숙한 세계가 아니라 원초적으로 낯선 세계를 표현하고 있기 때문에 발생한 현상이다.

(마) 시집이나 철학책은 다른 장르의 글들보다 상대적으로 이해하기 어렵다.

① (가) – (나) – (마) – (라) – (다)   ② (가) – (다) – (나) – (라) – (마)
③ (마) – (가) – (다) – (나) – (라)   ④ (마) – (나) – (다) – (라) – (가)
⑤ (마) – (나) – (라) – (가) – (다)

37

(가) 자연계는 무기적인 환경과 생물적인 환경이 상호 연관되어 있으며 그것은 생태계로 불리는 한 시스템을 이루고 있음이 밝혀진 이래, 이 이론은 자연을 이해하기 위한 가장 기본이 되는 것으로 받아들여지고 있다. (나) 그동안 인류는 더 윤택한 삶을 누리기 위하여 산업을 일으키고 도시를 건설하며 문명을 이룩해왔다. (다) 이로써 우리의 삶은 매우 윤택해졌으나 우리의 생활환경은 오히려 훼손되고 있으며 환경오염으로 인한 공해가 누적되고 있고, 우리 생활에서 없어서는 안 될 각종 자원도 바닥이 날 위기에 놓이게 되었다. (라) 따라서 우리는 낭비되는 자원, 그리고 날로 황폐해져 가는 자연에 대하여 우리가 해야 할 시급한 임무가 무엇인지를 깨닫고, 이를 실천하기 위해 우리 모두의 지혜와 노력을 모아야만 한다. (마)

보기

만약 우리가 이 위기를 슬기롭게 극복해내지 못한다면 인류는 머지않아 파멸에 이르게 될 것이다.

① (가)   ② (나)
③ (다)   ④ (라)
⑤ (마)

38

(가) 우리는 보통 공간을 배경으로 사물을 본다. 그리고 시간이나 사유를 비롯한 여러 개념을 공간적 용어로 표현한다. 이처럼 공간에 대한 용어가 중의적으로 쓰이는 과정에서, 일상적으로 쓰는 용법과 달라 혼란을 겪기도 한다. (나) 공간에 대한 용어인 '차원' 역시 다양하게 쓰인다. 차원의 수는 공간 내에 정확하게 점을 찍기 위해 알아야 하는 수의 개수이다. (다) 특정 차원의 공간은 한 점을 표시하기 위해 특정한 수가 필요한 공간을 의미한다. (라) 따라서 다차원 공간은 집을 살 때 고려해야 하는 사항들의 공간처럼 추상적일 수도 있고, 실제의 물리 공간처럼 구체적일 수도 있다. 이러한 맥락에서 어떤 사람을 1차원적 인간이라고 표현했다면 그것은 그 사람의 관심사가 하나밖에 없다는 것을 의미한다. (마)

보기

집에 틀어박혀 스포츠만 관람하는 인간은 오로지 스포츠라는 하나의 정보로 기술될 수 있고, 그 정보를 직선 위에 점을 찍은 1차원 그래프로 표시할 수 있는 것이다.

① (가)   ② (나)
③ (다)   ④ (라)
⑤ (마)

다음 글의 빈칸에 들어갈 내용으로 가장 적절한 것은?

> "너는 냉면 먹어라, 나는 냉면 먹을게."와 같은 문장이 어딘가 이상한 문장이라는 사실과, 어떻게 고쳐야 바른 문장이 된다는 사실을 특별히 심각하게 따져 보지 않고도 거의 순간적으로 파악해 낼 수 있다. 그러나 막상 이 문장이 틀린 이유가 무엇인지 설명하라고 하면, _____ 이를 논리적으로 설명해 내기 위해서는 국어의 문법 현상에 관한 상당한 수준의 전문적 식견이 필요하기 때문이다.

① 일반인으로서는 매우 곤혹스러움을 느끼게 된다.

② 전문가들은 설명이 불가능하다고 말한다.

③ 이 역시 특별한 문제없이 설명할 수 있다.

④ 대부분의 사람들은 틀린 이유를 명확하게 찾아낼 수 있다.

⑤ 국어를 모국어로 하는 사람들만이 설명할 수 있다.

| **해설** | 제시문에서 문장의 어색함을 순간적으로 파악할 수 있다는 문장 이후에 '그러나'와 '막상'이라는 표현을 사용하고 있다. 따라서 빈칸에는 이전의 문장과는 반대되는 의미가 포함된 내용이 들어가야 한다.

정답 ①

39 다음 글의 빈칸에 들어갈 문장을 〈보기〉에서 골라 순서대로 바르게 나열한 것은?

글쓰기 양식은 글 내용을 담는 그릇으로 내용을 강제한다. 이런 측면에서 다산 정약용이 '원체(原體)'라는 문체를 통해 정치라는 내용을 담고자 했던 '양식 선택의 정치학'은 특별한 의미를 갖는다. 원체는 작가가 당대(當代)의 정치적 쟁점이 되는 핵심 개념을 액자화하여 새롭게 의미를 환기하려는 의도를, 과학적 방식에 의거하여 설득하려는 정치·과학적 글쓰기라고 할 수 있다. 당나라 한유(韓愈)가 다섯 개의 원체 양식의 문장을 지은 이후 후대의 학자들은 이를 모범으로 삼았다. 원체는 고문체는 아니지만 새롭게 부상한 문체로서, 당대 사상의 핵심 개념에 대해 정체성을 추구하는 분석적이고 학술적인 글쓰기이자 정치적 글쓰기로 정립되었다. _____
그런데 다산은 단순히 개인적인 차원에서 원체를 선택한 것이 아니었다. _____
_____ 다산의 원체와 유비될 수 있는 것으로 당시 새롭게 등장한 미술 사조인 정선(鄭敾)의 진경(眞景) 화법을 들 수 있다. 진경 화법에서 다산의 글쓰기와 구조적으로 유사한 점들을 찾을 수 있다. 진경 화법의 특징은 경관(景觀)을 모사하는 사경(寫景)에 있는 것이 아니라 회화적 재구성을 통하여 경관에서 받은 미적 감흥을 창조적으로 구현하는 데 있다. 이와 같은 진경 화법은 각 지방의 무수한 사경에서 터득한 시각의 정식화를 통해 만들어졌다. _____
다산이 쓴 『원정』은 기존 정치 개념의 답습 또는 모방이 아니라 정치의 정체성에 대한 질문을 통하여 그가 생각하는 정치에 관한 새로운 관점을 정식화하여 제시한 것이다.

보기

㉠ 다산은 원체가 가진 이러한 정치·과학적 힘을 인식하고 『원정(原政)』이라는 글을 남겼다.
㉡ 그것은 새로운 시각의 정식화라는 당대의 문화적 추세를 반영한 것이었다.
㉢ 실경을 새로운 기법을 통하여 정식화한 진경 화법은 다산이 전통적인 형식을 탈피하고 새로운 관점으로 정치를 포착하고 표현하기 위해 채택한 원체의 글쓰기와 다를 바 없다.

① ㉠, ㉡, ㉢   ② ㉠, ㉢, ㉡
③ ㉡, ㉠, ㉢   ④ ㉡, ㉢, ㉠
⑤ ㉢, ㉡, ㉠

※ 다음 글의 빈칸에 들어갈 내용으로 가장 적절한 것을 고르시오. [40~43]

40

> 자율주행차란 운전자가 핸들과 가속페달, 브레이크 등을 조작하지 않아도 정밀한 지도, 위성항법시스템(GPS) 등 차량의 각종 센서로 상황을 파악해 스스로 목적지까지 찾아가는 자동차를 말한다. 국토교통부는 자율주행차의 상용화를 위해 '부분자율주행차(레벨 3)' 안전기준을 세계 최초로 도입했다고 밝혔다. 이에 따라 7월부터는 자동으로 차로를 유지하는 기능이 탑재된 레벨 3 자율주행차의 출시와 판매가 가능해진다. 국토부가 마련한 안전기준에 따르면 레벨 3 부분자율주행차는 운전자 탑승이 확인된 후에만 작동할 수 있다. 자동 차로 유지기능은 운전자가 직접 운전하지 않아도 자율주행시스템이 차선을 유지하면서 주행하고 긴급 상황 등에 대응하는 기능이다. 기존 '레벨 2'는 차로 유지기능을 작동했을 때 차량이 차선을 이탈하면 경고 알람이 울리는 정도여서 운전자가 직접 운전을 해야 했지만, 레벨 3 안전기준이 도입되면 지정된 작동영역 안에서는 자율주행차의 책임 아래 _____

① 운전자가 탑승하지 않더라도 자율주행이 가능해진다.
② 운전자가 직접 조작하지 않더라도 자동으로 속도 조절이 가능해진다.
③ 운전자가 운전대에서 손을 떼고도 차로를 유지하며 자율주행이 가능해진다.
④ 운전자가 직접 조작하지 않더라도 차량 간 일정한 거리 유지가 가능해진다.
⑤ 운전자가 차선을 이탈할 경우 경고 알람이 울리므로 운전자의 집중이 요구된다.

41

> 무엇보다도 전통은 문화적 개념이다. 문화는 복합 생성을 그 본질로 한다. 그 복합은 질적으로 유사한 것끼리는 짧은 시간에 무리 없이 융합되지만, 이질적일수록 그 혼융의 역사적 기간과 길항이 오래 걸리는 것은 사실이다. 그러나 전통이 그 주류에 있어서 이질적인 것은 교체가 더디다 해서 전통을 단절된 것으로 볼 수는 없는 것이다. 오늘날 이미 하나의 문화적 전통을 이룬 서구의 전통도, 희랍·로마 이래 장구한 역사로써 헬레니즘과 히브리즘의 이질적 전통이 융합된 것임은 이미 다 아는 상식 아닌가.
> 지금은 끊어졌다는 우리의 고대 이래의 전통도 알고 보면 샤머니즘에, 선교에, 불교에, 도교에, 유교에 실학파를 통해 받아들인 천주교적 전통까지 혼합된 것이고, 그것들 사이에는 유사한 것도 있었지만 상당히 이질적인 것이 교차하여 견고 튼 끝에 이루어진 전통이요, 그것은 어느 것이나 '우리화' 시켜 받아들임으로써 우리의 전통이 되었던 것이다. 이런 의미에서 보자면 오늘날 일시적 전통의 혼미를 전통의 단절로 속단하고 이를 전통 부정의 논거로 삼는 것은 허망된 논리이다. _____ _____ 그러므로 전통의 혼미란 곧 주체 의식의 혼미란 뜻에 지나지 않는다. 전통 탐구의 현대적 의의는 바로 문화의 기본적 주체 의식의 각성과 시대적 가치관의 검토, 이 양자의 관계에 대한 탐구의 요구에 다름 아니다.

① 전통은 우리의 현실에 작용하는 경우가 있다.
② 전통은 물론 과거로부터 이어 온 것을 말한다.
③ 우리 민족 문화의 전통은 부단한 창조 활동 속에서 이어 온 것이다.
④ 전통은 대체로 그 사회 및 그 사회의 구성원인 개인의 몸에 배어 있는 것이다.
⑤ 끊어지고 바뀌고 붙고 녹는 것을 계속하면서 그것을 일관하는 것이 전통이란 것이다.

42

멋이라는 것도 일상생활의 단조로움이나 생활의 압박에서 해방되려는 노력의 하나일 것이다. 끊임없이 일상의 복장, 그 복장이 주는 압박감으로부터 벗어나기 위해 옷을 잘 차려 입는 사람은 그래도 멋쟁이다. 또는 삶을 공리적 계산으로서가 아니라 즐김의 대상으로 볼 수 있게 해 주는 활동, 가령 서도(書道)라든가 다도(茶道)라든가 꽃꽂이라든가 하는 일을 과외로 즐길 줄 아는 사람을 우리는 생활의 멋을 아는 사람이라고 말한다. 그러나 그렇다고 해서 값비싸고 화려한 복장, 어떠한 종류의 스타일과 수련을 전제하는 활동만이 멋을 나타내는 것이 아니다. 경우에 따라서는 털털한 옷차림, 아무런 세련도 거죽에 내세울 것이 없는 툭툭한 생활 태도가 멋있게 생각될 수도 있다. 기준적인 것에 변화를 더하는 것이 중요한 것이다. 그러나 기준으로부터 편차가 너무 커서는 안 된다. 혐오감을 불러일으킬 정도의 몸가짐, 몸짓 또는 생활 태도는 멋이 있는 것으로 생각되지 않는다. 편차는 어디까지나 기준에 의해서만 존재하는 것이다. 따라서 _____

① 멋은 어떤 의도가 결부되지 않았을 때 자연스럽게 창조되는 것이다.
② 멋은 다른 사람의 관점을 존중하며 사회적 관습에 맞게 창조해야 한다.
③ 멋은 일상적인 것을 뛰어넘는 비범성을 가장 본질적인 특징으로 삼는 것이다
④ 멋은 나와 남의 눈이 부딪치는 사회적 공간에서 형성되는 것이라고 할 수 있다.
⑤ 멋은 자신의 개성을 표현해주는 다양한 활동으로 볼 수 있다.

43

발전은 항상 변화를 내포하고 있다. 그러나 모든 형태의 변화가 전부 발전에 해당하는 것은 아니다. 이를테면 교통신호등이 빨강에서 파랑으로, 파랑에서 빨강으로 바뀌는 변화를 발전으로 생각할 수는 없다. 즉 _____ 좀 더 구체적으로 말해, 사태의 진전 과정에서 나중에 나타나는 것은 적어도 그 이전 단계에 내재적으로나마 존재했던 것의 전개에 해당한다는 것이다. 이렇게 볼 때, 발전은 선적(線的)인 특성이 있다. 순전한 반복의 과정으로 보이는 것을 발전이라고 규정하지 않는 이유는 그 때문이다. 반복 과정에서는 최후에 명백히 나타나는 것이 처음에 존재했던 것과 거의 다르지 않다. 그러나 또 한편으로 우리는 비록 반복의 경우라도 때때로 그 과정 중의 특정 단계를 따로 떼어서 그것을 발견이라고 생각하기도 한다. 즉, 전체 과정에서 어떤 종류의 질이 그 시기에 특정의 수준까지 진전한 경우를 말한다.

① 발전은 어떤 특정한 방향으로 일어나는 변화라는 의미를 내포하고 있다.
② 변화는 특정한 방향으로 발전하는 것을 의미한다.
③ 발전은 불특정 방향으로 일어나는 변모라는 의미이다.
④ 발전은 어떤 특정한 반복으로 일어나는 변화라는 의미로 사용된다.
⑤ 변화는 어떤 특정한 방향으로 일어나는 발전이라는 의미로 사용된다.

다음 글의 내용으로 적절하지 않은 것은?

인간 사유의 결정적이고도 독창적인 비약은 시각적인 표시의 코드 체계의 발명에 의해서 이루어졌다. 시각적인 표시의 코드 체계에 의해 인간은 정확한 말을 결정하여 텍스트를 마련하고, 또 이해할 수 있게 된 것이다. 이것이 바로 진정한 의미에서의 '쓰기(Writing)'이다.

이러한 '쓰기'에 의해 코드화된 시각적인 표시는 말을 사로잡게 되고, 그 결과 그때까지 소리 속에서 발전해 온 정밀하고 복잡한 구조나 지시 체계의 특수한 복잡성이 그대로 시각적으로 기록될 수 있게 되고, 나아가서는 그러한 시각적인 기록으로 인해 그보다 훨씬 정교한 구조나 지시 체계가 산출될 수 있게 된다. 그러한 정교함은 구술적인 발화가 지니는 잠재력으로써는 도저히 이룩할 수 없는 정도의 것이다. 이렇듯 '쓰기'는 인간의 모든 기술적 발명 속에서도 가장 영향력이 큰 것이었으며, 지금도 그러하다. 쓰기는 말하기에 단순히 첨가된 것이 아니다. 왜냐하면 쓰기는 말하기를 구술 – 청각의 세계에서 새로운 감각의 세계, 즉 시각의 세계로 이동시킴으로써 말하기와 사고를 함께 변화시키기 때문이다.

① 인간은 시각적 코드 체계를 사용함으로써 말하기를 한층 정교한 구조로 만들었다.
② 인간은 쓰기를 통해서 정확한 말을 사용한 텍스트의 생산과 소통이 가능하게 되었다.
③ 인간은 쓰기를 통해 지시 체계의 복잡성을 기록함으로써 말하기와 사고의 변화를 일으킨다.
④ 인간은 정밀하고 복잡한 지시 체계를 통해 시각적 코드를 발명하였다.
⑤ 인간의 모든 기술적 발명 속에서도 '쓰기'는 예전이나 지금이나 가장 영향력이 크다.

| 해설 | 제시문은 '쓰기(Writing)'의 문화사적 의의를 기술한 글이다. '복잡한 구조나 지시 체계'는 이미 '소리 속에서' 발전해왔는데 그러한 복잡한 개념들을 시각적인 코드 체계인 '쓰기'를 통해 기록할 수 있게 되었다. 또한 그러한 '쓰기'를 통해 인간의 문명과 사고가 더욱 발전하게 되었다고 나와 있다. ④는 '쓰기'가 '복잡한 구조나 지시 체계'를 이루는 시초가 되었다고 보고 있으므로 이는 잘못된 해석이다.

정답 ④

44

많은 것들이 글로 이루어진 세상에서 읽지 못한다는 것은 생활하는 데에 큰 불편함을 준다. 난독증이 바로 그 예이다. 난독증(Dyslexia)은 그리스어로 불충분, 미성숙을 뜻하는 접두어 dys에 말과 언어를 뜻하는 lexis가 합쳐져 만들어진 단어이다.

난독증은 지능에는 문제가 없으며, 단지 언어활동에만 문제가 있는 질환이다. 특히 영어권에서 많이 나타나는데, 비교적 복잡한 발음체계 때문이다. 인구의 5 ~ 10% 정도가 난독증이 있으며, 피카소, 톰 크루즈, 아인슈타인 등이 난독증을 극복하고 자신의 분야에서 성공한 사례이다.

난독증은 단순히 읽지 못하는 것뿐만이 아니라, 여러 가지 증상으로 나타난다. 단어의 의미를 다른 것으로 바꾸어 해석하거나 글자를 섞어서 보는 경우가 있다. 또한 문자열을 전체로는 처리하지 못하고 하나씩 취급하여 전체 문맥을 이해하지 못하기도 한다.

지금까지 난독증의 원인은 흔히 두뇌의 역기능이나 신경장애와 연관된 것이라고 여겨졌으며, 유전적인 원인이나 청각의 왜곡 등이 거론되기도 하였다. 우리나라에서는 실제 아동의 2 ~ 8% 정도가 난독증을 경험하는 것으로 알려져 있으며, 지능과 시각, 청각이 모두 정상임에도 경험하는 경우가 있다.

난독증을 유발하는 원인은 많이 있지만 그 중 하나가 바로 '얼렌 증후군'이다. 미국의 교육심리학자 얼렌(Helen L.lrlen)이 먼저 발견했다고 해서 붙여진 이름으로, 광과민 증후군으로도 알려져 있다. 이는 시신경 세포와 관련이 있는 난독증 유발 원인이다.

얼렌 증후군은 시신경 세포가 정상인보다 적거나 미성숙해서 망막으로 들어오는 정보를 뇌에 제대로 전달하지 못하는 질환이다. 얼렌 증후군이 생기는 이유는 유전인 경우가 많다. 이로 인해 집중력이 떨어지기 때문에 능률이 저하되며, 독서의 경우에는 속독이 어렵다. 사물이 흐릿해지면서 두세 개로 보이는 것과 같은 시각적 왜곡이 생기기 때문이다. 그래서 책을 보고 있으면 눈이 쉽게 충혈되고, 두통이나 어지럼증 등 신체에 다른 영향을 미치기도 한다. 그래서 얼렌 증후군 환자들은 어두운 곳에서 책을 보고 싶어 하는 경우가 많다.

얼렌 증후군의 치료를 위해서는 원인이 되는 색조합을 찾아서 얼렌필터 렌즈를 착용하는 것이 일반적이다. 특정 빛의 파장을 걸러주면서 이 질환을 교정하는 것이다. 얼렌 증후군은 교정이 된 후에 글씨가 뚜렷하게 보여 읽기가 편해지고 난독증이 어느 정도 치유되기 때문에, 증상을 보이면 안과를 찾아 정확한 검사를 받는 것이 중요하다.

① 난독증은 주로 지능에 문제가 있는 사람들에게서 나타난다.
② 단순히 전체 문맥을 이해하지 못하는 것은 난독증에 해당하지 않는다.
③ 시각과 청각이 모두 정상이라면 난독증을 경험하지 않는다.
④ 시신경 세포가 적어서 생기는 난독증의 경우 환경의 요인을 많이 받는다.
⑤ 얼렌 증후군 환자들은 밝은 곳에서 난독증을 호소하는 경우가 더 많다.

PART 1

45

우리는 선인들이 남긴 훌륭한 문화유산이나 정신 자산을 언어(특히, 문자 언어)를 통해 얻는다. 언어가 시대를 넘어 문명을 전수하는 역할을 하는 것이다. 언어를 통해 전해진 선인들의 훌륭한 문화유산이나 정신 자산은 당대의 문화나 정신을 살찌우는 밑거름이 된다. 만약 언어가 없다면 선인들과 대화하는 일은 불가능할 것이다. 그렇게 되면 인류사회는 앞선 시대와 단절되어 더 이상의 발전을 기대할 수 없게 된다. 인류가 지금과 같은 고도의 문명사회를 이룩할 수 있었던 것도 언어를 통해 선인들과 끊임없이 대화하며 그들에게서 지혜를 얻고 그들의 훌륭한 정신을 이어받았기 때문이다.

① 언어는 인간의 유일한 의사소통의 도구이다.
② 과거의 문화유산은 빠짐없이 계승되어야 한다.
③ 문자 언어는 음성 언어보다 우월한 가치를 가진다.
④ 언어는 시간에 구애받지 않고 정보를 전달할 수 있다.
⑤ 문명의 발달은 언어와 더불어 이루어져 왔다.

※ 다음 글의 내용으로 적절하지 않은 것을 고르시오. [46~48]

46

프로이센의 철학자인 임마누엘 칸트는 근대 계몽주의를 정점에 올려놓음은 물론 독일 관념철학의 기초를 세운 것으로 유명하다. 그는 인식론을 다룬 저서는 물론 종교와 법, 역사에 관해서도 중요한 책을 썼는데, 특히 칸트가 만년에 출간한 『실천이성 비판』은 이후 윤리학과 도덕 철학 분야에 지대한 영향을 끼쳤다.
이 책에 따르면 악은 단순히 이 세상의 행복을 얻으려는 욕심의 지배를 받아 이를 실천의 원리로 삼는 것이며, 선은 이러한 욕심의 지배에서 벗어나 내부에서 우러나오는 단호한 도덕적 명령을 받는 것이다. 순수하게 도덕적 명령을 따른다는 것은, 오직 의무를 누구나 지켜야만 할 의무이기에 이행한다는 태도, 즉 형식적 태도를 의미한다. 칸트는 태초에 선과 악이 처음에 있어서 원리가 결정되는 것이 아니라 그 반대라는 것을 선언한 것이다.

① 임마누엘 칸트는 독일 관념철학의 기초를 세웠다.
② 임마누엘 칸트는 만년에 『실천이성 비판』을 출간했다.
③ 임마누엘 칸트는 행복을 악으로, 도덕적 명령을 선으로 규정했다.
④ 임마누엘 칸트는 철학은 물론 종교와 법, 역사에 관한 책을 저술했다.
⑤ 임마누엘 칸트는 선을 누구나가 지켜야만 할 의무이기에 순수하게 도덕적 명령을 따르는 것으로 보았다.

47

청색기술은 자연의 원리를 차용하거나 자연에서 영감을 얻은 기술을 말한다. 그리고 청색기술을 경제 전반으로 확대한 것을 '청색경제'라고 한다. 벨기에의 환경운동가인 군터 파울리(Gunter Pauli)가 저탄소 성장을 표방하는 녹색기술의 한계를 지적하며 청색경제를 제안했다. 녹색경제가 환경오염에 대한 사후 대책으로 환경보호를 위한 비용을 수반한다면, 청색경제는 애초에 자연 친화적이면서도 경제적인 물질을 창조한다는 점에서 차이가 있다.

청색기술은 오랫동안 진화를 거듭해서 자연에 적응한 동식물 등을 모델 삼아 새로운 제품을 만드는데, 특히 화학·재료과학 분야에서 연구가 활발히 진행되고 있다. 예를 들어 1955년 스위스에서 식물 도꼬마리의 가시를 모방해 작은 돌기를 가진 잠금장치 '벨크로(일명 찍찍이)'가 발명되었고, 얼룩말의 줄무늬에서 피부 표면 온도를 낮추는 원리를 알아낼 수 있었다.

이미 미국·유럽·일본 등 선진국에서는 청색기술을 국가 전략사업으로 육성하고 있고, 세계 청색기술 시장은 2030년에 1조 6,000억 달러 규모로 성장할 전망이다. 그러나 커다란 잠재력을 지닌 것에 비해 사람들의 인식은 터무니없이 부족하다. 청색기술에 대해 많은 사람이 알고 있을수록 환경과 기술에 대한 가치관의 변화를 이끌어낼 수 있고, 기술을 상용화시킬 수 있다. 따라서 청색기술의 발전을 위해서는 많은 홍보가 필요하다.

① 청색기술 시장은 커다란 잠재력을 지닌 시장이다.
② 청색기술의 대상은 자연에 포함되는 모든 동식물이다.
③ 청색기술을 홍보하는 것은 사람들의 가치관 변화와 기술 상용화에 도움이 된다.
④ 청색경제는 자연과 상생하는 것을 목적으로 하며 이를 바탕으로 경제성을 창조한다.
⑤ 흰개미집을 모델로 냉난방없이 공기를 신선하게 유지하도록 설계된 건물은 청색기술을 활용한 것이다.

48

'갑'이라는 사람이 있다고 하자. 이때 사회가 갑에게 강제적 힘을 행사하는 것이 정당화되는 근거는 무엇일까? 그것은 갑이 다른 사람에게 미치는 해악을 방지하려는 데 있다. 특정 행위가 갑에게 도움이 될 것이라든가, 이 행위가 갑을 더욱 행복하게 할 것이라든가 또는 이 행위가 현명하다든가 혹은 옳은 것이라든가 하는 이유를 들면서 갑에게 이 행위를 강제하는 것은 정당하지 않다. 이러한 이유는 갑에게 권고하거나 이치를 이해시키거나 무엇인가를 간청하거나 할 때는 충분한 이유가 된다. 그러나 갑에게 강제를 가하는 이유 혹은 어떤 처벌을 가할 이유는 되지 않는다. 이와 같은 사회적 간섭이 정당화되기 위해서는 갑이 행하려는 행위가 다른 어떤 이에게 해악을 끼칠 것이라는 점이 충분히 예측되어야 한다. 한 사람이 행하고자 하는 행위 중에서 그가 사회에 대해서 책임을 져야 할 유일한 부분은 다른 사람에게 관계되는 부분이다.

① 타인과 관계되는 행위에는 사회적 책임이 따른다.
② 개인에 대한 사회의 간섭은 어떤 조건이 필요하다.
③ 행위 수행 혹은 행위 금지의 도덕적 이유와 법적 이유는 구분된다.
④ 한 사람의 행위는 타인에 대한 행위와 자신에 대한 행위로 구분된다.
⑤ 사회는 개인의 해악에 관해서는 관심이 있지만, 그 해악을 방지할 강제성의 근거는 가지고 있지 않다.

다음 글의 주제로 가장 적절한 것은?

빅데이터는 스마트 팩토리 등 산업 현장 및 ICT 소프트웨어 설계 등에 주로 활용되어 왔다. 유통이나 물류 업계의 '콘텐츠가 대량으로 이동하는 현장'에서는 데이터가 발생하면, 이를 분석하고 활용하는 쪽으로 주로 사용됐다. 이제는 다양한 영역에서 빅데이터의 적용이 빨라지고 있다. 대표적인 사례가 금융권이다. 국내의 은행들은 현재 빅데이터 스타트업 회사를 상대로 대규모 투자에 나서고 있다. 뉴스와 포털 등 현존하는 데이터를 확보하여 금융 키워드 분석에 활용하기 위해서다. 의료업계도 마찬가지다. 정부는 바이오헬스 산업의 혁신전략을 통해 연구개발 투자를 2025년까지 4조 원 이상으로 확대하겠다고 밝혔으며, 빅데이터와 인공 지능 등을 연계한 다양한 로드맵을 준비하고 있다. 벌써 의료 현장에 빅데이터 전략을 구사하고 있는 병원도 다수이다. 국세청도 빅데이터에 관심이 많다. 빅데이터 플랫폼 인프라 구축을 끝내는 한편, 50명 규모의 빅데이터 센터를 가동하기 시작했다. 조세 행정에서 빅데이터를 통해 탈세를 예방·적발하는 등 다양한 쓰임새를 고민하고 있다.

① 빅데이터의 정의와 장·단점
② 빅데이터의 종류
③ 빅데이터의 중요성
④ 빅데이터의 다양한 활용 방안
⑤ 빅데이터의 한계

| 해설 | 제시문은 금융권, 의료업계, 국세청 등 다양한 영역에서 빅데이터가 활용되고 있는 사례들을 열거하고 있다. 따라서 주제로 적절한 것은 ④이다.

정답 ④

※ 다음 글의 주제로 가장 적절한 것을 고르시오. [49~50]

49

분노는 공격과 복수의 행동을 유발한다. 분노 감정의 처리에는 '눈에는 눈, 이에는 이'라는 탈리오 법칙이 적용된다. 분노의 감정을 느끼게 되면 상대방에 대해 공격적인 행동을 하고 싶은 공격 충동이 일어난다. 동물의 경우, 분노를 느끼면 이빨을 드러내게 되고 발톱을 세우는 등 공격을 위한 준비 행동을 나타내게 된다. 사람의 경우에도 분노를 느끼면 자율신경계가 활성화되고 눈매가 사나워지며 이를 꽉 깨물고 주먹을 불끈 쥐는 등 공격 행위와 관련된 행동들이 나타나게 된다. 특히 분노 감정이 강하고 상대방이 약할수록 공격 충동은 행동화되는 경향이 있다.

① 공격을 유발하게 되는 원인
② 분노가 야기하는 행동의 변화
③ 탈리오 법칙의 정의와 실제 사례
④ 동물과 인간의 분노 감정의 차이
⑤ 분노 감정의 처리와 법칙

50

> 우리는 혈연, 지연, 학연 등에 의거한 생활양식 내지 행위원리를 연고주의라 한다. 특히 이에 대해 지극히 부정적인 의미를 부여하며 대부분의 한국병이 연고주의와 직·간접적인 어떤 관련을 갖는 것으로 진단한다. 그러나 여기서 주목할 만한 한 가지 사실은 연고주의가 그 자체로서는 반드시 역기능적인 어떤 것으로 치부될 이유가 없다는 점이다.
>
> 연고주의는 그 자체로서 비판받아야 할 것이라기보다는 나름의 고유한 가치를 갖는 사회적 자산이다. 이미 공동체적 요인이 청산·해체되어 버리고, 공동체에 대한 기억마저 사라진 서구 선진사회의 사람들은 오히려 삭막하고 황량한 사회생활의 긴장으로부터 해방되기 위해 새로운 형태의 공동체를 모색·시도하고 있다. 그에 비하면 우리의 연고주의는 인간적 온기를 지닌 것으로 그 나름의 가치 있는 삶의 원리가 아닐 수 없다.

① 연고주의는 그 자체로서 고유한 가치를 갖는 사회적 자산이다.
② 연고주의는 반드시 역기능적인 면을 가지는 것은 아니다.
③ 연고주의는 인간적 온기를 느끼게 하는 삶의 활력소이다.
④ 오늘날 연고주의에 대해 부정적 의미를 부여하기 쉽다.
⑤ 연고주의는 계속해서 유지하고 보존해야 하는 것이다.

※ 다음 글의 제목으로 가장 적절한 것을 고르시오. [51~53]

51

> 우리는 비극을 즐긴다. 비극적인 희곡과 소설을 즐기고, 비극적인 그림과 영화 그리고 비극적인 음악과 유행가도 즐긴다. 슬픔, 애절, 우수의 심연에 빠질 것을 알면서도 소포클레스의 『안티고네』, 셰익스피어의 『햄릿』을 찾고, 베토벤의 「운명」, 차이코프스키의 「비창」, 피카소의 「우는 연인」을 즐긴다. 아니면 텔레비전의 멜로드라마를 보고 값싼 눈물이라도 흘린다. 이를 동정과 측은과 충격에 의한 '카타르시스', 즉 마음의 세척으로 설명한 아리스토텔레스의 주장은 유명하다. 그것은 마치 눈물로 스스로의 불안, 고민, 고통을 씻어내는 역할을 한다는 것이다.
>
> 니체는 좀 더 심각한 견해를 갖는다. 그는 "비극은 언제나 삶에 아주 긴요한 기능을 가지고 있다. 비극은 사람들에게 그들을 싸고도는 생명 파멸의 비운을 똑바로 인식해야 할 부담을 덜어주고, 동시에 비극 자체의 암울하고 음침한 원류에서 벗어나게 해서 그들의 삶의 흥취를 다시 돋우어 준다."라고 하였다. 그런 비운을 직접 전면적으로 목격하는 일, 또 더구나 스스로 직접 그것을 겪는 일이라는 것은 너무나 끔찍한 일이기에, 그것을 간접경험으로 희석한 비극을 봄으로써 '비운'이란 그런 것이라는 이해와 측은지심을 갖게 되고, 동시에 실제 비극이 아닌 그 가상적인 환영(幻影) 속에서 비극에 대한 어떤 안도감도 맛보게 된다.

① 비극의 현대적 의의   ② 비극에 반영된 삶
③ 비극의 기원과 역사   ④ 비극을 즐기는 이유
⑤ 비극의 부작용

'100세 시대' 노인의 큰 고민거리 중 하나가 바로 주변의 도움 없이도 긴 세월을 잘 버텨낼 주거 공간이다. 이미 많은 언론에서 보도되었듯이 우리나라는 '노인이 살기 불편한 나라'인 것이 사실이다. 일본이 고령화 시대의 도시 모델로 의(醫)·직(職)·주(住) 일체형 주거 단지를 도입하고 있는데 비해 우리나라는 아직 노인을 위한 공용 주택도 변변한 게 없는 실정이다.

일본은 우리보다 30년 빠르게 고령화 사회에 당면했다. 일본 정부는 개인 주택을 노인 친화적 구조로 개조하도록 전문 컨설턴트를 붙이고 보조금까지 주고 있다. 또한 사회 전반에는 장애 없는 '유니버설 디자인'을 보편화하도록 노력해 왔다. 그 결과 실내에 휠체어 작동 공간이 확보되고, 바닥에는 턱이 없으며, 손잡이와 미끄럼 방지 장치도 기본적으로 설치되었다. 이 같은 준비는 노쇠해 거동이 불편해져도 익숙한 집, 익숙한 마을에서 끝까지 살고 싶다는 노인들의 바람을 존중했기 때문이다. 그러나 이 정책의 이면에는 기하급수적으로 증가하는 사회 복지 비용을 절감하자는 목적도 있었다. 고령자 입주시설을 설치하고 운영하는 비용이 재가 복지 비용보다 몇 배나 더 들기 때문이다.

우리나라의 경우 공동 주택인 아파트를 잘 활용하면 의외로 문제를 쉽게 풀 수 있을 것이다. 대규모 주거 단지의 일부를 고령 친화형으로 설계해서 노인 공유 동(棟)를 의무적으로 공급하는 것이다. 그곳에 식당, 욕실, 스포츠센터, 독서실, 오락실, 세탁실, 요양실, 게스트하우스, 육아 시설 등 노인들이 선호하는 시설을 넣으면 된다. 이러한 공유 공간은 가구당 전용 면적을 줄이고 공유 면적을 넓히면 해결된다. 이런 공유 경제가 확산되면 모든 공동 주택이 작은 공동체로 바뀌어갈 것이다. 공유 공간에서의 삶은 노인들만 모여 사는 실버타운과 달리 전체적인 활력도 높아질 것이다.

① 더욱더 빨라지는 고령화 속도를 줄이는 방법
② '유니버설 디자인'의 노인 친화적 주택
③ 노인 주거 문제, 소유에서 공유로 바꿔 해결하자.
④ 증가하는 사회 복지 비용, 그 해결 방안은?
⑤ 일본과 한국의 노인 주거 정책 비교

53

우리 고유의 발효식품이자 한식 제1의 반찬인 김치는 천년이 넘는 역사를 함께해 온 우리 삶의 일부이다. 채소를 오래 보관하여 먹기 위한 절임 음식으로 시작된 김치는 양념을 버무리고 숙성시키는 우리만의 발효과학 식품으로 변신하였고, 김장은 우리 민족의 가장 중요한 행사 중 하나가 되었다. 다른 나라에도 소금 등에 채소를 절인 절임 음식이 존재하지만, 절임 후 양념으로 2차 발효시키는 음식으로는 우리 김치가 유일하다. 김치는 발효과정을 통해 원재료보다 영양이 한층 더 풍부하게 변신하며, 암과 노화, 비만 등의 예방과 억제에 효과적인 기능성을 보유한 슈퍼 발효 음식으로 탄생한다.

김치는 지역마다, 철마다, 또 특별한 의미를 담아 다양하게 변신하여 300가지가 넘는 종류로 탄생하는데, 기후와 지역 등에 따라서 다채로운 맛을 담은 김치들이 있으며, 주재료로 채소뿐만 아니라 수산물이나 육류를 이용한 독특한 김치도 있고, 같은 김치라도 사람에 따라 특별한 김치로 재탄생되기도 한다. 지역과 집안마다 저마다의 비법으로 담그기 때문에 유서 깊은 종가마다 비법으로 만든 특별한 김치가 전해오며, 김치를 담그고 먹는 일도 수행의 연속이라 여기는 사찰에서는 오신채를 사용하지 않은 김치가 존재한다.

우리 문화의 정수이자 자존심인 김치는 현대에 들어서는 문화와 전통이 결합한 복합 산업으로 펼쳐지고 있다. 김치에 들어가는 수많은 재료에 관련된 산업의 생산액은 3.3조 원이 넘으며, 주로 배추김치로 형성된 김치 생산은 약 2.3조 원의 시장을 형성하고 있고, 시판 김치의 경우 대기업의 시장 주도력이 증가하고 있다. 소비자 요구에 맞춘 다양한 포장 김치가 등장하고, 김치냉장고는 1.1조 원의 시장을 형성하고 있으며, 정성과 기다림을 상징하는 김치는 문화산업의 소재로 활용되며, 김치 문화는 관광 관련 산업으로 활성화되고 있다. 김치의 영양 기능성과 김치 유산균을 활용한 여러 기능성 제품이 개발되고, 부식뿐 아니라 새로운 요리의 식재료로서 김치는 39조 원의 외식산업 시장을 뒷받침하고 있다.

① 김치의 탄생
② 김치산업의 활성화 방안
③ 우리 민족의 축제, 김장
④ 지역마다 다양한 종류의 김치
⑤ 우리 민족의 전통이자 자존심, 김치

다음 글을 읽고 추론한 내용으로 적절하지 않은 것은?

리플리 증후군이란 허구의 세계를 진실이라 믿고 거짓말과 거짓된 행동을 상습적으로 반복하는 반사회적 인격장애를 뜻한다. 리플리 증후군은 극단적인 감정의 기복을 보이는 등 불안정한 정신상태를 갖고 있는 사람에게서 잘 나타나는 것으로 알려져 있다. 자신의 욕구를 충족시킬 수 없어 열등감과 피해의식에 시달리다가 상습적이고 반복적인 거짓말을 일삼으면서 이를 진실로 믿고 행동하게 된다. 거짓말을 반복하다가 본인이 한 거짓말을 스스로 믿어 버리는 증후군으로서 현재 자신의 상황에 만족하지 못하는 경우에 발생한다. 이는 '만족'이라는 상대적인 개념을 개인이 어떻게 받아들이고 느끼느냐에 따라 달라진다고 할 수 있다.

① 열등감과 피해의식은 리플리 증후군의 원인이 된다.
② 리플리 증후군 환자는 거짓말을 통해 만족감을 얻고자 한다.
③ 리플리 증후군 환자는 자신의 거짓말을 거짓말로 인식하지 못한다.
④ 자신의 상황에 불만족하는 사람은 불안정한 정신 상태를 갖게 된다.
⑤ 상대적으로 자신에게 만족감을 갖지 못한 사람에게 리플리 증후군이 나타난다.

| 해설 | 자신의 상황에 불만족하여 불안정한 정신 상태를 갖게 되는 사람에게서 리플리 증후군이 잘 나타나는 것은 사실이나, 자신의 상황에 불만족하는 모든 이가 불안정한 정신 상태를 갖는 것은 아니다.

정답 ④

54 다음 글을 읽고 추론한 내용으로 가장 적절한 것은?

> 무선으로 전력을 주고받으면, 전원을 직접 연결하는 유선보다 효율은 떨어지지만 전자 제품을 자유롭게 이동하며 사용할 수 있는 장점이 있다. 이처럼 무선으로 전력을 주고받을 수 있도록 전자기를 활용하여 전기를 공급하거나 이용하는 기술이 무선 전력 전송 방식인데 대표적으로 '자기 유도 방식'과 '자기 공명 방식' 두 가지를 들 수 있다.
>
> 자기 유도 방식은 변압기의 원리와 유사하다. 변압기는 네모 모양의 철심 좌우에 코일을 감아, 1차 코일에 '+, −' 극성이 바뀌는 교류 전류를 보내면 마치 자석을 운동시켜서 자기장을 형성하는 것처럼 1차 코일에서도 자기장을 형성한다. 이 자기장에 의해 2차 코일에 전류가 만들어지는데 이 전류를 유도전류라 한다. 변압기는 자기장의 에너지를 잘 전달할 수 있는 철심이 있으나, 자기 유도 방식은 철심이 없이 무선 전력 전송을 하는 것이다.
>
> 이러한 자기 유도 방식은 전력 전송 효율이 90% 이상으로 매우 높다는 장점이 있다. 하지만 1차 코일에 해당하는 송신부와 2차 코일에 해당하는 수신부가 수 센티미터 이상 떨어지거나 송신부와 수신부의 중심이 일치하지 않게 되면 전력 전송 효율이 급격히 저하된다는 문제점이 있다. 휴대전화 같은 경우, 충전 패드에 휴대전화를 올려놓는 방식으로 거리 문제를 해결하고 충전 패드 전체에 코일을 배치하여 송수신부 간 전송 효율을 높임으로써 무선 충전이 가능하도록 하였다. 다만 휴대전화는 직류 전류를 사용하기 때문에 1차 코일로부터 2차 코일에 유도된 교류 전류를 직류 전류로 변환해 주는 정류기가 충전 단계 전에 필요하다.
>
> 두 번째 전송 방식은 자기 공명 방식이다. 다양한 소리굽쇠 중에 하나를 두드리면 동일한 고유 진동수를 가지는 소리굽쇠가 같이 진동하는 물리적 현상이 공명이다. 자기장에 공명이 일어나도록 1차 코일과 공진기를 설계하여 공진 주파수를 만든다. 이후 2차 코일과 공진기를 설계하여 공진 주파수가 전달되도록 하는 것이 자기 공명 방식의 원리이다.
>
> 이러한 특성으로 인해 자기 공명 방식은 자기 유도 방식과 달리 수 미터 가량 근거리 전력 전송이 가능하다는 장점이 있다. 이 방식이 상용화된다면, 송신부와 공명되는 여러 전자 제품을 전원을 연결하지 않아도 사용할 수 있거나 충전할 수 있다. 그러나 실험 단계의 코일 크기로는 일반 가전제품에 적용할 수 없으므로 코일을 소형화해야 할 필요가 있다. 따라서 이를 해결하기 위한 연구가 필요하다.

① 휴대전화와 자기 유도 방식의 '2차 코일'은 모두 직류 전류 방식이다.

② 자기 공명 방식에서 2차 코일은 공진 주파수를 생성하는 역할을 한다.

③ 자기 유도 방식은 변압기의 핵심인 유도 전류와 철심을 이용한 방식이다.

④ 자기 공명 방식에서 해결이 시급한 것은 전력을 생산하는데 필요한 코일의 크기가 너무 크다는 것이다.

⑤ 자기 유도 방식을 사용하면 무선 전력 전송임에도 어떠한 환경에서든 유실되는 전력이 많이 없다는 장점이 있다.

55 다음 글을 읽고 추론한 내용으로 적절하지 않은 것은?

> 사람의 무게 중심이 지지점과 가까울수록 넘어지지 않는다. 지지점은 물체가 지면에 닿은 부분으로 한 발로 서 있을 때에는 그 발바닥이 지지점이 되고 두 발을 벌리고 서있을 경우에는 두 발바닥 사이가 안정 영역이 된다. 균형감을 유지하기 위해서는 안정 영역에 무게 중심이 놓여 있어야 한다. 만약 외부의 힘에 의해서 무게 중심이 지지점과 연직 방향*에서 벗어난다면, 중력에 의한 회전력을 받게 되어 지지점을 중심으로 회전하며 넘어진다. 이렇게 기우뚱거리며 넘어지는 과정도 회전 운동이라 할 수 있다.
>
> * 연직 방향 : 중력과 일직선상에 있는 방향

① 두 지지점 사이는 안정 영역이라고 한다.
② 균형감을 유지하기 위해서는 무게 중심이 두 지지점 사이에 있어야 한다.
③ 사람은 무게 중심이 지면에 닿아있는 부분과 가까울수록 넘어지지 않는다.
④ 중력에 의한 회전력은 균형감을 무너뜨려 사람을 넘어지게 만들기도 한다.
⑤ 무게 중심이 지지점과 연직 방향에서 벗어나도 회전력을 받으면 넘어지지 않을 수 있다.

56 다음 글의 논지를 뒷받침할 수 있는 논거로 가장 적절한 것은?

> 서울시내 대형 병원 한 곳이 고용하는 인원은 의사와 같은 전문 인력부터 식당이나 청소용역과 같은 서비스 인력을 합해 8천 ~ 1만 명에 이른다. 한국은행은 영리병원 도입으로 의료서비스 산업 비중이 선진국 수준에 이르면 약 24조 원의 경제적 부가가치와 약 21만 명의 중장기적 고용 창출 효과가 있을 것으로 분석했다. 건강보험제도와 같은 공적 의료보험의 근간을 흔들지 않는 범위 내에서 영리병원을 통해 의료서비스 산업을 선진화하는 해법을 찾아낸다면 국가 경제에도 큰 보탬이 될 것이다. 이념 논쟁에 갇혀 변화 자체를 거부하다 보면 성장과 일자리 창출의 기회가 싱가포르와 같은 의료서비스 산업 선진국으로 넘어가고 말 것이다.

① 공적 의료보험은 일자리 창출 효과가 낮다.
② 영리병원 도입으로 인한 효과는 빠르게 나타날 것이다.
③ 성장과 일자리 창출의 기회를 잡아 의료서비스 선진국이 돼야 한다.
④ 싱가포르의 선진화된 의료서비스 산업은 영리병원의 도입으로부터 시작되었다.
⑤ 영리병원 허용으로 인해 의료 시설이 다변화되면 고용 창출 효과가 상승할 것이다.

57 다음 글의 '셉테드'에 해당하는 것으로 적절하지 않은 것은?

> 1970년대 초 미국의 오스카 뉴먼은 뉴욕의 두 마을의 생활수준이 비슷한데도 불구하고 범죄 발생
> 수는 3배가량 차이가 난다는 것을 확인하고, 연구를 거듭하여 범죄 발생 빈도가 두 마을의 공간 디
> 자인의 차이에서 나타난다는 것을 발견하여 대중적으로 큰 관심을 받았다.
> 이처럼 셉테드는 건축물 설계 시에 시야를 가리는 구조물을 없애 공공장소에서의 범죄에 대한 자연
> 적 감시가 이뤄지도록 하고, 공적인 장소임을 표시하여 경각심을 일깨우고, 동선이 유지되도록 하여
> 일탈적인 접근을 거부하는 등 사전에 범죄를 차단할 수 있는 환경을 조성하는 데 그 목적이 있다.
> 우리나라에서는 2005년 처음으로 경기도 부천시가 일반주택단지를 셉테드 시범지역으로 지정하였
> 고, 판교·광교 신도시 및 은평 뉴타운 일부 단지에 셉테드를 적용하였다. 또한 국토교통부에서 「범
> 죄예방 건축기준 고시」를 2015년 4월 1일부터 제정해 시행하고 있다.

① 수도·가스 배관 등을 미끄러운 재질로 만든다.
② 아파트 단지 내 놀이터 주변 수목을 낮은 나무 위주로 심는다.
③ 공공장소의 엘리베이터를 내부 확인이 가능하도록 유리로 설치한다.
④ 지하주차장의 여성 전용 주차공간을 건물 출입구에 가깝게 배치한다.
⑤ 각 가정에서는 창문을 통한 침입을 방지하기 위해 방범창을 설치한다.

58 다음 글에 대한 반응으로 적절하지 않은 것은?

> 최근 거론되고 있는 건 전자 판옵티콘이다. 각종 전자 감시 기술은 프라이버시에 근본적인 위협으로
> 대두되고 있다. '감시'는 거대한 성장 산업으로 비약적인 발전을 거듭하고 있다. 2003년 7월 '노동
> 자 감시 근절을 위한 연대모임'이 조사한 바에 따르면, 한국에서 전체 사업장의 90%가 한 가지 이상
> 의 방법으로 노동자 감시를 하고 있는 것으로 밝혀졌다. "24시간 감시에 숨이 막힌다."라는 말까지
> 나오고 있다.
> 최근 러시아에서는 공무원들의 근무 태만을 감시하기 위해 공무원들에게 감지기를 부착시켜 놓고
> 인공위성 추적 시스템을 도입하는 방안을 둘러싸고 논란이 벌어지고 있다. 전자 감시 기술은 인간의
> 신체 속까지 파고 들어갈 만반의 준비를 갖추고 있다.
> 어린아이의 몸에 감시 장치를 내장하면 아이의 안전을 염려할 필요는 없겠지만, 그게 과연 좋기만
> 한 것인지, 또 그 기술이 다른 좋지 않은 목적에 사용될 위험은 없는 것인지, 따져볼 일이다. 감시를
> 위한 것이 아니라 하더라도 전자 기술에 의한 정보의 집적은 언제든 개인의 프라이버시를 위협할
> 수 있다.

① 전자 기술의 발전이 순기능만을 가지는 것은 아니구나.
② 전자 감시 기술의 발달은 필연적이므로 프라이버시를 위협할 수도 있어.
③ 전자 기술 사용의 일상화는 의도하지 않은 프라이버시 침해를 야기할 수도 있어.
④ 감시를 당하는 사람은 언제나 감시당하고 있다는 생각 때문에 자기 검열을 강화하게 될 거야.
⑤ 직장은 개인의 생활공간이라기보다 공공장소로 보아야 하므로 프라이버시의 보호를 바라는 것은
　지나친 요구인 것 같아.

※ 다음 글을 읽고 이어지는 질문에 답하시오. [1~2]

과학과 종교의 관계를 들여다보면 과학의 이름으로 종교를 비판하는 과학자들이 있는가 하면, 신의 뜻을 알기 위해 혹은 신의 세계를 이해하기 위해 연구하는 과학자들이 있다. 왜 종교라는 하나의 대상에 대해 이렇게 나뉘는 것일까?

영적 측면은 종교와 과학이 통할 수 있는 부분이자 종교의 진정한 가치를 유지할 수 있는 부분이다. 과학자가 무언가를 발견할 때 '영감(Inspiration)'이라는 표현을 사용하는 것을 생각해 보면 이를 이해할 수 있다. 예술에서 '영감'을 받았다는 표현과 과학에서 '영감'을 받았다는 표현은 결국 같은 것이라고 할 수 있다. 이는 곧 종교에서 말하는 '영감'과도 다르지 않다. '영감'은 '믿음'과 관련이 있기 때문이다. "이렇게 행동하면 어떤 결과가 나올까?"에 대한 질문에 "이렇게 되어야 한다."라는 예상이 곧 '믿음'에 해당한다.

실험이라는 것은 증명되지 않은 것을 밝히기 위한 과정이다. 즉, 자신이 세운 가설이 맞는지 확인하는 과정으로 과학자는 예상된 결과가 나올 것이라는 '믿음' 때문에 실험을 진행한다. 실험이 실패하더라도 계속해서 실험을 진행하는 것은 바로 '믿음' 때문이다. 이 '믿음'이 새로운 실험을 하게 하는 원동력이자 과학을 발전시키는 또 다른 힘이라고 할 수 있다. 물론 종교적 '믿음'과 과학적 '믿음'은 다르다. 과학자의 믿음은 자연의 법칙이나 우주의 원리를 알아내겠다는 '믿음'인 반면, 종교인들의 믿음은 신이라는 존재에 대한 '믿음'으로 믿음의 대상이 다르다고 할 수 있다. _____ '믿음'이라는 말 외에는 그 어떤 단어로도 대체하기 어려운 것이 사실이다.

아인슈타인이 종교성을 말한 것도 이런 맥락이라고 할 수 있다. 과학자들이 말하는 '우주에 대한 이해 가능성'은 증명되고 실험된 것은 아니다. 단지 이해 가능할 것이라는 '믿음'과 '영감' 때문에 연구하는 것이다. 그래서 아인슈타인은 "과학은 종교에 의존하여 우주를 이해할 수 있는 '믿음'을 소유하고, 종교는 과학에 의존하여 경이로운 우주의 질서를 발견한다."라고 주장했다.

그렇다면 두 영역이 서로 상생하기 위해서는 어떻게 해야 할까. 우선 편견으로부터 자유로워지는 것이 중요하다. 편견에서 벗어나야만 종교인 본연의 자세, 과학자 본래의 마음으로 돌아갈 수 있기 때문이다. 편견에서 자유로워지기 위해 과학자에게는 지성의 겸허함이, 종교인에게는 영혼의 겸허함이 필요하고, 문제를 해결하기까지의 인내도 있어야 한다. 이 두 가지만 있다면 우리가 지동설을 인정하는 것 같이 진화론의 문제도 해결될 것이고, 다른 기타의 문제들도 원만하게 풀어나갈 수 있을 것이다. 하지만 '겸허함과 인내'를 가지기 위해서는 무엇보다 서로의 영역을 인정해 주려는 노력이 우선시되어야 한다. 그래야만 함부로 서로 영역을 침범하면서 비난하는 일이 생겨나지 않을 수 있기 때문이다.

01 다음 중 빈칸에 들어갈 접속어로 옳은 것은?

① 그러므로
② 그리고
③ 그래서
④ 그러나
⑤ 이와 같이

02 다음 중 글쓴이의 주장과 일치하는 것은?

① 과학자와 종교인은 편견에서 벗어나 서로의 영역을 존중해야 한다.
② 과학자와 종교인은 전체의 관점에서 서로의 영역을 파악해야 한다.
③ 과학과 종교를 하나의 영역으로 통합하려는 노력이 필요하다.
④ 과학자와 종교인은 서로의 믿음에 대한 대상이 같음을 인정해야 한다.
⑤ 과학과 종교 두 영역이 상생하기 위해서는 각 영역에 대한 비판적인 평가가 필요하다.

민족 문화의 전통을 말하는 것은 반드시 보수적이라는 멍에를 메어야만 하는 것일까? 이 문제에 대한 올바른 해답을 얻기 위해서는, 전통이란 어떤 것이며, 또 그것이 어떻게 계승되어 왔는가를 살펴보아야 할 것이다. 연암 박지원은 영·정조 시대 북학파의 대표적 인물 중 한 사람이다. 그가 지은 『열하일기』나 『방경각외전』에 실려 있는 소설이 몰락하는 양반 사회에 대한 신랄한 풍자를 가지고 있을 뿐 아니라 문장 또한 기발하여, 그는 당대의 허다한 문사들 중에서도 최고봉을 이루고 있는 것으로 추앙되고 있다. 그러나 그의 문학은 패관 기서를 따르고 고문을 본받지 않았다 하여, 하마터면 『열하일기』가 촛불의 재로 화할 뻔한 아슬아슬한 때도 있었다. 말하자면, 연암은 고문파에 대한 반항을 통하여 그의 문학을 건설한 것이다. 그러나 오늘날 우리는 민족 문화의 전통을 연암에게서 찾으려고는 할지언정, 고문파에서 찾으려고 하지는 않는다. 이 사실은 우리에게 민족 문화의 전통에 관한 해명의 열쇠를 제시해 주는 것은 아닐까?

전통은 물론 과거로부터 이어 온 것을 말한다. 이 전통은 대체로 그 사회 및 그 사회의 구성원인 개인의 몸에 배어 있는 것이다. 그러므로 스스로 깨닫지 못하는 사이에 전통은 우리의 현실에 작용하는 경우가 있다. 그러나 과거에서 이어 온 것을 무턱대고 모두 전통이라 한다면, 인습이라는 것과 구별이 서지 않을 것이다. 우리는 인습을 버려야 할 것이라고는 생각하지만, 계승해야 할 것이라고는 생각하지 않는다.

여기서 우리는 과거에서 이어 온 것을 객관화하고, 이를 비판하는 입장에 서야 할 필요를 느끼게 된다. 그 비판을 통해서 현재의 문화 창조에 이바지할 수 있다고 생각되는 것만을 우리의 전통이라고 불러야 할 것이다. 이와 같이, 전통은 인습과 구별될 뿐더러 또 단순한 유물과도 구별되어야 한다. 현재에 있어서의 문화 창조와 관계가 없는 것을 우리는 문화적 전통이라고 부를 수가 없기 때문이다.

59 윗글에 나타난 글쓴이의 관점으로 가장 적절한 것은?

① 과거에서 이어온 것은 모두 살릴 필요가 있다.

② 과거보다 현재의 것을 더 중요시할 필요가 있다.

③ 현재의 관점에서 과거의 것은 청산할 필요가 있다.

④ 과거의 것 중에서 가치 있는 것을 찾을 필요가 있다.

⑤ 과거를 불식하고 미래지향적 태도를 지닐 필요가 있다.

60 윗글을 바탕으로 '전통'을 정의할 때 가장 적절한 것은?

① 전통은 과거에서 이어온 것이다.

② 전통은 후대에 높이 평가되는 것이다.

③ 전통은 오늘날 널리 퍼져 있는 것이다.

④ 전통은 오늘날 삶에 막대한 영향을 주는 것이다.

⑤ 전통은 과거에서 이어와 현재 문화 창조에 이바지할 수 있는 것이다.

※ 다음 글을 읽고 이어지는 질문에 답하시오. [61~62]

세계 표준시가 정해지기 전 사람들은 태양이 가장 높게 뜬 시간을 정오로 정하고, 이를 해당 지역의 기준 시간으로 삼았다. 그러다 보니 수많은 태양 정오 시간(자오시간)이 생겨 시간의 통일성을 가질 수 없었고, 다른 지역과 시간을 통일해야 한다는 필요성도 느끼지 못했다. 그러나 이 세계관은 철도의 출현으로 인해 무너졌다.

1969년 미국 최초의 대륙 횡단 철도가 개통되었다. 당시 미 대륙 철도역에서 누군가가 현재 시각을 물으면 대답하는 사람은 한참 망설여야 했다. 각기 다른 여러 시간이 공존했기 때문이다. 시간의 혼란은 철도망이 확장될수록 점점 더 심각해졌다. 이에 따라 캐나다 태평양 철도 건설을 진두지휘한 샌퍼드 플레밍은 자신의 고국인 영국에서 철도 시간 때문에 겪었던 불합리한 경험을 토대로 세계 표준시를 정하는 데 온 힘을 쏟았다. 지구를 경도에 따라 15도씩 나눠 15도마다 1시간씩 시간 간격을 두고, 이를 24개 시차 구역으로 구별한 플레밍의 제안은 1884년 미국 전역에 도입되었다. 이는 다시 1884년 10월 워싱턴에서 열린 '국제자오선 회의'로 이어졌고, 각국이 영국 그리니치 천문대를 통과하는 자오선을 본초자오선으로 지정하는 데 동의했다. 워싱턴에서 열린 회의의 주제는 본초자오선, 즉 전 세계 정오의 기준선이 되는 자오선을 어디로 설정해야 하는가에 대한 것이었다. 3주간의 일정으로 시작된 본초자오선 회의는 영국과 프랑스의 대결이었다. 어떻게 든 그리니치가 세계 표준시의 기준으로 채택되는 것을 관철하려는 영국, 그리고 이를 막고 파리 본초자오선 을 세계기준으로 삼으려는 프랑스의 외교 전쟁이 불꽃을 튀겼다. 마침내 지루한 회의와 협상 끝에 1884년 10월 13일 그리니치가 세계 표준시로 채택됐다. 지구상의 경도마다 창궐했던 각각의 지역 표준시들이 사라지고 하나의 시간 틀에 인류가 속하게 된 것이다.

우리나라는 대한제국 때인 1908년 세계 표준시를 도입했다. 한반도 중심인 동경 127.5도 기준으로, 세계 표준시의 기준인 영국보다 8시간 30분 빨랐다. 하지만 일제강점기인 1912년, 일본의 총독부는 우리의 표준 시를 동경 135도를 기준으로 하는 일본 표준시로 변경하였다. 광복 후 1954년에는 주권 회복 차원에서 127.5도로 환원했다가 1961년 박정희 정부 때 다시 국제 교역 문제로 인해 135도로 변경되었다.

61 윗글의 서술상 특징으로 가장 적절한 것은?

① 세계 표준시의 변화 과정과 그것의 문제점을 언급하고 있다.
② 구체적인 사례를 들어 세계 표준시에 대한 이해를 돕고 있다.
③ 세계 표준시가 등장하게 된 배경을 구체적으로 소개하고 있다.
④ 권위 있는 학자의 견해를 들어 세계 표준시의 정당성을 입증하고 있다.
⑤ 세계 표준시에 대한 여러 가지 견해를 소개하고 이를 비교, 평가하고 있다.

62 윗글의 내용으로 적절하지 않은 것은?

① 표준시가 정해지기 전에는 수많은 시간이 존재하였다.
② 우리나라의 표준시는 도입 이후 총 3번의 변화를 겪었다.
③ 철도의 발달이 세계 표준시 정립에 결정적인 역할을 하였다.
④ 영국과 프랑스는 본초자오선 설정을 두고 치열하게 대립했다.
⑤ 현재 우리나라의 시간은 대한제국 때 지정한 시각보다 30분 느리다.

인사 담당자 또는 면접관이 지원자의 학벌, 출신 지역, 스펙 등을 평가하는 기존 채용 방식에서는 기업 성과에 필요한 직무능력 외 기타 요인에 의한 불공정한 채용이 만연했다. 한 설문조사에서 구직자의 77%가 불공정한 채용 평가를 경험한 적이 있다고 답했으며, 그에 따라 대다수의 구직자들은 기업의 채용 공정성을 신뢰하지 않는다고 응답했다. 이러한 스펙 위주의 채용으로 기업, 취업 준비생 모두에게 시간적·금전적 비용이 과잉 발생하게 되었고, 직무에 적합한 인성·역량을 보여줄 수 있는 채용 제도인 블라인드 채용이 대두되기 시작했다.

블라인드 채용이란 입사지원서, 면접 등의 채용 과정에서 편견이 개입돼 불합리한 차별을 초래할 수 있는 출신지, 가족관계, 학력, 외모 등의 항목을 걷어내고 실력, 즉 직무 능력만으로 인재를 평가해 채용하는 방식이다. 서류 전형은 없애거나 블라인드 지원서로 대체하고, 면접 전형은 블라인드 오디션 또는 면접으로 진행함으로써 실제 지원자가 가진 직무 능력을 가릴 수 있는 요소들을 배제하고 직무에 적합한 지식, 기술, 태도 등을 종합적으로 평가한다. 서류 전형에서는 모든 지원자에게 공정한 기회를 제공하고, 필기 및 면접 전형에서는 기존에 열심히 쌓아온 실력을 검증한다. 또한 지원자가 쌓은 경험과 능력, 학교생활을 하며 양성한 지식, 경험, 능력 등이 모두 평가 요소이기에 그간의 노력이 저평가되거나 역차별 요소로 작용하지 않는다.

블라인드 채용의 서류 전형은 무서류 전형과 블라인드 지원서 전형으로 구분된다. 무서류 전형은 채용 절차 진행을 위한 최소한의 정보만을 포함한 입사지원서를 접수하되 이를 선발 기준으로 활용하지 않는 방식이다. 블라인드 지원서 전형에는 입사지원서에 최소한의 정보만 수집하여 선발 기준으로 활용하는 방식과 블라인드 처리되어야 할 정보까지 수집하되 온라인 지원서상 개인정보를 암호화하거나 서면 이력서상 마스킹 처리를 하는 등 채용담당자는 볼 수 없도록 기술적으로 처리하는 방식이 있다. 면접 전형의 블라인드 면접에는 입사지원서, 인·적성검사 결과 등의 자료 없이 면접을 진행하는 무자료 면접 방식과 면접관의 인지적 편향을 유발할 수 있는 항목을 제거한 자료를 기반으로 면접을 진행하는 방식이 있다. 이와 달리 블라인드 오디션은 오디션으로 작업 표본, 시뮬레이션 등을 수행하도록 함으로써 지원자의 능력과 기술을 평가하는 방식이다.

한편 ㉠ 기존 채용, ㉡ 국가직무능력표준(NCS) 기반 채용, ㉢ 블라인드 채용의 3가지 채용 모두 채용 공고, 서류 전형, 필기 전형, 면접 전형 등으로 채용 프로세스는 같지만 각 전형별 세부 사항과 취지에 차이가 있다. 기존의 채용은 기업이 지원자에게 자신이 인재임을 스스로 증명하도록 요구해 무분별한 스펙 경쟁을 유발했던 반면, NCS 기반 채용은 기업이 직무별로 원하는 요건을 제시하고 지원자가 자신의 준비 정도를 증명해 목표 지향적인 능력·역량 개발을 촉진한다. 블라인드 채용은 선입견을 품을 수 있는 요소들을 전면 배제해 실력과 인성만으로 평가받도록 구성한 것이다.

63 다음 중 '블라인드 채용'의 등장 배경으로 적절하지 않은 것은?

① 대다수의 구직자들은 기존 채용 방식의 공정성을 신뢰하지 못했다.

② 기존 채용 방식으로는 지원자의 직무에 적합한 인성·역량 등을 제대로 평가할 수 없었다.

③ 구직자의 77%가 불공정한 채용 평가를 경험했을 만큼 불공정한 채용이 만연했다.

④ 스펙 위주의 채용으로 인해 취업 준비생에게 시간적·금전적 비용이 과도하게 발생하였다.

⑤ 지원자의 직무 능력을 가릴 수 있는 요소들을 배제하는 기존의 방식이 불합리한 차별을 초래했다.

64 다음 중 '블라인드 채용'을 이해한 내용으로 가장 적절한 것은?

① 무서류 전형에서는 입사지원서를 제출할 필요도 없겠어.

② 블라인드 온라인 지원서의 암호화된 지원자의 개인정보는 채용담당자만 볼 수 있어.

③ 별다른 자료 없이 진행되는 무자료 면접의 경우에도 인·적성검사 결과는 필요하군.

④ 블라인드 면접관은 선입견을 유발하는 항목이 제거된 자료를 기반으로 면접을 진행하기도 해.

⑤ 서류 전형을 없애면 기존에 쌓아온 능력·지식·경험 등은 아무런 쓸모가 없겠어.

CHAPTER 03 창의수리 핵심이론

1. 날짜·요일·시계에 관한 문제

(1) 날짜, 요일
① 1일＝24시간＝1,440분＝86,400초
② 날짜, 요일 관련 문제는 대부분 나머지를 이용해 계산한다.

(2) 시계
① 시침이 1시간 동안 이동하는 각도 : 30°
② 시침이 1분 동안 이동하는 각도 : 0.5°
③ 분침이 1분 동안 이동하는 각도 : 6°

2. 거리·속력·시간에 관한 문제

(1) (거리)＝(속력)×(시간)

(2) (속력)＝$\dfrac{(거리)}{(시간)}$

(3) (시간)＝$\dfrac{(거리)}{(속력)}$

3. 나이·개수에 관한 문제

구하고자 하는 것을 미지수로 놓고 식을 세운다. 동물의 경우 다리의 개수에 유의해야 한다.

4. 원가 · 정가에 관한 문제

(1) (정가)＝(원가)＋(이익), (이익)＝(정가)－(원가)

(2) a원에서 $b\%$ 할인한 가격 : $a \times \left(1 - \dfrac{b}{100}\right)$

5. 일 · 톱니바퀴에 관한 문제

(1) 일

전체 일의 양을 1로 놓고, 시간 동안 한 일의 양을 미지수로 놓고 식을 세운다.

① (일률)＝$\dfrac{(작업량)}{(작업기간)}$

② (작업기간)＝$\dfrac{(작업량)}{(일률)}$

③ (작업량)＝(일률)×(작업기간)

(2) 톱니바퀴

(톱니 수)×(회전수)＝(총 톱니 수)

즉, A, B 두 톱니에 대하여, (A의 톱니 수)×(A의 회전수)＝(B의 톱니 수)×(B의 회전수)가 성립한다.

6. 농도에 관한 문제

(1) (농도)＝$\dfrac{(용질의 \ 양)}{(용액의 \ 양)} \times 100$

(2) (용질의 양)＝$\dfrac{(농도)}{100} \times (용액의 \ 양)$

7. 수에 관한 문제(I)

(1) 연속하는 세 자연수 : $x-1, \ x, \ x+1$

(2) 연속하는 세 짝수(홀수) : $x-2, \ x, \ x+2$

8. 수에 관한 문제(II)

(1) 십의 자릿수가 x, 일의 자릿수가 y인 두 자리 자연수 : $10x + y$

이 수에 대해, 십의 자리와 일의 자리를 바꾼 수 : $10y + x$

(2) 백의 자릿수가 x, 십의 자릿수가 y, 일의 자릿수가 z인 세 자리 자연수 : $100x + 10y + z$

9. 열차·터널에 관한 문제

(열차가 이동한 거리)＝(터널의 길이)＋(열차의 길이)

10. 증가·감소에 관한 문제

(1) x가 $a\%$ 증가하면, $\left(1 + \dfrac{a}{100}\right)x$

(2) x가 $a\%$ 감소하면, $\left(1 - \dfrac{a}{100}\right)x$

11. 경우의 수

(1) 경우의 수

어떤 사건이 일어날 수 있는 모든 가짓수

예 주사위 한 개를 던졌을 때, 나올 수 있는 모든 경우의 수는 6가지이다.

(2) 합의 법칙

① 두 사건 A, B가 동시에 일어나지 않을 때, A가 일어나는 경우의 수를 m, B가 일어나는 경우의 수를 n이라고 하면, 사건 A 또는 B가 일어나는 경우의 수는 $m + n$이다.

② '또는', '~이거나'라는 말이 나오면 합의 법칙을 사용한다.

예 한 식당의 점심 메뉴는 김밥 3종류, 라면 2종류, 우동 1종류가 있다. 이 중 한 가지의 메뉴를 고르는 경우의 수는 3＋2＋1＝6가지이다.

(3) 곱의 법칙

　① A가 일어나는 경우의 수를 m, B가 일어나는 경우의 수를 n이라고 하면, 사건 A와 B가 동시에 일어나는 경우의 수는 $m \times n$이다.

　② '그리고', '동시에'라는 말이 나오면 곱의 법칙을 사용한다.

　　예 집에서 학교를 가는 방법 수는 2가지, 학교에서 집으로 오는 방법 수는 3가지이다. 집에서 학교까지 갔다가 오는 경우의 수는 $2 \times 3 = 6$가지이다.

(4) 여러 가지 경우의 수

　① 동전 n개를 던졌을 때, 경우의 수 : 2^n

　② 주사위 n개를 던졌을 때, 경우의 수 : 6^n

　③ 동전 n개와 주사위 m개를 던졌을 때, 경우의 수 : $2^n \times 6^m$

　　예 동전 3개와 주사위 2개를 던졌을 때, 나올 수 있는 경우의 수는 $2^3 \times 6^2 = 288$가지이다.

　④ n명을 한 줄로 세우는 경우의 수 : $n! = n \times (n-1) \times (n-2) \times \cdots \times 2 \times 1$

　⑤ n명 중, m명을 뽑아 한 줄로 세우는 경우의 수 : $_n\mathrm{P}_m = n \times (n-1) \times \cdots \times (n-m+1)$

　　예 5명을 한 줄로 세우는 경우의 수는 $5 \times 4 \times 3 \times 2 \times 1 = 120$가지, 5명 중 3명을 뽑아 한 줄로 세우는 경우의 수는 $5 \times 4 \times 3 = 60$가지이다.

　⑥ n명을 한 줄로 세울 때, m명을 이웃하여 세우는 경우의 수 : $(n-m+1)! \times m!$

　　예 갑, 을, 병, 정, 무 5명을 한 줄로 세우는데, 을, 병이 이웃하여 서는 경우의 수는 $4! \times 2! = 4 \times 3 \times 2 \times 1 \times 2 \times 1 = 48$가지이다.

　⑦ 0이 아닌 서로 다른 한 자리 숫자가 적힌 n장의 카드에서, m장을 뽑아 만들 수 있는 m자리 정수의 개수 : $_n\mathrm{P}_m$

　　예 0이 아닌 서로 다른 한 자리 숫자가 적힌 4장의 카드에서, 3장을 뽑아 만들 수 있는 3자리 정수의 개수는 $_4\mathrm{P}_3 = 4 \times 3 \times 2 = 24$가지이다.

　⑧ 0을 포함한 서로 다른 한 자리 숫자가 적힌 n장의 카드에서, m장을 뽑아 만들 수 있는 m자리 정수의 개수 : $(n-1) \times {}_{n-1}\mathrm{P}_{m-1}$

　　예 0을 포함한 서로 다른 한 자리 숫자가 적힌 6장의 카드에서, 3장을 뽑아 만들 수 있는 3자리 정수의 개수는 $5 \times {}_5\mathrm{P}_2 = 5 \times 5 \times 4 = 100$가지이다.

　⑨ n명 중 자격이 다른 m명을 뽑는 경우의 수 : $_n\mathrm{P}_m$

　　예 5명의 학생 중 반장 1명, 부반장 1명을 뽑는 경우의 수는 $_5\mathrm{P}_2 = 5 \times 4 = 20$가지이다.

　⑩ n명 중 자격이 같은 m명을 뽑는 경우의 수 : $_n\mathrm{C}_m = \dfrac{_n\mathrm{P}_m}{m!}$

　　예 5명의 학생 중 부반장 2명을 뽑는 경우의 수는 $_5\mathrm{C}_2 = \dfrac{_5\mathrm{P}_2}{2!} = \dfrac{5 \times 4}{2 \times 1} = 10$가지이다.

　⑪ 원형 모양의 탁자에 n명을 앉히는 경우의 수 : $(n-1)!$

　　예 원형 모양의 탁자에 5명을 앉히는 경우의 수는 $4! = 4 \times 3 \times 2 \times 1 = 24$가지이다.

(5) 최단거리 문제

A에서 B 사이에 P가 주어져 있다면, A와 P의 거리, B와 P의 거리를 각각 구하여 곱한다.

12. 확률

(1) (사건 A가 일어날 확률)$=\dfrac{(사건\ A가\ 일어나는\ 경우의\ 수)}{(모든\ 경우의\ 수)}$

예 주사위 1개를 던졌을 때, 3 또는 5가 나올 확률은 $\dfrac{2}{6}=\dfrac{1}{3}$이다.

(2) 여사건의 확률

① 사건 A가 일어날 확률이 p일 때, 사건 A가 일어나지 않을 확률은 $(1-p)$이다.
② '적어도'라는 말이 나오면 주로 사용한다.

(3) 확률의 계산

① 확률의 덧셈

두 사건 A, B가 동시에 일어나지 않을 때, A가 일어날 확률을 p, B가 일어날 확률을 q라고 하면, 사건 A 또는 B가 일어날 확률은 $(p+q)$이다.

② 확률의 곱셈

A가 일어날 확률을 p, B가 일어날 확률을 q라고 하면, 사건 A와 B가 동시에 일어날 확률은 $(p \times q)$이다.

(4) 여러 가지 확률

① 연속하여 뽑을 때, 꺼낸 것을 다시 넣고 뽑는 경우 : 처음과 나중의 모든 경우의 수는 같다.

[예] 자루에 흰 구슬 4개와 검은 구슬 5개가 들어 있다. 연속하여 2번을 뽑을 때, 처음에는 흰 구슬, 두 번째는 검은 구슬을 뽑을 확률은?(단, 꺼낸 것은 다시 넣는다)

→ 처음에 흰 구슬을 뽑을 확률은 $\dfrac{4}{9}$ 이고, 꺼낸 것은 다시 넣는다고 하였으므로 두 번째에 검은 구슬을 뽑을 확률은 $\dfrac{5}{9}$ 이다. 즉, $\dfrac{4}{9} \times \dfrac{5}{9} = \dfrac{20}{81}$ 이다.

② 연속하여 뽑을 때, 꺼낸 것을 다시 넣지 않고 뽑는 경우 : 나중의 모든 경우의 수는 처음의 모든 경우의 수보다 1만큼 작다.

[예] 자루에 흰 구슬 4개와 검은 구슬 5개가 들어 있다. 연속하여 2번을 뽑을 때, 처음에는 흰 구슬, 두 번째는 검은 구슬을 뽑을 확률은?(단, 꺼낸 것은 다시 넣지 않는다)

→ 처음에 흰 구슬을 뽑을 확률은 $\dfrac{4}{9}$ 이고, 꺼낸 것은 다시 넣지 않는다고 하였으므로 자루에는 흰 구슬 3개, 검은 구슬 5개가 남아 있다. 따라서 두 번째에 검은 구슬을 뽑을 확률은 $\dfrac{5}{8}$ 이므로, $\dfrac{4}{9} \times \dfrac{5}{8} = \dfrac{5}{18}$ 이다.

③ (도형에서의 확률)$= \dfrac{(\text{해당하는 부분의 넓이})}{(\text{전체 넓이})}$

정답 및 해설 p.016

대표유형 1 사칙연산

다음 식을 계산한 값으로 옳은 것은?

$$79,712 - 32,314 + 12,454$$

① 59,552   ② 59,652

③ 59,752   ④ 59,852

⑤ 59,952

|해설| $79,712 - 32,314 + 12,454 = 92,166 - 32,314 = 59,852$

정답 ④

※ 다음 식을 계산한 값을 구하시오. [1~5]

01
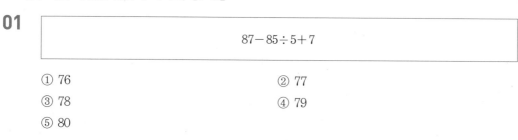

$$87 - 85 \div 5 + 7$$

① 76   ② 77

③ 78   ④ 79

⑤ 80

02
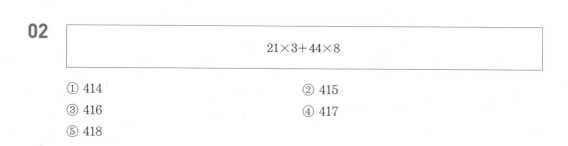

$$21 \times 3 + 44 \times 8$$

① 414   ② 415

③ 416   ④ 417

⑤ 418

03

$$454 \times 4 - 56 \times 4$$

① 1,592   ② 1,602

③ 1,612   ④ 1,622

⑤ 1,632

04

$$78 + 54 - 87 \div 3$$

① 101   ② 102

③ 103   ④ 104

⑤ 105

05

$$123 \times 8 + 567 \times 4$$

① 3,212   ② 3,222

③ 3,232   ④ 3,242

⑤ 3,252

용민이와 효린이가 호수를 같은 방향으로 도는데 용민이는 7km/h, 효린이는 3km/h로 걷는다고 한다. 두 사람이 다시 만났을 때, 7시간이 지나 있었다면 호수의 둘레는?

① 24km   ② 26km

③ 28km   ④ 30km

⑤ 32km

| 해설 | 7시간이 지났다면 용민이는 7×7=49km, 효린이는 3×7=21km를 걸은 것인데 용민이는 호수를 한 바퀴 돌고나서 효린이가 걸은 21km까지 더 걸은 것이다.
따라서 호수의 둘레는 49-21=28km이다.

정답 ③

06 길이가 9km인 강이 있다. 강물의 속력은 시속 3km이고, 배를 타고 강물을 거슬러 올라갈 때 1시간이 걸린다고 하면, 같은 배를 타고 강물을 따라 내려올 때 걸리는 시간은?

① 32분   ② 36분

③ 40분   ④ 42분

⑤ 50분

07 1km 떨어진 지점을 왕복하는 데 20분 동안 30m/min의 속력으로 갔다. 총 1시간 안에 왕복하려면 이후에는 얼마의 속력으로 가야 하는가?

① 25m/min   ② 30m/min

③ 35m/min   ④ 40m/min

⑤ 45m/min

08 어떤 기차가 700m인 다리를 통과하는 데 1분, 1,500m인 터널을 통과하는 데 2분이 걸린다. 이 기차의 길이는?

① 50m

② 100m

③ 150m

④ 200m

⑤ 250m

09 서울에서 부산까지의 거리는 400km이고 서울에서 부산까지 가는 기차는 120km/h의 속력으로 달리며, 역마다 10분씩 정차한다. 서울에서 9시에 출발하여 부산에 13시 10분에 도착했다면, 기차는 가는 도중 몇 개의 역에 정차하였는가?

① 4개

② 5개

③ 6개

④ 7개

⑤ 8개

10 집에서 역까지 갈 때는 50m/min, 돌아올 때는 60m/min의 속력으로 걸어서 총 22분이 걸렸다. 이때 역에서 집에 돌아올 때 걸린 시간은?

① 7분

② 8분

③ 9분

④ 10분

⑤ 11분

형과 동생의 나이를 더하면 22, 곱하면 117이라고 할 때, 동생의 나이는?

① 9세   ② 10세

③ 11세   ④ 12세

⑤ 13세

| 해설 | 형의 나이를 x세, 동생의 나이를 y세라고 하자(단, $x > y$).

$x + y = 22 \cdots \text{㉠}$

$xy = 117 \cdots \text{㉡}$

㉠, ㉡을 연립하면 $x = 13$, $y = 9$이므로 동생의 나이는 9세이다.

정답 ①

11 딸의 나이를 8로 나누면 나머지가 없고, 5로 나누면 나머지가 3이다. 아버지는 딸의 나이 십의 자리 수와 일의 자리 수를 바꾼 나이와 같을 때, 아버지와 딸의 나이 차는?(단, 딸은 30살 이상 50살 미만이다)

① 30살   ② 33살

③ 36살   ④ 39살

⑤ 42살

12 올해 아버지의 나이는 은서 나이의 2배이고, 지은이 나이의 7배이다. 은서와 지은이의 나이 차이가 15살이라면, 아버지의 나이는?

① 39세   ② 40세

③ 41세   ④ 42세

⑤ 43세

13 현재 아버지와 아들의 나이의 차는 25세이고, 3년 후 아버지 나이는 아들 나이의 2배보다 7살 더 많다. 현재 아버지의 나이는?

① 40세 ② 42세
③ 44세 ④ 46세
⑤ 48세

14 다음 조건을 읽고 팀장의 나이를 추론한 것으로 옳은 것은?

- 팀장의 나이는 과장보다 4살이 많다.
- 대리의 나이는 31세이다.
- 사원은 대리보다 6살 어리다.
- 과장과 팀장 나이의 합은 사원과 대리의 나이 합의 2배이다.

① 56세 ② 57세
③ 58세 ④ 59세
⑤ 60세

15 수영이와 여동생의 나이 차는 5살이고, 언니의 나이는 수영이와 여동생 나이의 합의 2배이다. 세 자매의 나이의 합이 39일 때, 3년 뒤 언니의 나이는?

① 22살 ② 24살
③ 26살 ④ 27살
⑤ 29살

S사에서 워크숍을 위해 강당의 대여요금을 알아보고 있다. 강당의 대여요금은 기본요금의 경우 30분까지 같으며, 그 후에는 1분마다 추가요금이 발생한다. 1시간 대여료는 50,000원, 2시간 동안 대여할 경우 110,000원이 대여료일 때, 3시간 동안의 대여료는?

① 170,000원   ② 180,000원
③ 190,000원   ④ 200,000원
⑤ 210,000원

| 해설 | 30분까지의 기본요금을 x원, 1분마다 추가요금을 y원이라고 하면, 1시간 대여료와 2시간 대여료에 대한 다음 각각의 방정식이 성립한다.

$x + 30y = 50,000 \cdots$ ㉠
$x + 90y = 110,000 \cdots$ ㉡

두 방정식을 연립하면 $x = 20,000$, $y = 1,000$이므로 기본요금은 20,000원, 30분 후 1분마다 발생하는 추가요금은 1,000원이다.
따라서 3시간 대여료는 $20,000 + 150 \times 1,000 = 170,000$원이다.

정답 ①

16 S공장은 어떤 상품을 원가에 23%의 이익을 남겨 판매하였으나, 잘 팔리지 않아 판매가에서 1,300원 할인하여 판매하였다. 이때 얻은 이익이 원가의 10%일 때, 상품의 원가는?

① 10,000원   ② 11,500원
③ 13,000원   ④ 14,500원
⑤ 16,000원

17 S기업은 원가에 20%의 이윤을 붙인 가격을 정가로 팔던 제품을 정가에서 10% 할인하여 판매하였다. 이후 정산을 하였더니 제품당 2,000원의 이윤이 생겼다고 할 때, 이 제품의 원가는?

① 14,000원   ② 18,000원
③ 22,000원   ④ 25,000원
⑤ 28,000원

18 김대리의 작년 총소득은 4,000만 원, 소득 공제 금액은 2,000만 원, 세율은 30%였다. 올해는 작년과 비교해 총소득 20%p, 소득 공제 금액은 40%p, 세율은 10%p 증가하였다. 작년과 올해의 세액의 차이는?

① 50만 원   ② 100만 원
③ 150만 원   ④ 200만 원
⑤ 250만 원

19 어떤 물건의 정가에서 30%를 할인한 가격을 1,000원 더 할인하였다. 이 물건을 2개 사면 그 가격이 처음 정가와 같다고 할 때, 처음 정가는?

① 4,000원   ② 5,000원
③ 6,000원   ④ 7,000원
⑤ 8,000원

20 어린이 6명과 어른 8명이 뷔페에 가는데 어른의 식권은 어린이의 입장료보다 1.5배 더 비싸다. 14명의 식권의 값이 72,000원이라면 어른 1명의 식권 가격은 얼마인가?

① 4,000원   ② 5,000원
③ 6,000원   ④ 7,000원
⑤ 8,000원

어느 볼펜 조립 작업장에서 근무하는 갑 ~ 병 세 사람의 6시간 동안 총작업량은 435개였다. 을의 작업 속도가 갑의 1.2배이고, 병의 작업 속도가 갑의 0.7배라면, 갑이 한 시간 동안 조립하는 볼펜의 개수는?(단, 각 작업자의 작업 속도는 동일하다)

① 23개   ② 24개
③ 25개   ④ 26개
⑤ 27개

| 해설 | 갑의 한 시간 동안 작업량을 x개라고 한다면, 을과 병의 한 시간 동안 작업량은 각각 $1.2x$개, $0.7x$개이므로 다음의 식이 성립한다.
$$6 \times (x + 1.2x + 0.7x) = 435$$
$$\therefore x = 25$$
따라서 갑이 한 시간 동안 조립하는 볼펜은 25개이다.

정답 ③

---

21 S사에서 근무하는 3명의 사원 갑 ~ 병은 고객설문조사 업무를 맡았다. 갑사원이 혼자 업무를 할 경우 12일이 걸리고, 을사원은 18일, 병사원은 36일이 걸린다고 한다. 3명의 사원이 함께 업무를 진행한다고 할 때, 고객설문조사 업무를 끝내는 데 걸리는 기간은?

① 5일   ② 6일
③ 7일   ④ 8일
⑤ 9일

---

22 영수는 1분에 15L의 물을 퍼낼 수 있고, 철수는 1분에 12L의 물을 부을 수 있다. 물이 가득 차 있는 100L짜리 수조에 두 사람이 동시에 물을 퍼내고 붓기 시작했다면, 25분 후에 수조에 남아있는 물의 양은?

① 15L   ② 18L
③ 20L   ④ 22L
⑤ 25L

23 1L 물통을 가득 채우는 데 A수도는 15분, B수도는 20분이 걸린다고 한다. A, B수도를 동시에 사용해 30분 동안 물을 받을 때 가득 채울 수 있는 물통의 개수는?

① 1개   ② 2개

③ 3개   ④ 4개

⑤ 5개

24 어떤 컴퓨터로 600KB의 자료를 다운받는 데 1초가 걸린다. A씨가 이 컴퓨터를 이용하여 B사이트에 접속해 자료를 다운받는 데까지 1분 15초가 걸렸다. 자료를 다운받을 때 걸리는 시간이 사이트에 접속할 때 걸리는 시간의 4배일 때, A씨가 다운받은 자료의 용량은?

① 18,000KB   ② 24,000KB

③ 28,000KB   ④ 34,000KB

⑤ 36,000KB

25 서로 맞물려 도는 두 톱니바퀴 A, B가 있다. A의 톱니 수는 54개, B의 톱니 수는 78개이다. 두 톱니바퀴가 같은 톱니에서 출발하여 다시 처음으로 같은 톱니끼리 맞물리는 것은 B톱니바퀴가 몇 회전한 후인가?

① 8회전   ② 9회전

③ 10회전   ④ 11회전

⑤ 12회전

펜싱선수 갑과 을은 총 3회전의 경기를 치렀다. 갑이 3회전에서 얻은 점수는 1 · 2회전에서 얻은 점수의 $\frac{3}{7}$이다. 을의 최종점수는 갑이 1 · 2회전에서 얻은 점수의 2배를 획득하였다. 갑과 을 모두 총점이 20점 미만 두 자리 자연수일 때, 갑이 3회전에서 얻은 점수는?

① 1점 　　　　　　　　　　　② 2점
③ 3점 　　　　　　　　　　　④ 4점
⑤ 5점

| 해설 | 갑이 1, 2회전에서 얻은 점수를 x점이라 하면 을의 최종점수는 $2x$점이다.

또한 갑의 최종점수는 $x + \frac{3}{7}x = \frac{10}{7}x$점이며, 갑의 최종점수는 자연수이므로 x로 가능한 수는 7 또는 14이다. 이 중에서 $x = 14$인 경우는 갑의 최종점수가 20점이 되기 때문에 $x = 7$이 된다.

따라서 갑이 3회전에서 얻은 점수는 $\frac{3}{7} \times 7 = 3$점이다.

정답 ③

26 A씨는 졸업논문심사과정을 밟고 있다. A씨 대학에서는 총점 10점 만점 중 평균점수가 8점 이상이 되어야 졸업할 수 있다. A씨를 심사하는 교수는 총 3명이고 현재 2명의 교수가 각각 7.5점, 6.5점을 부여하였다. 마지막 교수가 몇 점 이상을 주어야만 A씨가 합격할 수 있는가?

① 10점 　　　　　　　　　　　② 20점
③ 30점 　　　　　　　　　　　④ 40점
⑤ 50점

27 A ~ D 네 명은 수학능력시험을 보았다. A, C, D의 언어영역 점수는 각각 85점, 69점, 77점이고 4명의 평균점수는 80점이라고 했을 때, B의 언어영역 점수는?

① 86점 　　　　　　　　　　　② 87점
③ 88점 　　　　　　　　　　　④ 89점
⑤ 90점

28 평균점수가 80점 이상이면 우수상을, 85점 이상이면 최우수상을 받는 시험이 있다. 현재 70점, 85점, 90점을 받았고 나머지 한 과목의 시험만을 남겨 놓은 상태이다. 이때, 최우수상을 받기 위해서는 몇 점 이상을 받아야 하는가?

① 80점　　　　　　　　　　　　　② 95점

③ 90점　　　　　　　　　　　　　④ 95점

⑤ 100점

29 어떤 출판사가 최근에 발간한 서적의 평점을 알아보니 A사이트에서는 참여자 10명에게서 평점 2점을, B사이트에서는 참여자 30명에 평점 5점, C사이트에서는 참여자 20명에 평점 3.5점을 받았다고 한다. 이때, A, B, C사이트의 전체 평균 평점은?

① 1점　　　　　　　　　　　　　② 2점

③ 3점　　　　　　　　　　　　　④ 4점

⑤ 5점

30 아마추어 야구 시합에서 A팀과 B팀이 경기하고 있다. 7회 말까지는 동점이었고 8 · 9회에서 A팀이 획득한 점수는 B팀이 획득한 점수의 2배이었다. 최종적으로 12 : 9로 A팀이 승리하였을 때, 8 · 9회에서 B팀이 획득한 점수는?

① 2점　　　　　　　　　　　　　② 3점

③ 4점　　　　　　　　　　　　　④ 5점

⑤ 6점

식염 75g에 몇 g의 물을 넣어야 농도가 15%인 식염수가 되는가?

① 350g   ② 375g

③ 400g   ④ 425g

⑤ 450g

|해설| 물의 중량을 xg이라고 하면 다음과 같은 식이 성립한다.

$$\frac{75}{75+x} \times 100 = 15$$

$$\rightarrow x + 75 = \frac{75}{15} \times 100$$

$$\therefore x = 425$$

따라서 식염 75g에 425g의 물을 넣어야 농도가 15%인 식염수가 된다.

정답 ④

31 농도 8%의 소금물 500g에 소금을 더 넣어 농도 12%의 소금물을 만들 때, 더 넣은 소금의 양은?

① $\dfrac{250}{11}$ g   ② $\dfrac{260}{11}$ g

③ $\dfrac{270}{11}$ g   ④ $\dfrac{280}{11}$ g

⑤ $\dfrac{290}{11}$ g

32 A씨는 25% 농도의 코코아 700mL를 즐겨 마신다. A씨가 마시는 코코아에 들어간 코코아 분말의 양은?(단, 1mL＝1g이다)

① 170g   ② 175g

③ 180g   ④ 185g

⑤ 190g

33 농도 8%의 소금물 200g에서 한 컵의 소금물을 퍼내고 퍼낸 양만큼 물을 부었다. 그리고 다시 농도 2%의 소금물을 더 넣었더니 농도 3%의 소금물 320g이 되었다고 할 때, 퍼낸 소금물의 양은?

① 100g   ② 110g

③ 120g   ④ 130g

⑤ 140g

34 농도를 모르는 소금물 300g에 농도 5%의 소금물 200g을 모두 섞었더니 섞은 소금물의 농도는 9%가 되었다. 처음 300g의 소금물에 들어있는 소금의 무게는?

① 30g   ② 32g

③ 35g   ④ 38g

⑤ 40g

35 농도 10%의 소금물 300g을 농도 15%로 만들기 위해 증발시켜야 하는 물의 양은?

① 75g   ② 100g

③ 125g   ④ 150g

⑤ 175g

화장실에 정사각형 모양의 타일을 채우려고 하는데 벽면이 가로 360cm, 세로 648cm이다. 타일의 개수를 최소로 사용하여 붙이려고 할 때, 필요한 타일의 개수는?

① 30개

② 35개

③ 40개

④ 45개

⑤ 50개

| 해설 |　360과 648의 최대공약수를 구하면, 타일의 한 변의 길이는 72cm이다.
　　　따라서 가로에 5개, 세로에 9개 들어가므로 필요한 타일의 개수는 5×9=45개이다.

정답 ④

36　둘레가 456m인 호수 둘레를 따라 가로수가 4m 간격으로 일정하게 심겨 있다. 출입구에 심겨 있는 가로수를 기준으로 6m 간격으로 가로수를 옮겨 심으려고 할 때, 옮겨 심어야 하는 가로수의 수는? (단, 불필요한 가로수는 제거한다)

① 38그루

② 37그루

③ 36그루

④ 35그루

⑤ 34그루

37　사람들에게 감자 54봉지를 똑같이 나눠준 후 2봉지가 남았고, 당근 94봉지도 똑같이 나눠주었더니 3봉지가 남았다. 이때 감자와 당근을 받을 수 있는 최대 인원은?

① 13명

② 14명

③ 15명

④ 16명

⑤ 17명

38 S사는 야유회에서 가로의 길이가 40cm, 세로의 길이가 16cm인 돗자리를 붙여 하나의 큰 정사각형 모양의 자리를 만들려고 한다. 필요한 돗자리의 최소 개수는?

① 8개
② 10개
③ 12개
④ 14개
⑤ 16개

39 고객 만족도 센터에서 고객이 만족하면 +3, 불만족하면 −4점이 적용된다. 100명의 고객에게 만족도를 조사했을 때, 고객관리 점수를 80점 이상 받기 위해 불만족을 받아야 하는 최대 고객의 수는?

① 17명
② 20명
③ 31명
④ 32명
⑤ 35명

40 회사에서 프린터를 새로 구매하거나 대여하려 한다. 프린터를 구매하는 경우에는 프린터 가격 200,000원과 매달 15,000원의 유지비를 내고, 대여하는 경우에는 매달 22,000원의 대여료만 낸다. 이때, 프린터를 구매하여 최소 몇 개월 이상 사용해야 대여하는 경우보다 이득인가?

① 29개월
② 27개월
③ 25개월
④ 23개월
⑤ 21개월

할아버지와 할머니, 아버지와 어머니, 그리고 3명의 자녀로 이루어진 가족이 있다. 이 가족이 일렬로 서서 가족사진을 찍으려고 한다. 할아버지가 맨 앞, 할머니가 맨 뒤에 위치할 때, 가능한 경우의 수는?

① 120가지　　　　　　　　　　② 125가지
③ 130가지　　　　　　　　　　④ 135가지
⑤ 140가지

| 해설 |　맨 앞의 할아버지와 맨 뒤의 할머니를 제외한 5명이 일렬로 서는 경우의 수를 구하면 된다.
　　　　따라서 할아버지가 맨 앞, 할머니가 맨 뒤에 위치할 때, 가능한 경우의 수는 5! =120가지이다.

정답 ①

41　어떤 학급에서 이어달리기 대회 대표로 A ~ E학생 5명 중 3명을 순서와 상관없이 뽑을 수 있는 경우의 수는?

① 5가지　　　　　　　　　　② 10가지
③ 20가지　　　　　　　　　　④ 60가지
⑤ 120가지

42　민석이의 지갑에는 1,000원, 5,000원, 10,000원짜리 지폐가 각각 8장씩 있다. 거스름돈 없이 물건 값 23,000원을 내려고 할 때, 돈을 낼 수 있는 경우의 수는?

① 2가지　　　　　　　　　　② 3가지
③ 4가지　　　　　　　　　　④ 5가지
⑤ 6가지

43 빨강 1개, 초록 1개, 파랑 2개의 총 4개의 숟가락, 빨강 2개, 초록 2개의 총 4개의 젓가락이 있다. 숟가락과 젓가락으로 4개 세트를 만드는 경우의 수는?(단, 세트에서 숟가락과 젓가락의 색이 동일해도 상관없다)

① 22가지   ② 36가지

③ 54가지   ④ 72가지

⑤ 84가지

44 주사위 세 개를 던졌을 때, 나오는 눈의 합이 4가 되는 경우의 수는?

① 1가지   ② 3가지

③ 5가지   ④ 7가지

⑤ 9가지

45 9개의 숫자 1 ~ 9 중에서 서로 다른 3개의 숫자를 택할 때, 각 자리의 수 중 어떤 두 수의 합도 9가 아닌 수를 만들려고 한다. 예를 들어, 217은 조건을 만족시키지 않는다. 조건을 만족시키는 세 자리 자연수의 개수는?

① 144개   ② 168개

③ 250개   ④ 336개

⑤ 420개

A ~ E 5권의 책을 책장에 일렬로 놓을 때, A와 B 두 권의 책이 붙어 있을 확률은?

① $\dfrac{2}{5}$

② $\dfrac{2}{7}$

③ $\dfrac{1}{9}$

④ $\dfrac{1}{10}$

⑤ $\dfrac{3}{5}$

| 해설 | • 5권의 책을 나열하는 경우의 수 : $5!=120$가지
• A와 B 두 권의 책이 붙어 있는 경우의 수 : $4! \times 2 = 48$가지

따라서 A와 B 두 권의 책이 붙어 있을 확률은 $\dfrac{48}{120} = \dfrac{2}{5}$이다.

정답 ①

---

46 2 ~ 8의 자연수가 적힌 숫자 카드 7장이 있다. 7장의 카드 중 2장을 고를 때 고른 수의 합이 짝수가 될 확률은?(단, 한 번 뽑은 카드는 다시 넣지 않는다)

① $\dfrac{1}{2}$

② $\dfrac{3}{7}$

③ $\dfrac{5}{14}$

④ $\dfrac{2}{7}$

⑤ $\dfrac{3}{14}$

---

47 주사위와 100원짜리 동전을 동시에 던졌을 때, 주사위는 4보다 큰 수가 나오고 동전은 앞면이 나올 확률은?

① $\dfrac{1}{2}$

② $\dfrac{1}{3}$

③ $\dfrac{1}{5}$

④ $\dfrac{2}{5}$

⑤ $\dfrac{1}{6}$

48 동전을 5번 던질 때, 적어도 한 번은 앞면이 나올 확률은?

① $\dfrac{7}{8}$　　　　　　　　　　② $\dfrac{13}{16}$

③ $\dfrac{15}{16}$　　　　　　　　　④ $\dfrac{31}{32}$

⑤ $\dfrac{35}{36}$

49 4명의 야구선수가 안타를 칠 확률이 각각 $\dfrac{1}{6}$, $\dfrac{1}{8}$, $\dfrac{1}{4}$, $\dfrac{1}{5}$ 이라고 한다. 4명 중 3명 이상이 안타를 칠 확률은?

① $\dfrac{1}{48}$　　　　　　　　　② $\dfrac{1}{36}$

③ $\dfrac{1}{24}$　　　　　　　　　④ $\dfrac{1}{19}$

⑤ $\dfrac{1}{10}$

50 남자 2명, 여자 3명 중 두 명의 대표를 선출하고자 한다. 이때, 대표가 모두 여자로 선출될 확률은?

① 70%　　　　　　　　　② 60%

③ 50%　　　　　　　　　④ 40%

⑤ 30%

1. 그래프의 종류

(1) 꺾은선(절선)그래프

① 시간적 추이(시계열 변화)를 표시하는 데 적합하다.

예 연도별 매출액 추이 변화 등

② 경과·비교·분포를 비롯하여 상관관계 등을 나타낼 때 사용한다.

〈한국 자동차부품 수입 국가별 의존도〉

(단위 : %)

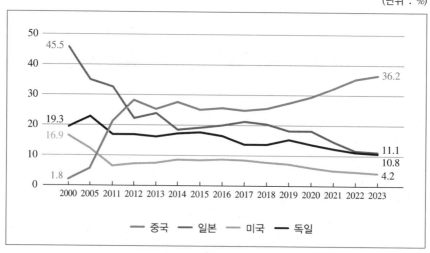

(2) 막대그래프

① 비교하고자 하는 수량을 막대 길이로 표시하고, 그 길이를 비교하여 각 수량 간의 대소 관계를 나타내는 데 적합하다.

예 영업소별 매출액, 성적별 인원분포 등

② 가장 간단한 형태로 내역·비교·경과·도수 등을 표시하는 용도로 사용한다.

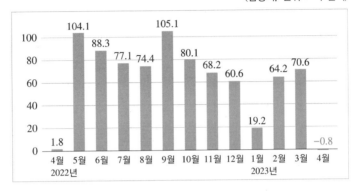

〈경상수지 추이〉

(잠정치, 단위 : 억 달러)

(3) 원그래프

① 내역이나 내용의 구성비를 분할하여 나타내는 데 적합하다.

예 제품별 매출액 구성비 등

② 원그래프를 정교하게 작성할 때는 수치를 각도로 환산해야 한다.

〈S국의 가계 금융자산 구성비〉

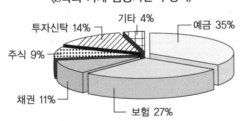

(4) 점그래프

① 지역분포를 비롯하여 도시, 지방, 기업, 상품 등의 평가나 위치, 성격을 표시하는 데 적합하다.
   예 광고비율과 이익률의 관계 등
② 종축과 횡축에 두 요소를 두고, 보고자 하는 것이 어떤 위치에 있는가를 알고자 할 때 사용한다.

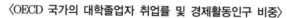

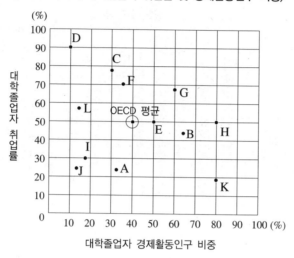

〈OECD 국가의 대학졸업자 취업률 및 경제활동인구 비중〉

(5) 층별그래프

① 합계와 각 부분의 크기를 백분율로 나타내고 시간적 변화를 보는 데 적합하다.
② 합계와 각 부분의 크기를 실수로 나타내고 시간적 변화를 보는 데 적합하다.
   예 상품별 매출액 추이 등
③ 선의 움직임보다는 선과 선 사이의 크기로써 데이터 변화를 나타내는 그래프이다.

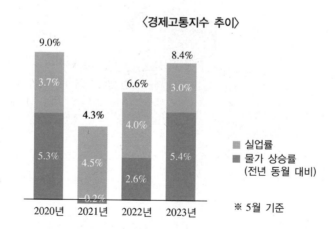

〈경제고통지수 추이〉

(6) 레이더 차트(거미줄그래프)

① 다양한 요소를 비교할 때, 경과를 나타내는 데 적합하다.

   예 매출액의 계절변동 등

② 비교하는 수량을 직경, 또는 반경으로 나누어 원의 중심에서의 거리에 따라 각 수량의 관계를 나타내는 그래프이다.

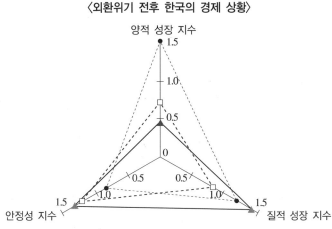

〈외환위기 전후 한국의 경제 상황〉

----●---- 1993~1997년(외환위기 이전)
----□---- 1998~2002년(구조개혁 전반기)
——▲—— 2003~2007년(구조개혁 후반기)

정답 및 해설 p.022

대표유형 1 자료계산

다음은 A, B, C학과의 입학 및 졸업자 인원 현황에 대한 자료이다. 빈칸에 들어갈 값으로 가장 적절한 것은?(단, 각 수치는 매년 일정한 규칙으로 변화한다)

〈학과별 입학 및 졸업자 추이〉

(단위 : 명)

구분	A학과		B학과		C학과	
	입학	졸업	입학	졸업	입학	졸업
2019년	70	57	63	50	52	39
2020년	79	66	65	52	56	43
2021년	90	77	58		60	47
2022년	85	72	60	47	50	37
2023년	95	82	62	49	53	40

① 37
② 45
③ 46
④ 47
⑤ 51

| 해설 | 매년 A, B, C 각 학과의 입학자와 졸업자의 차이는 13명으로 일정하다.
따라서 빈칸에 들어갈 값은 58-13=45이다.

 정답 ②

01 A초등학교의 1학년 입학생 수가 다음과 같은 규칙을 보일 때, 2029년의 A초등학교 입학생 수는?

〈A초등학교 수 변화〉

(단위 : 명)

구분	2019년	2020년	2021년	2022년	2023년
학생 수	196	182	168	154	140

① 70명 ② 56명

③ 42명 ④ 28명

⑤ 13명

02 다음은 A ~ E과제에 대해 전문가 5명이 평가한 점수이다. 최종점수와 평균점수가 같은 과제로만 짝지어진 것은?

〈과제별 점수 현황〉

(단위 : 점)

구분	A	B	C	D	E
전문가 1	100	80	60	80	100
전문가 2	70	60	50	100	40
전문가 3	60	40	100	90	( )
전문가 4	50	60	90	70	70
전문가 5	80	60	60	40	80
평균점수	( )	( )	( )	( )	70

※ 최종점수는 가장 낮은 점수와 가장 높은 점수를 제외한 평균점수임

① A, B ② B, C

③ B, D ④ B, E

⑤ D, E

03 다음은 S사의 연도별 매출액을 나타낸 그래프이다. 전년 대비 매출액 증가율이 가장 컸던 해는?

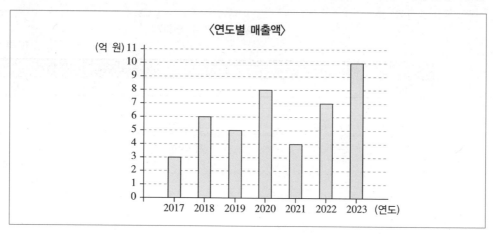

① 2018년

② 2019년

③ 2020년

④ 2022년

⑤ 2023년

04 다음은 실업자 및 실업률 추이에 대한 그래프이다. 2023년 11월의 실업률은 2023년 2월 대비 얼마나 증감했는가?(단, 소수점 첫째 자리에서 반올림한다)

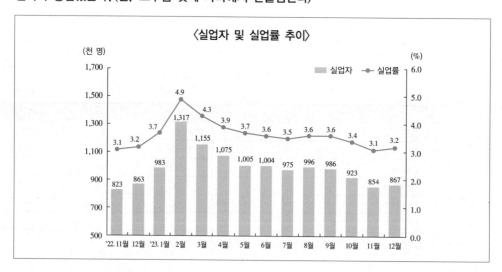

① -37%

② -36%

③ -35%

④ +35%

⑤ +37%

※ 다음은 공공체육시설 현황 및 1인당 체육시설 면적을 나타낸 자료이다. 이어지는 질문에 답하시오.
[5~6]

<공공체육시설 현황 및 1인당 체육시설 면적>

(단위 : 개소, m^2)

구분		2020년	2021년	2022년	2023년
공공체육시설의 수	축구장	467	558	618	649
	체육관	529	581	639	681
	간이운동장	9,531	10,669	11,458	12,194
	테니스장	428	487	549	565
	기타	1,387	1,673	1,783	2,038
1인당 체육시설 면적	계	2.54	2.88	3.12	3.29

05 2022년에 전년 대비 시설이 가장 적게 늘어난 곳과 가장 많이 늘어난 곳의 시설 수의 합은?(단, 기타는 제외한다)

① 10,197

② 11,197

③ 11,097

④ 12,097

⑤ 12,137

06 2020년 전체 공공체육시설 중 체육관이 차지하고 있는 비율은?(단, 소수점 둘째 자리에서 반올림한다)

① 약 4.4%

② 약 4.3%

③ 약 4.2%

④ 약 4.1%

⑤ 약 4.0%

※ 다음은 2022∼2023년 초등학교, 중학교, 고등학교를 대상으로 교육비 현황을 조사한 자료이다. 이어지는 질문에 답하시오. [7~8]

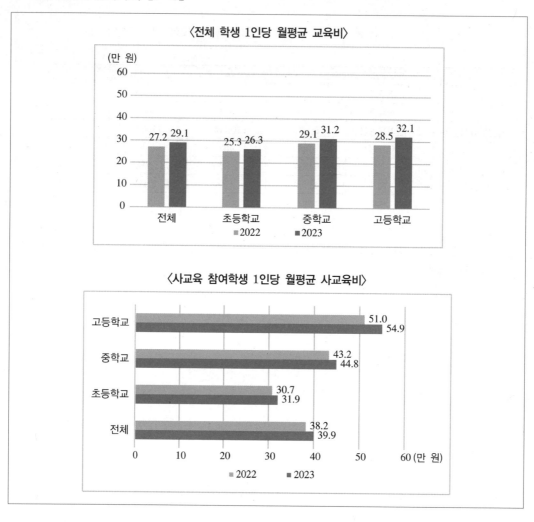

07 2022년 전체 학생 수가 1,500명이고, 초등학생의 수는 800명이었다. 전체 학생의 월간 총교육비 대비 초등학생의 월간 총교육비의 비율은 몇 %인가?(단, 비율은 소수점 둘째 자리에서 반올림한다)

① 44.7%   ② 47.3%

③ 48.2%   ④ 49.6%

⑤ 50.1%

08 2023년 중학교 전체 학생수가 600명이고, 이 중 40%가 사교육에 참여한다고 한다. 중학교 전체 학생의 월간 총교육비에서 중학교 사교육 참여 학생의 월간 총사교육비가 차지하는 비중은 몇 %인가?(단, 소수점 둘째 자리에서 반올림한다)

① 55.2%   ② 57.4%

③ 62.5%   ④ 64.4%

⑤ 66.8%

09 A씨는 취업준비를 위해 6번의 영어 시험을 치렀다. 영어 성적 분포가 다음과 같을 때, A씨의 전체 영어 평균점수보다 높았던 적은 몇 번인가?

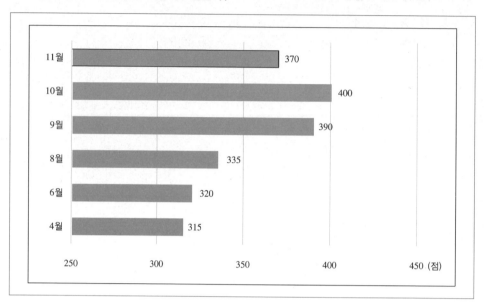

① 2번   ② 3번
③ 4번   ④ 5번
⑤ 6번

10 S기업은 창고업체에 아래 세 제품군에 대한 보관비를 지급하려고 한다. A제품군은 매출액의 1%, B제품군은 1CUBIC당 20,000원, C제품군은 톤당 80,000원을 지급하기로 되어 있다면 전체 지급액은 얼마인가?

구분	매출액(억 원)	용량	
		용적(CUBIC)	무게(톤)
A제품군	300	3,000	200
B제품군	200	2,000	300
C제품군	100	5,000	500

① 3억 2천만 원   ② 3억 4천만 원
③ 3억 6천만 원   ④ 3억 8천만 원
⑤ 4억 원

다음은 청소년의 경제의식에 대한 설문조사 결과를 정리한 자료이다. 이에 대한 설명으로 옳은 것은?(단, 복수응답과 무응답은 없다)

〈경제의식에 대한 설문조사 결과〉

(단위 : %)

설문 내용	구분	전체	성별		학교별	
			남	여	중학교	고등학교
용돈을 받는지 여부	예	84	83	86	88	80
	아니요	16	17	14	12	20
월간 용돈 금액	5만 원 미만	75	74	76	90	60
	5만 원 이상	25	26	24	10	40
금전출납부 기록 여부	기록한다	30	23	36	31	28
	기록 안 한다	70	77	64	69	72

① 용돈을 받는 남학생의 비율이 용돈을 받는 여학생의 비율보다 높다.
② 월간 용돈을 5만 원 미만으로 받는 비율은 중학생이 고등학생보다 높다.
③ 고등학생 전체 인원을 100명이라고 한다면, 월간 용돈을 5만 원 이상 받는 학생은 40명이다.
④ 금전출납부는 기록하는 비율이 기록 안 하는 비율보다 높다.
⑤ 용돈을 받지 않는 중학생 비율이 용돈을 받지 않는 고등학생 비율보다 높다.

| 해설 | 월간 용돈을 5만 원 미만으로 받는 비율은 중학생 90%, 고등학생 60%로, 중학생이 고등학생보다 높다.

오답분석
① 용돈을 받는 남학생과 여학생의 비율은 각각 83%, 86%로, 여학생의 비율이 남학생의 비율보다 높다.
③ 고등학생 전체 인원을 100명이라고 한다면, 그중에 용돈을 받는 학생은 80명이다. 80명 중에 월간 용돈을 5만 원 이상 받는 학생의 비율은 40%이므로 80×0.4＝32명이다.
④ 전체에서 금전출납부의 기록, 미기록 비율은 각각 30%, 70%로, 기록 안 하는 비율이 기록하는 비율보다 높다.
⑤ 용돈을 받지 않는 중학생과 고등학생의 비율은 각각 12%, 20%로, 고등학생의 비율이 중학생의 비율보다 높다.

정답 ②

11 다음은 A공장에서 근무하는 근로자들의 임금수준 분포를 나타낸 자료이다. 근로자 전체에게 지급된 임금(월 급여)의 총액이 2억 원일 때, 〈보기〉 중 옳은 설명을 모두 고른 것은?

〈A공장 근로자의 임금수준 분포〉

임금수준(만 원)	근로자 수(명)
월 300 이상	4
월 270 이상 300 미만	8
월 240 이상 270 미만	12
월 210 이상 240 미만	26
월 180 이상 210 미만	30
월 150 이상 180 미만	6
월 150 미만	4
합계	90

보기

㉠ 근로자당 평균 월 급여액은 230만 원 이하이다.
㉡ 절반 이상의 근로자들이 월 210만 원 이상의 급여를 받고 있다.
㉢ 월 180만 원 미만의 급여를 받는 근로자의 비율은 약 14%이다.
㉣ 적어도 15명 이상의 근로자가 월 250만 원 이상의 급여를 받고 있다.

① ㉠
② ㉠, ㉡
③ ㉠, ㉡, ㉣
④ ㉡, ㉢, ㉣
⑤ ㉠, ㉡, ㉢, ㉣

12 다음은 우편 매출액에 대한 자료이다. 이에 대한 설명으로 옳지 않은 것은?

〈우편 매출액〉

(단위 : 백만 원)

구분	2019년	2020년	2021년	2022년	2023년				
					소계	1분기	2분기	3분기	4분기
일반통상	113	105	101	104	102	28	22	25	27
특수통상	52	57	58	56	52	12	15	15	10
소포우편	30	35	37	40	42	10	12	12	8
합계	195	197	196	200	196	50	49	52	45

① 매년 매출액이 가장 높은 분야는 일반통상 분야이다.

② 2023년 소포우편 분야의 2019년 대비 매출액 증가율은 60% 이상이다.

③ 2022년에는 일반통상 분야의 매출액이 전체의 50% 이상을 차지하고 있다.

④ 1년 집계를 기준으로 매년 매출액이 증가하고 있는 분야는 소포우편 분야뿐이다.

⑤ 2023년 1분기 매출액에서 특수통상 분야의 매출액이 차지하는 비중은 20% 이상이다.

13 다음은 국내 스포츠 경기 4종목의 경기 수에 대한 자료이다. 이에 대한 설명으로 옳지 않은 것은?

〈국내 스포츠 경기 수〉

(단위 : 회)

구분	2019년	2020년	2021년	2022년	2023년
농구	400	408	410	400	404
야구	470	475	478	474	478
배구	220	225	228	230	225
축구	230	232	236	240	235

① 2020년부터 2022년까지 경기 수가 증가하는 스포츠는 1종목이다.

② 2021년부터 2022년까지의 야구 평균 경기 수는 축구 평균 경기 수의 2배이다.

③ 2019년 농구와 배구의 경기 수 차이는 야구와 축구 경기 수 차이의 70% 이상이다.

④ 농구의 2020년 전년 대비 경기 수 증가율은 2023년 전년 대비 경기 수 증가율보다 높다.

⑤ 2023년 경기 수가 2021년부터 2022년까지의 종목별 평균 경기 수보다 많은 스포츠는 1종목이다.

14 다음은 2023년 연령대별 골다공증 진료 현황에 대한 자료이다. 이에 대한 설명으로 옳지 않은 것은?

〈연령대별 골다공증 진료 현황〉

(단위 : 천 명)

구분	전체	20대 이하	30대	40대	50대	60대	70대	80대 이상
남성	388	2	2	8	90	100	122	64
여성	492	1	5	26	103	164	133	60
합계	880	3	7	34	193	264	255	124

① 골다공증 진료율이 가장 높은 연령대는 남성과 여성이 같다.
② 전체 골다공증 진료 인원 중 40대 이하가 차지하는 비율은 5%이다.
③ 골다공증 발병이 진료로 이어진다면 여성의 발병률이 남성보다 높다.
④ 10대와 80대 이상을 제외한 모든 연령대에서 남성보다 여성이 많은 진료를 받았다.
⑤ 전체 골다공증 진료 인원 중 골다공증 진료 인원이 가장 많은 연령대는 60대로, 그 비율은 30%이다.

15 다음은 특정 기업 47개를 대상으로 제품전략, 기술개발 종류 및 기업형태별 기업 수를 조사한 자료이다. 이에 대한 설명으로 옳은 것은?

〈제품전략, 기술개발 종류 및 기업형태별 기업 수〉

(단위 : 개)

제품전략	기술개발 종류	기업형태	
		벤처기업	대기업
시장 견인	존속성 기술	3	8
	와해성 기술	7	9
기술 추동	존속성 기술	5	7
	와해성 기술	5	3

※ 각 기업은 한 가지 제품전략을 취하고 한 가지 종류의 기술을 개발함

① 와해성 기술을 개발하는 기업 중에는 벤처기업의 비율이 대기업의 비율보다 낮다.
② 대기업 중에서 시장 견인 전략을 취하는 기업의 비율은 기술추동전략을 취하는 기업의 비율보다 낮다.
③ 벤처기업 중에서 기술 추동 전략을 취하는 기업의 비율이 시장 견인 전략을 취하는 기업의 비율보다 높다.
④ 전체 기업 중에서 존속성 기술을 개발하는 기업의 비율은 와해성 기술을 개발하는 기업의 비율보다 낮다.
⑤ 기술 추동 전략을 취하는 기업 중에는 존속성 기술을 개발하는 기업의 비율이 와해성 기술을 개발하는 기업의 비율보다 낮다.

16 다음은 S사의 등급별 인원 비율 및 1인당 상여금에 대한 자료이다. 마케팅부서의 인원은 20명이고, 영업부서의 인원은 10명일 때, 이에 대한 설명으로 옳지 않은 것은?

<등급별 인원 비율 및 1인당 상여급>

(단위 : %, 만 원)

구분	S	A	B	C
인원 비율	10	30	40	20
1인당 상여급	500	420	300	200

① 마케팅부서에 지급되는 총 상여금은 6,720만 원이다.

② A등급 1인당 상여금은 B등급 1인당 상여금보다 40% 많다.

③ 영업부서 A등급의 인원은 마케팅부서 B등급의 인원보다 5명 적다.

④ 마케팅부서의 S등급 상여금을 받는 인원과 영업부서의 C등급 상여금을 받는 인원의 수가 같다.

⑤ 영업부서에 지급되는 S등급과 A등급의 상여금의 합은 B등급과 C등급의 상여금의 합보다 적다.

17 다음은 2019 ~ 2023년 A사의 경제 분야 투자규모에 대한 자료이다. 이에 대한 설명으로 옳지 않은 것은?

<A사의 경제 분야 투자규모>

(단위 : 억 원, %)

구분	2019년	2020년	2021년	2022년	2023년
경제 분야 투자규모	16	20	15	12	16
총지출 대비 경제 분야 투자규모 비중	6.5	7.5	8	7	5

① 2023년 총지출은 300억 원 이상이다.

② 2020년 경제 분야 투자규모의 전년 대비 증가율은 25%이다.

③ 2019 ~ 2023년 동안 경제 분야에 투자한 금액은 79억 원이다.

④ 2021년과 2022년의 경제 분야 투자규모의 전년 대비 감소율의 차이는 3%p이다.

⑤ 2020 ~ 2023년 동안 경제 분야 투자규모와 총지출 대비 경제 분야 투자규모 비중의 전년 대비 증감추이는 동일하지 않다.

18 다음은 S사 지원자의 인턴 및 해외연수 경험과 합격여부에 대한 자료이다. 이에 대한 〈보기〉의 설명 중 옳은 것을 모두 고르면?

〈S사 지원자의 인턴 및 해외연수 경험과 합격여부〉

(단위 : 명, %)

인턴 경험	해외연수 경험	합격여부		합격률
		합격	불합격	
있음	있음	95	400	19.2
	없음	25	80	23.8
없음	있음	0	5	0.0
	없음	15	130	10.3

※ 합격률(%) = $\dfrac{(합격자\ 수)}{(합격자\ 수)+(불합격자\ 수)} \times 100$

※ 합격률은 소수점 둘째 자리에서 반올림한 값임

보기

ㄱ. 해외연수 경험이 있는 지원자가 해외연수 경험이 없는 지원자보다 합격률이 높다.

ㄴ. 인턴 경험이 있는 지원자가 인턴 경험이 없는 지원자보다 합격률이 높다.

ㄷ. 인턴 경험과 해외연수 경험이 모두 있는 지원자 합격률은 인턴 경험만 있는 지원자 합격률의 2배 이상이다.

ㄹ. 인턴 경험과 해외연수 경험이 모두 없는 지원자와 인턴 경험만 있는 지원자 간 합격률 차이는 20%p보다 크다.

① ㄱ, ㄴ

② ㄱ, ㄷ

③ ㄴ, ㄷ

④ ㄱ, ㄴ, ㄹ

⑤ ㄴ, ㄷ, ㄹ

19 다음은 A지역 전체 가구를 대상으로 원자력발전소 사고 전·후 식수 조달원에 대해 사고 후 설문조사한 결과이다. 이에 대한 설명으로 옳은 것은?

〈원자력발전소 사고 전·후 A지역 식수 조달원별 가구 수〉

(단위 : 가구)

사고 전 조달원 \ 사고 후 조달원	수돗물	정수	약수	생수
수돗물	60	30	20	30
정수	10	80	10	30
약수	20	10	20	40
생수	10	10	10	70

※ A지역 가구의 식수 조달원은 수돗물, 정수, 약수, 생수로 구성되며, 각 가구는 한 종류의 식수 조달원만 이용함

① 사고 전에 식수 조달원으로 정수를 이용하는 가구 수가 가장 많다.
② 사고 전에 비해 사고 후에 이용 가구 수가 감소한 식수 조달원의 수는 3개이다.
③ 사고 전·후 식수 조달원을 변경한 가구 수는 전체 가구 수의 60% 이상이다.
④ 사고 전에 식수 조달원으로 정수를 이용하던 가구는 모두 사고 후에도 정수를 이용한다.
⑤ 각 식수 조달원 중에서 사고 전·후에 이용 가구 수의 차이가 가장 큰 것은 생수이다.

20 다음은 1 ~ 7월 서울 지하철 승차인원에 대한 자료이다. 이에 대한 설명으로 옳지 않은 것은?

〈1 ~ 7월 서울 지하철 승차인원〉

(단위 : 만 명)

구분	1월	2월	3월	4월	5월	6월	7월
1호선	818	731	873	831	858	801	819
2호선	4,611	4,043	4,926	4,748	4,847	4,569	4,758
3호선	1,664	1,475	1,807	1,752	1,802	1,686	1,725
4호선	1,692	1,497	1,899	1,828	1,886	1,751	1,725
5호선	1,796	1,562	1,937	1,910	1,939	1,814	1,841
6호선	1,020	906	1,157	1,118	1,164	1,067	1,071
7호선	2,094	1,843	2,288	2,238	2,298	2,137	2,160
8호선	550	480	593	582	595	554	572
합계	14,245	12,537	15,480	15,007	15,389	14,379	14,671

① 1~7월 중 3월의 전체 승차인원이 가장 많았다.

② 4호선을 제외한 7월의 호선별 승차인원은 전월보다 모두 증가하였다.

③ 8호선의 7월 승차인원은 1월 대비 3% 이상 증가하였다.

④ 2 ~ 7월 동안 2호선과 8호선의 전월 대비 증감 추이는 같다.

⑤ 3호선과 4호선의 승차인원 차이는 5월에 가장 컸다.

최종점검
모의고사

SK하이닉스 온라인 필기시험

| 도서 동형 온라인 실전연습 서비스 | ASXF-00000-9F4FA |

01   언어표현

※ 다음 제시된 단어의 유의어를 고르시오. [1~2]

01

무구하다

① 유장하다   ② 소박하다
③ 무한하다   ④ 다복하다
⑤ 화려하다

02

저속(低俗)

① 소박   ② 저급
③ 가난   ④ 통쾌
⑤ 품위

03

완비

① 불비   ② 우연
③ 필연   ④ 습득
⑤ 필시

04

영절스럽다

① 어색하다   ② 뻔뻔하다
③ 그럴듯하다   ④ 유별나다
⑤ 서먹서먹하다

05

오늘 나는 비번이다.

① 당번(當番)   ② 비근(卑近)
③ 비견(比肩)   ④ 번망(煩忙)
⑤ 야근(夜勤)

※ 다음 밑줄 친 부분과 같은 의미로 쓰인 것을 고르시오. [6~10]

06

> 소속팀의 예선 탈락 소식을 들은 그는 충격을 <u>받았다</u>.

① 갑자기 몰려드는 손님을 <u>받느라</u> 정신이 없다.
② 네가 원하는 요구 조건을 <u>받아</u> 주기 어렵다.
③ 그녀는 환경 연구 논문으로 학위를 <u>받았다</u>.
④ 그는 과도한 업무로 인해 많은 스트레스를 <u>받았다</u>.
⑤ 그녀는 밝은 색의 옷이 잘 <u>받는다</u>.

07

> 미세먼지 농도가 심한 날에는 꼭 마스크를 <u>써야</u> 한다.

① 많은 사람들이 황사 바람의 누런 먼지를 <u>쓰고</u> 걸어갔다.
② 그는 자신이 억울한 누명을 <u>썼다고</u> 주장했다.
③ 경찰서에 찾아가 사건에 대한 진술서를 <u>썼다</u>.
④ 며칠 아팠더니 입맛이 <u>써서</u> 맛있는 게 없다.
⑤ 잃어버렸던 안경을 찾아 <u>쓰자</u> 세상이 환해지는 느낌을 받았다.

08

> 그는 졸업하려면 <u>멀었지만</u>, 취직 준비에 여념이 없다.

① 그는 작년에 교통사고로 한쪽 눈이 <u>멀었다</u>.
② 우리 집에서 회사까지 걸어가기에는 너무 <u>멀다</u>.
③ 배탈이 나서 십 분이 <u>멀다</u> 하고 화장실을 들락거린다.
④ 오늘따라 남자친구가 <u>멀게만</u> 느껴졌다.
⑤ 사랑에 눈이 <u>멀어</u> 전 재산을 탕진했다.

09

> 모든 일에는 다 <u>때</u>가 있는 법이다.

① 아무 <u>때</u>나 방문해도 괜찮을까요?
② 반려동물을 위한 병원을 선택할 <u>때</u> 고려해야 할 점은 무엇인가?
③ <u>때</u>를 자주 거르면 소화 기능이 떨어질 수 있다.
④ 아직은 <u>때</u>가 아니므로 조용히 기다려야 한다.
⑤ 썰물 <u>때</u> 갯벌에 들어가기 전에는 반드시 밀물 시간을 확인해야 한다.

10

> 일시 중지 합의를 통해 시간을 <u>벌고</u> 문제 해결을 위한 중간지점을 모색해야 한다.

① 이번만큼 큰돈을 <u>벌</u> 수 있는 기회는 없다.
② 내일 저녁을 얻어먹기로 했으니 저녁값은 <u>벌겠어</u>.
③ 작은 말다툼 이후 둘의 사이가 <u>벌기</u> 시작했다.
④ 굳이 하지 않아도 되는 말을 해서 왜 매를 <u>벌어</u>?
⑤ 소작농 김 씨는 이번에 논 일곱 마지기를 <u>벌었다</u>.

11 다음 중 띄어쓰기가 바르게 된 것은?

① 철수가 떠난지가 한 달이 지났다.

② 얼굴도 예쁜 데다가 마음씨까지 곱다.

③ 허공만 바라볼뿐 아무 말도 하지 않았다.

④ 회의 중에는 잡담을 하지 마시오.

⑤ 그 일을 책임지기는 커녕 모른척 하기 바쁘다.

12 다음 중 띄어쓰기가 옳지 않은 것은?

① 애들은 놔두면 알아서 잘 큰다.

② 너도 할만큼 했다.

③ 먹지 못하고, 달리지 못한다.

④ 엄마의 새끼손가락은 유난히 작다.

⑤ 거짓말을 밥 먹듯이 한다.

13 다음 중 사이시옷 쓰임이 바르게 된 것은?

① 숫사슴　　　　　　　　② 선짓국

③ 양치물　　　　　　　　④ 전세집

⑤ 등교길

14 다음 중 밑줄 친 낱말이 맞춤법에 맞는 것은?

① 나는 보약을 먹어서 기운이 <u>뻗쳤다</u>.

② 가을이 되어 찬바람이 부니 몸이 <u>으시시</u> 추워진다.

③ 밤을 새우다시피 하며 시험을 <u>치루고</u> 나니 몸살이 났다.

④ 그는 항상 퇴근하기 전에 자물쇠로 서랍을 단단히 <u>잠궜다</u>.

⑤ 그의 초라한 모습이 내 호기심에 불을 <u>땅겼다</u>.

15 다음 문장 중 어법에 맞는 것은?

① 그 나라에 가기 전에 풍토병 예방 알약이나 백신을 맞아야 한다.

② 그 단체는 인재 양성과 국가 정책 개발을 위해 만들어졌다.

③ 김 군은 심도 있는 철학책 독서에 최 군은 운동을 열심히 해야 한다.

④ 나를 위해 시 낭송이나 노래를 부르는 등 특별한 행사는 자제하는 게 좋겠네.

⑤ 조금 가시다가 오른쪽으로 우회전 하십시오.

※ 다음 제시된 낱말의 대응 관계로 볼 때 빈칸에 들어가기에 적절한 것을 고르시오. [16~22]

16

개선 : 수정 = 긴요 : ( )

① 긴밀　　　　　　　　② 중요
③ 경중　　　　　　　　④ 사소
⑤ 간과

17

막상막하 : 난형난제 = 사필귀정 : ( )

① 과유불급　　　　　　② 고장난명
③ 다기망양　　　　　　④ 인과응보
⑤ 교각살우

18

영국 : 런던 = 이탈리아 : ( )

① 바티칸　　　　　　　② 유럽
③ 뉴욕　　　　　　　　④ 로마
⑤ 시애틀

19

( ) : 감추다 = ( ) : 지키다

① 비밀, 약속　　　　　② 마음, 하늘
③ 눈물, 웃음　　　　　④ 문, 집
⑤ 약점, 강점

20

( ) : 눈 = ( ) : 장마

① 썰매, 서리　　　　　　　② 눈사람, 홍수
③ 겨울, 여름　　　　　　　④ 추위, 더위
⑤ 얼음, 물

21

( ) : 곤충=( ) : 운동

① 비둘기, 심판　　　　　　② 잠자리, 축구
③ 메뚜기, 경기　　　　　　④ 개구리, 운동장
⑤ 메뚜기, 체육

22

명절 : ( )=양식 : ( )

① 추석, 어묵　　　　　　　② 설날, 스테이크
③ 세배, 짬뽕　　　　　　　④ 새해, 불고기
⑤ 광복절, 우동

※ 제시된 9개의 단어 중 3개의 단어를 통해 공통적으로 연상되는 단어를 고르시오. [23~26]

23

외상	여름	빛
교육	채무	다리미
병	선풍기	부채

① 빚
② 의무
③ 바람
④ 손상
⑤ 전기

24

설계	실수	구분
핑계	요청	벌칙
분담	경고	구실

① 주의
② 계획
③ 역할
④ 지원
⑤ 변명

25

보험	심부름	적응
건물	사망	감사
재무	저승	호소

① 상속
② 회계
③ 타계
④ 설계
⑤ 사자

26

남자	운동	시간
주근깨	빛	자유
식민지	사진	눈

① 자신감
② 독립
③ 태권도
④ 해
⑤ 흑백

※ 다음 제시된 단어에서 공통으로 연상할 수 있는 단어를 고르시오. [27~30]

27

영웅   급소   뒤꿈치

① 파라오   ② 아킬레우스
③ 헤라클레스   ④ 카이사르
⑤ 클레오파트라

28

자리   투정   꿈

① 꾀   ② 비
③ 잠   ④ 가면
⑤ 신화

29

옥토버페스트   소시지   베를린

① 독일   ② 수도
③ 쐐기   ④ 갈매기
⑤ 올림픽

30

카오스 이론   호접몽   푸치니

① 학   ② 제비
③ 나비   ④ 장자
⑤ 숭어

01 다음 기사문의 제목으로 가장 적절한 것은?

> 정부는 '미세먼지 저감 및 관리에 관한 특별법(이하 미세먼지 특별법)' 제정·공포안이 의결돼 내년 2월부터 시행된다고 밝혔다. 미세먼지 특별법은 그동안 수도권 공공·행정기관을 대상으로 시범·시행한 '고농도 미세먼지 비상저감조치'의 법적 근거를 마련했다. 이로 인해 미세먼지 관련 정보와 통계의 신뢰도를 높이기 위해 국가 미세먼지 정보센터를 설치하게 되고, 이에 따라 시·도지사는 미세먼지 농도가 비상저감조치 요건에 해당하면 자동차 운행을 제한하거나 대기오염물질 배출시설의 가동시간을 변경할 수 있다. 또한 비상저감조치를 시행할 때 관련 기관이나 사업자에 휴업, 탄력적 근무제도 등을 권고할 수 있게 되었다. 이와 함께 환경부 장관은 관계 중앙행정기관이나 지방자치단체의 장, 시설운영자에게 대기오염물질 배출시설의 가동률 조정을 요청할 수도 있다.
>
> 미세먼지 특별법으로 시·도지사, 시장, 군수, 구청장은 어린이나 노인 등이 이용하는 시설이 많은 지역을 '미세먼지 집중관리 구역'으로 지정해 미세먼지 저감 사업을 확대할 수 있게 되었다. 그리고 집중관리 구역 내에서는 대기오염 상시 측정망 설치, 어린이 통학 차량의 친환경 차 전환, 학교 공기 정화시설 설치, 수목 식재, 공원 조성 등을 위한 지원이 우선적으로 이뤄지게 된다.
>
> 국무총리 소속의 '미세먼지 특별대책위원회'와 이를 지원하기 위한 '미세먼지 개선기획단'도 설치된다. 국무총리와 대통령이 지명한 민간위원장은 위원회의 공동위원장을 맡는다. 위원회와 기획단의 존속기간은 5년으로 설정했으며 연장하려면 만료되기 1년 전에 그 실적을 평가해 국회에 보고하게 된다.
>
> 아울러 정부는 5년마다 미세먼지 저감 및 관리를 위한 종합계획을 수립하고 시·도지사는 이에 따른 시행계획을 수립하고 추진 실적을 매년 보고하도록 했다. 또한 미세먼지 특별법은 입자의 지름이 $10\mu m$ 이하인 먼지는 '미세먼지', $2.5\mu m$ 이하인 먼지는 '초미세먼지'로 구분하기로 확정했다.

① 미세먼지와 초미세먼지 구분 방법

② 미세먼지 특별대책위원회의 역할

③ 미세먼지 집중관리 구역 지정 방안

④ 미세먼지 특별법의 제정과 시행

⑤ 미세먼지 저감을 위한 대기오염 상시 측정망의 효과

02 다음은 삼계탕을 소개하는 기사이다. (가) ~ (마) 문단의 핵심 주제로 적절하지 않은 것은?

> (가) 사육한 닭에 대한 기록은 청동기 시대부터이지만, 삼계탕에 대한 기록은 조선시대 문헌에서조차 찾기 힘들다. 조선시대의 닭 요리는 닭백숙이 일반적이었으며 일제강점기에 들어서면서 부잣집에서 닭백숙, 닭국에 가루 형태의 인삼을 넣는 삼계탕이 만들어졌다. 지금의 삼계탕 형태는 1960년대 이후부터 시작되었으며 대중화된 것은 1970년대 이후부터이다. 삼계탕은 주재료가 닭이고 부재료가 인삼이었기에 본래 '계삼탕'으로 불렸다. 그러다가 닭보다 인삼이 귀하다는 인식이 생기면서부터 지금의 이름인 '삼계탕'으로 불리기 시작했다.
>
> (나) 삼계탕은 보통 삼복에 즐겨 먹는데 삼복은 일 년 중 가장 더운 기간으로, 땀을 많이 흘리고 체력 소모가 큰 여름에 몸 밖이 덥고 안이 차가우면 위장 기능이 약해져 기력을 잃고 병을 얻기 쉽다. 이러한 여름철에 닭과 인삼은 열을 내는 음식으로 따뜻한 기운을 내장 안으로 불어넣고 더위에 지친 몸을 회복하는 효과가 있다.
>
> (다) 삼계탕과 닭백숙은 조리법에 큰 차이는 없지만 사용되는 닭이 다르다. 백숙은 육계(고기용 닭)나 10주령 이상의 2kg 정도인 토종닭을 사용한다. 반면, 삼계탕용 닭은 28 ~ 30일 키운 800g 정도의 영계(어린 닭)를 사용한다.
>
> (라) 삼계탕에 대한 속설 중 잘못 알려진 속설에는 '대추는 삼계탕 재료의 독을 빨아들이기 때문에 먹으면 안 된다.'는 것이 있는데, 대추는 삼계탕 재료의 독이 아닌 국물을 빨아들이는 것에 불과하므로 대추를 피할 필요는 없다.
>
> (마) 이처럼 삼계탕에 들어가는 닭과 인삼은 따뜻한 성질을 가진 식품이지만 체질적으로 몸에 열이 많은 사람은 인삼보다 황기를 넣거나 차가운 성질인 녹두를 더해 몸속의 열을 다스리는 것도 좋다. 또한 여성의 경우 수족냉증, 생리불순, 빈혈, 변비에 효과가 있는 당귀를 삼계탕에 넣는 것도 좋은 방법이다.

① (가) : 삼계탕의 유래
② (나) : 삼계탕과 삼복의 의미
③ (다) : 삼계탕과 닭백숙의 차이
④ (라) : 삼계탕의 잘못된 속설
⑤ (마) : 삼계탕과 어울리는 재료

03

(가) 교정 중에는 치아뿐 아니라 교정장치를 부착하고 있기 때문에 교정장치까지 닦아주어야 하는데요. 교정용 칫솔은 가운데 홈이 있어 장치와 치아를 닦을 수 있는 칫솔을 선택하게 되고, 가운데 파여진 곳을 교정장치에 위치시킨 후 옆으로 왔다 갔다 전체적으로 닦아줍니다. 그다음 칫솔을 비스듬히 하여 장치의 위아래를 꼼꼼하게 닦아줍니다.

(나) 치아를 가지런하게 하기 위해 교정하시는 분들 중에 간혹 교정 중에 칫솔질이 잘 되지 않아 충치가 생기고 잇몸이 내려가 버리는 경우를 종종 보곤 합니다. 그러므로 교정 중에는 더 신경 써서 칫솔질을 해야 하죠.

(다) 마지막으로 칫솔질을 할 때 잊지 말아야 할 것은 우리 입안에 치아만 있는 것이 아니므로 혀와 잇몸에 있는 플라그들도 제거해 주셔야 입 냄새도 예방할 수 있다는 것입니다. 올바른 칫솔질 방법으로 건강한 치아를 잘 유지하시길 바랍니다.

(라) 또 장치 때문에 닦이지 않는 부위는 치간 칫솔을 이용해 위아래 오른쪽 왼쪽 넣어 잘 닦아줍니다. 치실은 치아에 C자 모양으로 감아준 후 치아 방향으로 쓸어내려 줍니다. 그리고 교정 중에는 워터픽이라는 물 분사 장치를 이용해 양치해 주시는 것도 많은 도움이 됩니다. 잘하실 수 있으시겠죠?

① (가) – (나) – (라) – (다)   ② (가) – (다) – (나) – (라)
③ (가) – (라) – (나) – (다)   ④ (나) – (가) – (라) – (다)
⑤ (나) – (라) – (다) – (가)

04

(가) 밥상에 오르는 곡물이나 채소가 국내산이라고 하면 보통 그 종자도 우리나라의 것이라고 생각하기 쉽다.

(나) 심지어 청양고추 종자는 우리나라에서 개발했음에도 현재는 외국 기업이 그 소유권을 가지고 있으며 국내 채소 종자 시장의 경우 종자 매출액의 50% 가량을 외국 기업이 차지하고 있다는 조사 결과도 있다.

(다) 하지만 실상은 많은 작물의 종자를 수입하고 있으며 양파, 토마토, 배 등의 종자 자급률은 약 16%, 포도는 약 1%에 불과할 정도로 자급률이 매우 낮다.

(라) 이런 상황이 지속될 경우, 우리의 종자를 심고 키우기 어려워질 것이고, 종자를 수입하거나 로열티를 지급하는 데 지금보다 훨씬 많은 비용이 들어가는 상황이 발생할 수도 있다.

① (가) – (나) – (다) – (라)   ② (가) – (다) – (나) – (라)
③ (가) – (라) – (나) – (다)   ④ (나) – (다) – (라) – (가)
⑤ (나) – (라) – (다) – (가)

05 다음 글의 내용으로 적절하지 않은 것은?

> 브이로그(Vlog)란 비디오(Video)와 블로그(Blog)의 합성어로, 블로그처럼 자신의 일상을 영상으로 기록하는 것을 말한다. 이전까지 글과 사진을 중심으로 남기던 일기를 이제는 한 편의 영상으로 남기는 것이다.
> 1인 미디어 시대는 포털사이트의 블로그 서비스, 싸이월드가 제공했던 '미니홈피' 서비스 등을 통해 시작되었다. 사람들은 자신만의 공간에서 일상을 기록하거나 특정 주제에 대한 의견을 드러냈다. 그러다 동영상 공유 사이트인 유튜브(Youtube)가 등장하였고, 스마트폰 사용이 보편화됨에 따라 일상생활을 담은 브이로그가 인기를 얻기 시작했다.
> '브이로거'는 이러한 브이로그를 하는 사람으로, 이들은 다른 사람들과 같이 공유하고 싶거나 기억하고 싶은 일상의 순간들을 영상으로 남겨 자신의 SNS에 공유한다. 이를 통해 영상을 시청하는 사람들은 '저들도 나와 다르지 않다.'는 공감을 하고, 자신이 경험하지 못한 일을 간접적으로 경험하면서 대리만족을 느낀다.

① 블로그 서비스 등을 통해 1인 미디어 시대가 시작되었다.
② 브이로거는 공감과 대리만족을 느끼기 위해 브이로그를 한다.
③ 유튜브의 등장과 스마트폰의 보편화가 브이로그의 인기를 높였다.
④ 브이로그란 이전에 문자로 기록한 일상을 영상으로 기록하는 것이다.
⑤ 자신의 일상을 기록한 영상을 다른 사람들과 공유하는 사람을 브이로거라고 한다.

06 다음 글의 주장에 대한 반박으로 가장 적절한 것은?

> 현금 없는 사회로의 이행은 바람직하다. 현금 없는 사회에서는 카드나 휴대전화 등을 이용한 비현금 결제 방식을 통해 모든 거래가 이루어질 것이다. 현금 없는 사회에서 사람들은 불편하게 현금을 들고 다니지 않아도 되고 잔돈을 주고받기 위해 기다릴 필요가 없다. 그리고 언제 어디서든 편리하게 거래를 할 수 있다. 또한 매년 새로운 화폐를 제조하기 위해 1,000억 원 이상의 많은 비용이 소요되는데, 현금 없는 사회에서는 이 비용을 절약할 수 있어 경제적이다. 마지막으로 현금 없는 사회에서는 자금의 흐름을 보다 정확하게 파악할 수 있다. 이를 통해 경제 흐름을 예측하고 실질적인 정책들을 수립할 수 있어 공공의 이익에도 기여할 수 있다.

① 비현금 결제는 빈익빈 부익부 현상을 강화하여 사회위화감을 조성할 것이다.
② 다양한 비현금 결제 방식을 상황에 맞게 선택한다면 거래에 제약은 없을 것이다.
③ 개인의 선택의 자유가 확대될 수 있으므로 비현금 결제는 공공이익에 부정적 영향을 미칠 수 있다.
④ 비현금 결제 방식에 필요한 시스템을 구축하는 데 많은 비용이 소요될 수 있으므로 경제적이라고 할 수 없다.
⑤ 비현금 결제 방식에 필요한 시스템을 구축하는 데 필요한 비용은 우리나라에 이미 구축되어 있는 정보통신 기반 시설을 활용한다면 상당 부분 절감할 수 있다.

07 다음 글의 서술 방식으로 가장 적절한 것은?

> 변혁적 리더십은 리더가 조직 구성원의 사기를 고양하기 위해 미래의 비전과 공동체적 사명감을 강조하고, 이를 통해 조직의 장기적 목표를 달성하는 것을 핵심으로 한다. 거래적 리더십이 협상과 교환을 통해 구성원의 동기를 부여한다면, 변혁적 리더십은 구성원의 변화를 통해 동기를 부여하고자 한다. 또한 거래적 리더십은 합리적 사고와 이성에 호소하는 반면, 변혁적 리더십은 감정과 정서에 호소하는 측면이 크다.
>
> 이러한 변혁적 리더십은 조직의 합병을 주도하고 신규 부서를 만들어 내며 조직문화를 창출해 내는 등 조직 변혁을 주도하고 관리한다. 따라서 오늘날 급변하는 환경과 조직의 실정에 적합한 리더십 유형으로 주목받고 있다.
>
> 변혁적 리더는 주어진 목적의 중요성과 의미에 대한 구성원의 인식 수준을 제고시키고, 개인적 이익을 넘어서 구성원 자신과 조직 전체의 이익을 위해 일하도록 만든다. 그리고 구성원의 욕구 수준을 상위수준으로 끌어올림으로써 구성원을 근본적으로 변혁시킨다. 즉, 거래적 리더십을 발휘하는 리더는 구성원에게서 기대되었던 성과만을 얻어내지만, 변혁적 리더는 기대 이상의 성과를 얻어낼 수 있다.

① 대상에 대한 여러 가지 견해를 소개한다.

② 구체적 현상을 분석하여 일반적 원리를 도출한다.

③ 시간적 순서에 따라 개념이 형성되어 가는 과정을 밝힌다.

④ 다른 대상과의 비교를 통해 대상이 지닌 특징을 설명한다.

⑤ 개념의 이해를 돕기 위해 친근한 대상을 예로 들어 설명한다.

08 다음 중 밑줄 친 빈칸에 들어갈 내용으로 가장 적절한 것은?

> 오존구멍을 비롯해 성층권의 오존이 파괴되면 어떤 문제가 생길까. 지표면에서 오존은 강력한 산화 물질로 호흡기를 자극하는 대기오염물질로 분류되지만, 성층권에서는 자외선을 막아주기 때문에 두 얼굴을 가진 물질로 불리기도 한다. 오존층은 강렬한 태양 자외선을 막아주는 역할을 하는데, 오존 층이 얇아지면 자외선이 지구 표면까지 도달하게 된다.
>
> 사람의 경우 자외선에 노출되면 백내장과 피부암 등에 걸릴 위험이 커진다. 강한 자외선이 각막을 훼손하고 세포 DNA에 이상을 일으키기 때문이다. DNA 염기 중 티민(Thymine, T) 두 개가 나란히 있는 경우 자외선에 의해 티민 두 개가 한데 붙어버리는 이상이 발생하고, 세포분열 때 DNA가 복제 되면서 다른 염기가 들어가고, 이것이 암으로 이어질 수 있다.
>
> 한때 '사이언스'는 극지방 성층권의 오존구멍은 줄었지만, 많은 인구가 거주하는 중위도 지방에서는 오히려 오존층이 얇아졌다고 지적했다. 중위도 성층권에서도 상층부는 오존층이 회복되고 있지만, 저층부는 얇아졌다는 것이다. 오존층이 얇아지면 더 많은 자외선이 지구 표면에 도달하여 사람들 사이에서 피부암이나 백내장 발생 위험이 커지게 된다. 즉, _____

① 극지방 성층권의 오존구멍을 줄이는 데 정부는 더 많은 노력을 기울여야 한다.

② 인구가 많이 거주하는 지역일수록 오존층의 파괴가 더욱 심하게 나타난다는 것이다.

③ 대기오염물질로 분류되는 오존이라도 지표면에 적절하게 존재해야 사람들의 피해를 막을 수 있다.

④ 극지방의 오존구멍보다 중위도 저층부에서 얇아진 오존층이 더 큰 피해를 가져올 수도 있는 셈이다.

⑤ 극지방의 파괴된 오존층으로 인해 사람들이 더 많은 자외선에 노출되고, 세포 DNA에 이상이 발생한다.

다음 글을 읽고 추론한 내용으로 가장 적절한 것은?

> '쓰는 문화'가 책의 문화에서 가장 우선이다. 쓰는 이가 없이는 책이 나올 수가 없다. 그러나 지혜를 많이 갖고 있다는 것과 그것을 글로 옮길 줄 아는 것은 별개의 문제이다. 엄격하게 이야기해서 지혜는 어떤 한 가지 일에 지속적으로 매달린 사람이면 누구나 머릿속에 쌓아두고 있는 것이다. 하지만 그것을 글로 옮기기 위해서는 특별하고도 고통스러운 훈련이 필요하다. 생각을 명료하게 정리하고 글 맥을 이어갈 줄 알아야 하며, 줄기찬 노력을 바칠 준비가 되어있어야 한다. 모든 국민이 책 한 권을 남길 수 있을 만큼 쓰는 문화가 발달한 사회가 도래하면, 그때에는 지혜의 르네상스가 가능할 것이다.
> '읽는 문화'의 실종, 그것이 바로 현대의 특징이다. 신문의 판매 부수가 날로 떨어져 가는 반면에 텔레비전의 시청률은 날로 증가하고 있다. 깨알 같은 글로 구성된 200쪽 이상의 책보다 그림과 여백이 압도적으로 많이 들어간 만화책 같은 것이 늘어나고 있다. 보는 문화가 읽는 문화를 대체해 가고 있다. 읽는 일에는 피로가 동반되지만 보는 놀이에는 휴식이 따라온다. 일을 저버리고 놀이만 좇는 문화가 범람하고 있지 않은가. 보는 놀이가 머리를 비게 하는 것은 너무나 당연하다. 읽는 일이 장려되지 않는 한 생각 없는 사회로 치달을 수밖에 없다. 책의 문화는 바로 읽는 일과 직결되며, 생각하는 사회를 만드는 지름길이다.

① 고통스러운 훈련을 견뎌야 지혜로운 사람이 될 수 있다.
② 사람들이 텔레비전을 많이 볼수록 생각하는 시간이 적어진다.
③ 만화책은 내용과 관계없이 그림의 수준이 높을수록 더 많이 판매된다.
④ 지혜로운 사람이 그렇지 않은 사람보다 더 논리적으로 글을 쓸 수 있다.
⑤ 텔레비전을 많이 보는 사람은 그렇지 않은 사람보다 신문을 적게 읽는다.

10 다음 중 '사회적 경제'의 개념으로 적절하지 않은 것은?

> 자연과 공존을 중시하며 환경오염, 기후변화, 자원부족 등을 극복하기 위한 노력이 증대되고 있다. 또한 자본주의 시장경제의 전개 과정에서 발생한 다양한 사회문제에 대응하여 대안적 삶을 모색하고 공생사회를 지향하는 가치관이 확산되고 있다. 이러한 흐름 속에서 부상한 사회적 경제는 이윤의 극대화를 최고 가치로 삼는 시장경제와 달리, 사람의 가치에 우위를 두는 사람 중심의 경제활동이자, 여러 경제주체를 존중하는 다양성의 경제이다. 사회적 경제는 국가, 시장, 공동체의 중간 영역으로 정의되기도 한다. 이러한 정의는 사회적 경제가 공식 경제와 비공식 경제, 영리와 비영리, 공과 사의 경계에 존재함을 의미하고, 궁극적으로 국가공동체가 새로운 거버넌스의 원리에 따라 재구성되어야 한다는 것을 의미한다.
>
> 최근 들어 우리 사회뿐만 아니라 세계적 흐름으로 발전하고 있는 사회적 경제는 시장경제에 위기가 도래하면 부상하고, 그 위기가 진정되면 가라앉는 특징을 보인다. 복지국가 담론에 대한 회의 혹은 자본주의 시장 실패에 대한 대안이나 보완책으로 자주 거론되고 있다. 또한, 양극화 해소나 일자리 창출 등의 공동이익과 사회적 가치의 실현을 위한 상호협력과 사회연대라는 요구와 관련된다.

① 기존의 복지국가 담론
② 자본주의 시장 실패의 대안 모델
③ 공식 경제와 비공식 경제의 경계
④ 사람의 가치를 존중하는 사람 중심의 경제
⑤ 상호협력과 사회연대를 바탕으로 한 경제적 활동

※ 다음 명제가 모두 참일 때, 빈칸에 들어갈 명제로 가장 적절한 것을 고르시오. [11~14]

11

> • 자차가 없으면 대중교통을 이용한다.
> • _____
> • 자차가 없으면 출퇴근 비용을 줄일 수 있다.

① 자차가 있으면 출퇴근 비용이 줄어든다.
② 대중교통을 이용하려면 자차가 있어야 한다.
③ 대중교통을 이용하면 출퇴근 비용이 줄어든다.
④ 출퇴근 비용을 줄이려면 자차가 있어야 한다.
⑤ 자차가 없으면 출퇴근 비용을 줄일 수 없다.

12

> • 등산을 자주 하면 폐활량이 좋아진다.
> • 폐활량이 좋아지면 오래 달릴 수 있다.
> • _____

① 등산을 자주 하면 오래 달릴 수 있다.
② 오래 달릴 수 있으면 등산을 자주 할 수 있다.
③ 폐활량이 좋아지면 등산을 자주 할 수 있다.
④ 등산을 자주 하면 오래 달릴 수 없다.
⑤ 오래 달릴 수 있으면 폐활량이 좋아진다.

13

> • 공부를 하지 않으면 시험을 못 본다.
> • _____
> • 공부를 하지 않으면 성적이 나쁘게 나온다.

① 공부를 한다면 시험을 잘 본다.
② 시험을 잘 본다면 공부를 한 것이다.
③ 성적이 좋다면 공부를 한 것이다.
④ 시험을 잘 본다면 성적이 좋은 것이다.
⑤ 성적이 좋다면 시험을 잘 본 것이다.

14

> • 회계팀의 팀원은 모두 회계 관련 자격증을 가지고 있다.
> • _____
> • 돈 계산이 빠르지 않은 사람은 회계팀이 아니다.

① 회계팀이 아닌 사람은 돈 계산이 빠르다.
② 돈 계산이 빠른 사람은 회계 관련 자격증을 가지고 있다.
③ 회계팀이 아닌 사람은 회계 관련 자격증을 가지고 있지 않다.
④ 돈 계산이 빠르지 않은 사람은 회계 관련 자격증을 가지고 있다.
⑤ 돈 계산이 빠르지 않은 사람은 회계 관련 자격증을 가지고 있지 않다.

15 다음 명제가 모두 참일 때, 반드시 참인 명제는?

> • 서로 다른 밝기 등급(1 ~ 5등급)을 가진 A ~ E별의 밝기를 측정하였다.
> • 1등급이 가장 밝은 밝기 등급이다.
> • A별은 가장 밝지도 않고, 두 번째로 밝지도 않다.
> • B별은 C별보다 밝고, E별보다 어둡다.
> • C별은 D별보다 밝고, A별보다 어둡다.
> • E별은 A별보다 밝다.

① A별의 밝기 등급은 4등급이다.
② A ~ E별 중 B별이 가장 밝다.
③ 어느 별이 가장 밝은지 확인할 수 없다.
④ 어느 별이 가장 어두운지 확인할 수 없다.
⑤ 별의 밝기 등급에 따라 순서대로 나열하면 'E − B − A − C − D'이다.

16 다음 중 수영, 슬기, 경애, 정서, 민경의 머리 길이가 서로 다르다고 할 때, 바르게 추론한 것은?

> • 수영이는 단발머리로 슬기와 경애의 머리보다 짧다.
> • 정서의 머리는 수영보다 길지만, 슬기보다는 짧다.
> • 경애의 머리는 정서보다 길지만, 슬기보다는 짧다.
> • 민경의 머리는 경애보다 길지만, 다섯 명 중에 가장 길지는 않다.

① 경애는 단발머리이다.
② 슬기의 머리가 가장 길다.
③ 민경의 머리는 슬기보다 길다.
④ 수영의 머리가 다섯 명 중 가장 짧지는 않다.
⑤ 머리가 긴 순서대로 나열하면 '슬기 – 정서 – 민경 – 경애 – 수영'이다.

17 S사에 근무 중인 A ~ D사원 4명 중 1명이 주임으로 승진하였다. 다음 대화에서 1명만 진실을 말하고 있을 때, 주임으로 승진한 사람은?

> • A사원 : B사원이 주임으로 승진했대.
> • B사원 : A사원이 주임으로 승진했어.
> • C사원 : D사원의 말은 참이야.
> • D사원 : C사원과 B사원 중 한 명 이상이 주임으로 승진했어.

① A사원
② B사원
③ C사원
④ D사원
⑤ 없음

18 A ~ E 5명이 강남, 여의도, 상암, 잠실, 광화문 5개 지역에 각각 출장을 간다. 다음 대화에서 1명은 거짓말을 하고 나머지 4명은 진실을 말하고 있을 때, 항상 거짓인 것은?

- A : B는 상암으로 출장을 가지 않아.
- B : D는 강남으로 출장을 가.
- C : B는 진실을 말하고 있어.
- D : C는 거짓말을 하고 있어.
- E : C는 여의도, A는 잠실로 출장을 가.

① A는 광화문으로 출장을 가지 않는다.

② B는 여의도로 출장을 가지 않는다.

③ C는 강남으로 출장을 가지 않는다.

④ D는 잠실로 출장을 가지 않는다.

⑤ E는 상암으로 출장을 가지 않는다.

Easy

19 방역당국은 국가 전염병 확진 판정을 받은 확진자의 동선을 파악하기 위해 역학조사를 실시하였고, 지인 A ~ F 6명에 대하여 다음과 같은 정보를 확인하였다. 항상 참인 것은?

- C나 D를 만났으면 A와 B를 만났다.
- B나 E를 만났으면 F를 만났다.
- C와 E 중 한 명만 만났다.

① 확진자는 A를 만났다.

② 확진자는 B를 만났다.

③ 확진자는 C를 만났다.

④ 확진자는 E를 만났다.

⑤ 확진자는 F를 만났다.

20 주방에 요리사 철수와 설거지 담당 병태가 있다. 요리에 사용되는 접시는 하나의 탑처럼 순서대로 쌓여 있다. 철수는 이 접시 탑의 맨 위에 있는 접시부터 하나씩 사용하고, 병태는 설거지한 접시를 탑의 맨 위에 하나씩 쌓는다. 철수와 병태는 (가), (나), (다), (라) 작업을 차례대로 수행하였다. 철수가 (라) 작업을 완료한 이후 접시 탑의 맨 위에 있는 접시는?

- (가) 작업 : 병태가 시간 순서대로 접시 A, B, C, D를 접시 탑에 쌓는다.
- (나) 작업 : 철수가 접시 한 개를 사용한다.
- (다) 작업 : 병태가 시간 순서대로 접시 E, F를 접시 탑에 쌓는다.
- (라) 작업 : 철수가 접시 세 개를 순차적으로 사용한다.

① A접시   ② B접시
③ C접시   ④ D접시
⑤ E접시

※ 다음 식을 계산한 값을 구하시오. [1~5]

01

$$543 + 34 \times 34 - 354$$

① 945 ② 1,045
③ 1,145 ④ 1,245
⑤ 1,345

02

$$255 + 476 + 347 + 107$$

① 1,085 ② 1,185
③ 1,285 ④ 1,385
⑤ 1,485

03

$$41 + 414 + 4,141 - 141$$

① 4,055 ② 4,155
③ 4,255 ④ 4,355
⑤ 4,455

04

$$777 - 666 + 555 - 444$$

① 212   ② 222
③ 232   ④ 242
⑤ 252

05

$$457 + 55 \times 429 \div 33$$

① 1,142   ② 1,152
③ 1,162   ④ 1,172
⑤ 1,182

06 지름이 15cm인 톱니바퀴와 지름이 27cm인 톱니바퀴가 서로 맞물려 돌아가고 있다. 큰 톱니바퀴가 분당 10바퀴를 돌았다면, 작은 톱니바퀴는 분당 몇 바퀴를 돌았겠는가?

① 16바퀴   ② 17바퀴
③ 18바퀴   ④ 19바퀴
⑤ 20바퀴

07 현재 아버지의 나이는 35세, 아들은 10세이다. 아버지 나이가 아들 나이의 2배가 되는 것은 몇 년 후인가?

① 5년 후 ② 10년 후
③ 15년 후 ④ 20년 후
⑤ 25년 후

08 원가의 20%를 추가한 금액을 정가로 하는 제품을 15% 할인해서 50개를 판매한 금액이 127,500원일 때, 이 제품의 원가는?

① 1,500원 ② 2,000원
③ 2,500원 ④ 3,000원
⑤ 3,500원

09 A는 서울에 살고 B는 부산에 산다. 두 사람은 만나기 위해 자동차를 타고 A는 80km/h의 속력으로, B는 100km/h의 속력으로 서로를 향해 출발했다. 두 사람이 동시에 출발하여 2시간 후에 만났다면 서울과 부산 사이의 거리는?

① 260km ② 280km
③ 300km ④ 320km
⑤ 360km

10 농도 6%의 소금물과 농도 9%의 소금물을 섞어 농도 7%의 소금물 300g을 만들었을 때, 농도 9%의 소금물은 몇 g이 필요한가?

① 100g ② 150g
③ 200g ④ 250g
⑤ 300g

11 A배와 B배가 동시에 같은 방향으로 진행하고 있다. A배는 시속 80km, B배은 시속 160km로 달리는데 B배가 탐사을 위해 A배를 떠나서 3시간 후에 다시 A배에 돌아오려고 한다. B배가 A배를 떠난 뒤 얼마 후에 A배를 향하여 되돌아와야 하는가?

① 1시간 28분 후
② 1시간 47분 후
③ 2시간 후
④ 2시간 15분 후
⑤ 2시간 27분 후

12 서로 다른 2개의 주사위 A, B를 동시에 던졌을 때, 나온 눈의 곱이 홀수일 확률은?

① $\dfrac{1}{4}$
② $\dfrac{1}{5}$
③ $\dfrac{1}{6}$
④ $\dfrac{1}{8}$
⑤ $\dfrac{1}{10}$

13 A가 혼자하면 4일, B가 혼자하면 6일 걸리는 일이 있다. A가 먼저 2일 동안 일을 하고 남은 양을 B가 끝마치려 한다. B는 며칠 동안 일을 해야 하는가?

① 2일
② 3일
③ 4일
④ 5일
⑤ 6일

14 A ~ G의 7명의 사람이 일렬로 설 때, A와 G는 서로 맨 끝에 서고, C, D, E는 서로 이웃하여 서는 경우의 수는?

① 24가지
② 36가지
③ 48가지
④ 60가지
⑤ 72가지

15 S여행사는 올해에도 크리스마스 행사로 경품추첨을 진행하려 한다. 작년에는 제주도 숙박권 10명, 여행용 파우치 20명을 추첨해 경품을 주었으며, 올해는 작년보다 제주도 숙박권은 20%, 여행용 파우치는 10% 더 많이 준비했다. 올해 경품을 받는 인원은 작년보다 몇 명 더 많은가?

① 1명
② 2명
③ 3명
④ 4명
⑤ 5명

16 10,000원으로 사과와 배를 사려고 한다. 사과 1개의 가격은 300원, 배 1개의 가격은 500원이다. 배를 3개 사려고 할 때, 사과는 최대 몇 개까지 살 수 있는가?

① 27개
② 28개
③ 29개
④ 30개
⑤ 31개

17 남학생 4명과 여학생 3명을 원형 모양의 탁자에 앉힐 때, 여학생 3명이 이웃해서 앉을 확률은?

① $\dfrac{1}{21}$
② $\dfrac{1}{20}$
③ $\dfrac{1}{15}$
④ $\dfrac{1}{7}$
⑤ $\dfrac{1}{5}$

18 P연구원과 K연구원은 공동으로 연구를 끝내고 보고서를 제출하려 한다. 이 연구를 혼자 할 경우 P연구원은 8일이 걸리고, K연구원은 14일이 걸린다. 처음 이틀은 같이 연구하고, 이후엔 K연구원 혼자 연구를 하다가 보고서 제출 이틀 전부터 같이 연구하였다. 보고서를 제출할 때까지 총 며칠이 걸렸는가?

① 6일
② 7일
③ 8일
④ 9일
⑤ 10일

현수는 비커에 소금물 200g을 가지고 있었다. 물 50g을 증발시킨 후 소금 5g을 더 녹였더니 처음 농도의 3배인 소금물이 되었다. 현수가 처음 가진 소금물의 농도는?(단, 소수점 둘째 자리에서 반올림한다)

① 1.0%

② 1.3%

③ 1.6%

④ 1.9%

⑤ 2.0%

20 어머니의 나이는 10대인 아들 나이의 3배이다. 이때 아들과 어머니의 나이의 합이 62보다 작다면 아들은 최대 몇 살인가?

① 14살

② 15살

③ 16살

④ 17살

⑤ 18살

21 등산 동아리 회원들은 경주로 놀러가기 위해 숙소를 예약하였다. 방 1개에 회원을 6명씩 배정하면 12명이 남고 7명씩 배정하면 1개의 방에는 6명이 배정되고 2개의 방이 남는다고 할 때, 등산 동아리에서 예약한 방의 개수는?

① 25개

② 26개

③ 27개

④ 28개

⑤ 29개

22 S중학교의 작년 학생 수는 500명이다. 올해는 남학생이 10% 증가하고, 여학생은 20% 감소하여, 작년보다 총 10명 감소하였다. 올해의 남학생 수는?

① 300명
② 315명
③ 330명
④ 350명
⑤ 365명

Hard

23 S사원은 비품 구입을 위해 한 자루에 500원 하는 볼펜과 한 자루에 700원 하는 색연필을 합하여 12자루를 샀다. 구입한 비품을 1,000원짜리 상자에 넣고 총금액으로 8,600원을 지불했을 때, L사원이 구입한 볼펜의 개수는?

① 8자루
② 7자루
③ 6자루
④ 5자루
⑤ 4자루

24 가로, 세로의 길이가 각각 20cm, 15cm인 직사각형이 있다. 가로의 길이만 줄여서 직사각형의 넓이를 반 이하로 줄이려 한다. 가로의 길이는 최소 몇 cm 이상 줄여야 하는가?

① 8cm
② 10cm
③ 12cm
④ 14cm
⑤ 16cm

Easy

25 S사의 마케팅부, 영업부, 영업지원부에서 2명씩 대표로 회의에 참석하기로 하였다. 자리배치는 원탁 테이블에 같은 부서 사람이 옆자리로 앉는다고 할 때, 6명이 앉을 수 있는 경우는?

① 15가지   ② 16가지

③ 17가지   ④ 18가지

⑤ 20가지

26 서로 다른 소설책 7권과 시집 5권이 있다. 이 중에서 소설책 3권과 시집 2권을 선택하는 경우의 수는?

① 350가지   ② 360가지

③ 370가지   ④ 380가지

⑤ 390가지

27 어느 공장에서 생산되는 제품은 50개 중에 1개의 꼴로 불량품이 발생한다고 한다. 이 공장에서 생산되는 제품을 임의로 2개 고를 때, 2개 모두 불량품일 확률은?

① $\dfrac{1}{25}$ ② $\dfrac{1}{50}$

③ $\dfrac{1}{250}$ ④ $\dfrac{1}{1,250}$

⑤ $\dfrac{1}{2,500}$

28 S고등학교는 도서관에 컴퓨터를 설치하려고 한다. 컴퓨터 구입 가격을 알아보니, 1대당 100만 원이고 4대 이상 구매 시 3대까지는 1대당 100만 원, 4대 이상부터는 1대당 80만 원에 판매되고 있었다. 컴퓨터 구입에 배정된 예산이 2,750만 원일 때, 최대 몇 대의 컴퓨터를 구입할 수 있는가?

① 33대　　　　　　　　　　　　② 34대

③ 35대　　　　　　　　　　　　④ 36대

⑤ 37대

29 농도가 다른 두 소금물 A와 B를 각각 100g씩 섞으면 농도 10%의 소금물이 되고, 소금물 A를 100g, 소금물 B를 300g 섞으면 농도 9%의 소금물이 된다. 소금물 A의 농도는?

① 10%　　　　　　　　　　　　② 12%

③ 14%　　　　　　　　　　　　④ 16%

⑤ 18%

30 S사는 사옥 옥상 정원에 있는 가로 644cm, 세로 476cm인 직사각형 모양의 뜰 가장자리에 조명을 설치하려고 한다. 네 모퉁이에는 반드시 조명을 설치하고, 일정한 간격으로 조명을 추가 배열하려고 할 때, 필요한 조명의 최소 개수는?(단, 조명의 크기는 고려하지 않는다)

① 68개　　　　　　　　　　　　② 72개

③ 76개　　　　　　　　　　　　④ 80개

⑤ 84개

01 다음은 5개 업체에서 판매 중인 사이다를 비교한 자료이다. 어느 업체에서 사이다를 사는 것이 가장 저렴한가?(단, 소수점 셋째 자리에서 반올림한다)

〈업체별 사이다 용량 및 가격〉

구분	A업체	B업체	C업체	D업체	E업체
가격(원)	25,000	25,200	25,400	25,600	25,800
개당 용량(mL)	340	345	350	355	360
묶음 개수(개)	25	24	25	24	24

※ 사이다는 한 묶음으로만 판매함

① A업체   ② B업체
③ C업체   ④ D업체
⑤ E업체

02 다음은 2023년에 S병원을 찾은 당뇨병 환자 수를 나타낸 자료이다. 이에 대한 설명으로 옳지 않은 것은?

〈당뇨병 환자 수〉

(단위 : 명)

나이 \ 당뇨병	경증		중증	
	여성	남성	여성	남성
50세 미만	8	14	9	9
50세 이상	10	18	9	23

① 남성 환자가 여성 환자보다 28명 더 많다.
② 여성 환자 중 중증 환자의 비율은 50%이다.
③ 전체 당뇨병 환자 중 중증 여성 환자의 비율은 18%이다.
④ 50세 이상 환자 수는 50세 미만 환자 수의 1.5배이다.
⑤ 경증 환자 중 남성 환자의 비율은 중증 환자 중 남성 환자의 비율보다 높다.

03 S사에서는 업무 효율을 높이기 위해 근무 여건 개선 방안에 대하여 논의하고자 한다. 인사부 A과장은 논의 자료를 위해 전 직원의 야간근무 현황을 조사하였다. 이에 대한 설명으로 옳지 않은 것은?

〈야간근무 현황(주 단위)〉

(단위 : 일, 시간)

구분	임원	부장	과장	대리	사원
평균 야간근무 빈도	1.2	2.2	2.4	1.8	1.4
평균 야간근무 시간	1.8	3.3	4.8	6.3	4.2

※ 60분의 3분의 2 이상을 채울 시 1시간으로 야간근무 수당을 계산함

① 전 직원의 주 평균 야간근무 빈도는 1.8일이다.

② 과장은 한 주에 평균적으로 2.4일 정도 야간근무를 한다.

③ 사원은 한 주 동안 평균 4시간 12분 정도 야간근무를 하고 있다.

④ 1회 야간근무 시 평균적으로 가장 긴 시간 동안 일하는 직원은 대리이다.

⑤ 야간근무 수당이 시간당 10,000원이라면 과장은 주 평균 50,000원을 받는다.

Easy

04 다음은 어느 국가의 A ~ C지역 가구 구성비를 나타낸 자료이다. 이에 대한 설명으로 옳은 것은?

〈A ~ C지역 가구 구성비〉

(단위 : %)

구분	부부 가구	2세대 가구		3세대 이상 가구	기타 가구	합계
		부모+미혼자녀	부모+기혼자녀			
A지역	5	65	16	2	12	100
B지역	16	55	10	6	13	100
C지역	12	40	25	20	3	100

※ 기타 가구 : 1인 가구, 형제 가구, 비친족 가구
※ 핵가족 : 부부 또는 부모와 그들의 미혼 자녀로 이루어진 가족
※ 확대가족 : 부모와 그들의 기혼 자녀로 이루어진 2세대 이상의 가족

① 핵가족 가구의 비중이 가장 높은 지역은 A이다.

② 1인 가구의 비중이 가장 높은 지역은 B이다.

③ 확대가족 가구 수가 가장 많은 지역은 C이다.

④ 부부 가구의 구성비는 C지역이 가장 높다.

⑤ A, B, C지역 모두 핵가족 가구 수가 확대가족 가구 수보다 많다.

05 다음은 S그룹의 주요 경영지표이다. 이에 대한 설명으로 옳은 것은?

〈S그룹 주요 경영지표〉

(단위 : 억 원)

구분	공정자산총액	부채총액	자본총액	자본금	매출액	당기순이익
2018년	2,610	1,658	952	464	1,139	170
2019년	2,794	1,737	1,067	481	2,178	227
2020년	5,383	4,000	1,383	660	2,666	108
2021년	5,200	4,073	1,127	700	4,456	−266
2022년	5,242	3,378	1,864	592	3,764	117
2023년	5,542	3,634	1,908	417	4,427	65

① 자본총액은 꾸준히 증가하고 있다.

② 각 지표 중 총액 규모가 가장 큰 것은 매출액이다.

③ 공정자산총액과 부채총액의 차가 가장 큰 해는 2023년이다.

④ 2018 ~ 2021년 사이에 자본총액 중 자본금이 차지하는 비중은 계속 증가하고 있다.

⑤ 직전 해의 당기순이익과 비교했을 때, 당기순이익이 가장 많이 증가한 해는 2019년이다.

Easy

06 다음은 2019년부터 2023년까지 우리나라의 출생 및 사망에 대한 자료이다. 이에 대한 설명으로 옳지 않은 것은?

〈우리나라 출생 및 사망 현황〉

(단위 : 명)

구분	2019년	2020년	2021년	2022년	2023년
출생아 수	436,455	435,435	438,420	206,243	357,771
사망자 수	266,257	267,692	275,895	280,827	285,534

① 출생아 수가 가장 많았던 해는 2021년이다.

② 2021년 출생아 수는 같은 해 사망자 수의 1.7배 이상이다.

③ 2020년 출생아 수는 2023년 출생아 수보다 15% 이상 많다.

④ 사망자 수는 2020년부터 2023년까지 매년 전년 대비 증가하고 있다.

⑤ 2019년부터 2023년까지 사망자 수가 가장 많은 해와 가장 적은 해의 사망자 수 차이는 15,000명 이상이다.

07 다음은 암 발생률 추이에 대한 자료이다. 이에 대한 설명으로 옳은 것은?

〈암 발생률 추이〉

(단위 : %)

구분	2017년	2018년	2019년	2020년	2021년	2022년	2023년
위암	31.5	30.6	28.8	25.5	23.9	24.0	24.3
간암	24.1	23.9	23.0	21.4	20.0	20.7	21.3
폐암	14.4	17.0	18.8	19.4	20.6	22.1	24.4
대장암	4.5	4.6	5.6	6.3	7.0	7.9	8.9
유방암	1.7	1.9	1.9	2.2	2.1	2.4	4.9
자궁암	7.8	7.5	7.0	6.1	5.6	5.6	5.6

① 위암의 발생률은 점차 감소하는 추세를 보이고 있다.

② 자궁암의 경우 발생 비율이 지속적으로 감소하는 추세를 보이고 있다.

③ 2017년 대비 2023년에 발생률이 증가한 암은 폐암, 대장암, 유방암이다.

④ 2023년에 위암으로 죽은 사망자 수가 가장 많으며, 이러한 추세는 지속될 것으로 보인다.

⑤ 폐암의 경우 발생률이 계속적으로 증가하고 있으며, 전년 대비 2023년 암 발생률의 증가폭이 다른 암에 비해서 가장 크다.

Easy

08 다음은 S기업의 재화 생산량에 따른 총 생산비용의 변화를 나타낸 자료이다. 기업의 생산활동에 대한 설명으로 옳은 것을 〈보기〉에서 모두 고르면?(단, 재화 1개당 가격은 7만 원이다)

생산량(개)	0	1	2	3	4	5
총 생산비용(만 원)	5	9	12	17	24	33

보기

ㄱ. 2개와 5개를 생산할 때의 이윤은 동일하다.

ㄴ. 이윤을 극대화할 수 있는 최대 생산량은 4개이다.

ㄷ. 4개에서 5개로 생산량을 증가시킬 때 이윤은 증가한다.

ㄹ. 1개를 생산하는 것보다 생산하지 않는 것이 손해가 적다.

① ㄱ, ㄴ   ② ㄱ, ㄷ

③ ㄴ, ㄷ   ④ ㄴ, ㄹ

⑤ ㄷ, ㄹ

09 다음은 전력 사용에 대한 절약 현황 설문조사 자료이다. 이에 대한 설명으로 옳은 것은?(단, 인원과 비율은 소수점 둘째 자리에서 반올림한다)

〈전력 사용에 대한 절약현황〉

(단위 : %)

구분	2022년				2023년			
	노력 안함	조금 노력함	노력함	매우 노력함	노력 안함	조금 노력함	노력함	매우 노력함
남성	2.5	38.0	43.7	15.8	3.5	32.4	42.1	22.0
여성	3.4	34.7	45.1	16.8	3.9	35.0	41.2	19.9
10대	12.4	48.1	22.5	17.0	13.1	43.2	25.8	17.9
20대	10.4	39.5	27.6	22.5	10.2	38.2	28.4	23.2
30대	11.5	26.4	38.3	23.8	10.7	21.9	42.7	24.7
40대	10.5	25.7	42.1	21.7	9.4	23.9	44.0	22.7
50대	9.3	28.4	40.5	21.8	9.5	30.5	39.2	20.8
60대 이상	10.0	31.3	32.4	26.3	10.4	30.7	33.2	25.7

① 2022 ~ 2023년 모든 연령대에서 노력 안함의 비율은 50대가 가장 낮다.

② 남성과 여성 모두 2023년에 전년 대비 노력함을 선택한 인원은 증가했다.

③ 연령대별 매우 노력함을 선택한 비율은 2022년 대비 2023년에 모두 증가하였다.

④ 2023년 60대 이상의 조금 노력함을 선택한 비율은 전년 대비 2%p 이상 증가했다.

⑤ 여성 조사인구가 매년 500명일 때, 매우 노력함을 택한 인원은 2023년도에 전년 대비 15명 이상 늘어났다.

다음은 영희, 철수, 동민, 민수, 희경, 수민 6명의 SNS 대화방에 대한 자료이다. 이에 대한 설명으로 옳은 것은?

〈1대1 SNS 대화방 참여자〉

구분	영희	철수	동민	민수	희경	수민
영희	0	1	0	1	0	0
철수	1	0	1	0	1	1
동민	0	1	0	0	1	0
민수	1	0	0	0	0	1
희경	0	1	1	0	0	0
수민	0	1	0	1	0	0

※ SNS에 참여하는 인원이 n명일 때 전체 1대1 대화방 수$= \dfrac{n(n-1)}{2}$

※ 1대1 대화방 밀도$= \dfrac{(n\text{명일 때 1대1 대화방 수})}{(n\text{명일 때 전체 1대1 대화방 수})}$

① 모두 SNS에 참여할 때 전체 1대1 대화방 수는 14개이다.

② 영희와 수민이가 동민이와 각각 1대1 대화를 추가할 때 밀도는 $\dfrac{2}{5}$이다.

③ 5명이 SNS에 참여한 1대1 대화방 수는 10개이다.

④ 6명의 SNS 1대1 대화방 밀도는 $\dfrac{1}{2}$ 이상이다.

⑤ 병준이가 추가되어 동민, 희경이와 1대1 대화를 할 때 밀도는 낮아진다.

PART 2

다음은 2021 ~ 2023년 국가별 이산화탄소 배출량에 대한 자료이다. 이에 대한 설명으로 옳지 않은 것을 〈보기〉에서 모두 고르면?(단, 소수점 둘째 자리에서 반올림한다)

〈국가별 이산화탄소 배출 현황〉

구분		2021년		2022년		2023년	
		총량 (백만 톤)	1인당 (톤)	총량 (백만 톤)	1인당 (톤)	총량 (백만 톤)	1인당 (톤)
아시아	한국	582	11.4	589.2	11.5	600	11.7
	중국	9,145.3	6.6	9,109.2	6.6	9,302	6.7
	일본	1,155.7	9.1	1,146.9	9	1,132.4	8.9
북아메리카	캐나다	557.7	15.6	548.1	15.2	547.8	15
	미국	4,928.6	15.3	4,838.5	14.9	4,761.3	14.6
남아메리카	브라질	453.6	2.2	418.5	2	427.6	2
	페루	49.7	1.6	52.2	1.6	49.7	1.5
	베네수엘라	140.5	4.5	127.4	4	113.7	3.6
유럽	체코	99.4	9.4	101.2	9.6	101.7	9.6
	프랑스	299.6	4.5	301.7	4.5	306.1	4.6
	독일	729.7	8.9	734.5	8.9	718.8	8.7
	포르투갈	46.9	4.5	46.4	4.6	50.8	4.9
	스페인	247.1	5.3	237.4	5.4	253.4	5.4
	스위스	37.3	4.5	37.9	4.5	37.1	4.4
	영국	394.1	6.1	372.6	5.7	358.7	5.4

보기

ㄱ. 2021년 이산화탄소 배출총량이 1,000백만 톤 이상인 국가 중 2023년 전년 대비 이산화탄소 배출총량이 감소한 국가는 두 곳이다.

ㄴ. 2023년 포르투갈의 이산화탄소 배출총량의 전년 대비 증감률은 한국의 전년 대비 증감률의 6배 이상이다.

ㄷ. 2021년 아시아 국가의 1인당 이산화탄소 배출량의 평균은 2022년 북아메리카 국가의 1인당 이산화탄소 배출량의 평균보다 많다.

ㄹ. 전년 대비 2023년 1인당 이산화탄소 배출량이 가장 많이 감소한 국가는 베네수엘라이다.

① ㄱ, ㄴ   ② ㄱ, ㄷ

③ ㄱ, ㄹ   ④ ㄴ, ㄷ

⑤ ㄷ, ㄹ

12 다음은 시도별 화재발생건수 및 피해자 수에 대한 자료이다. 이에 대한 설명으로 옳지 않은 것은?

〈시도별 화재발생건수 및 피해자 수 현황〉

(단위 : 건, 명)

구분	2022년			2023년		
	화재건수	사망자	부상자	화재건수	사망자	부상자
전국	43,413	306	1,718	44,178	345	1,852
서울특별시	6,443	40	236	5,978	37	246
부산광역시	2,199	17	128	2,609	19	102
대구광역시	1,739	11	83	1,612	8	61
인천광역시	1,790	10	94	1,608	7	90
광주광역시	956	7	23	923	9	27
대전광역시	974	7	40	1,059	9	46
울산광역시	928	16	53	959	2	39
세종특별자치시	300	2	12	316	2	8
경기도	10,147	70	510	9,799	78	573
강원도	2,315	20	99	2,364	24	123
충청북도	1,379	12	38	1,554	41	107
충청남도	2,825	12	46	2,775	19	30
전라북도	1,983	17	39	1,974	15	69
전라남도	2,454	21	89	2,963	19	99
경상북도	2,651	14	113	2,817	27	127
경상남도	3,756	29	101	4,117	24	86
제주특별자치도	574	1	14	751	5	19

① 대구광역시의 2023년 화재건수는 경상북도의 50% 이상이다.

② 화재건수가 가장 많은 시·도는 2022년과 2023년에 동일하다.

③ 2022년 화재건수 대비 사망자 수는 경기도가 강원도보다 크다.

④ 2023년 화재로 인한 부상자 수는 충청남도가 충청북도의 30% 미만이다.

⑤ 부산광역시의 경우, 화재로 인한 부상자 수가 2023년에 전년 대비 10% 이상 감소하였다.

13 다음 요금표를 기준으로 한 달에 400kWh를 사용했을 때의 전기요금은?

<table>
<tr><th colspan="4">〈주택용 전력(저압) 전기요금표〉</th></tr>
<tr><th colspan="2">기본요금(원/호)</th><th colspan="2">전력량요금(원/kWh)</th></tr>
<tr><td>200kWh 이하 사용</td><td>910</td><td>처음 200kWh까지</td><td>93.3</td></tr>
<tr><td>201 ~ 400kWh 사용</td><td>1,600</td><td>다음 200kWh까지</td><td>187.9</td></tr>
</table>

※ 부가가치세는 총요금의 10%임
※ 국고금단수법에 의해 총합에서 10원 미만은 절사함

① 39,830원   ② 56,970원
③ 57,660원   ④ 63,620원
⑤ 77,310원

14 회사에서 달력을 주문하려고 한다. A업체와 B업체를 고려하고 있다고 할 때, A업체에서 주문하는 것이 B업체에서 주문하는 것보다 저렴하려면 주문해야 하는 달력의 최소 개수는?

구분	권당 가격(원)	배송비(원)
A업체	1,650	3,000
B업체	1,800	무료

① 19권   ② 20권
③ 21권   ④ 22권
⑤ 23권

Easy

15 다음은 S기업의 지역별 매장 수 증감에 대한 표일 때, 2021년에 매장이 두 번째로 많은 지역의 매장 개수는?

〈지역별 매장 수 증감〉

(단위 : 개)

구분	2021년 대비 2022년 증감 수	2022년 대비 2023년 증감 수	2023년 대비 2024년 증감 수	2024년 매장 수
서울	2	2	−2	17
경기	2	1	−2	14
인천	−1	2	−5	10
부산	−2	−4	3	10

① 10개   ② 12개
③ 14개   ④ 16개
⑤ 18개

16 다음은 학년별 온라인수업 수강 방법에 대한 자료이다. 이에 대한 설명으로 옳은 것을 〈보기〉에서 모두 고르면?

〈학년별 온라인수업 수강 방법〉

(단위 : %)

구분		스마트폰	태블릿PC	노트북	PC
학년	초등학생	7.2	15.9	34.4	42.5
	중학생	5.5	19.9	36.8	37.8
	고등학생	3.1	28.5	38.2	30.2
성별	남학생	10.8	28.1	30.9	30.2
	여학생	3.8	11.7	39.1	45.4

보기

㉠ 초등학생에서 중학생, 고등학생으로 올라갈수록 스마트폰과 PC의 이용률은 감소하고, 태블릿 PC와 노트북의 이용률은 증가한다.
㉡ 초·중·고등학생의 노트북과 PC의 이용률의 차이는 고등학생이 가장 작다.
㉢ 태블릿PC의 남학생·여학생 이용률의 차이는 노트북의 남학생·여학생 이용률의 2배이다.

① ㉠
② ㉠, ㉡
③ ㉠, ㉢
④ ㉡, ㉢
⑤ ㉠, ㉡, ㉢

17 다음은 S기업의 2024년 상반기 신입사원 채용 현황이다. 이에 대한 설명으로 옳지 않은 것은?

〈신입사원 채용 현황〉

(단위 : 명)

구분	입사지원자 수	합격자 수
남성	680	120
여성	320	80

① 남성 합격자 수는 여성 합격자 수의 1.5배이다.
② 총 입사지원자 중 합격률은 20%이다.
③ 여성 입사지원자의 합격률은 25%이다.
④ 합격자 중 남성의 비율은 70% 이상이다.
⑤ 총 입사지원자 중 여성 입사지원자의 비율은 30% 이상이다.

18 S편의점은 3 ~ 8월까지 6개월간 캔 음료 판매 현황을 자료로 정리하였다. 다음 중 이해한 내용으로 적절하지 않은 것은?

<S편의점 캔 음료 판매현황>

(단위 : 캔)

구분	맥주	커피	탄산음료	이온음료	과일음료
3월	601	264	448	547	315
4월	536	206	452	523	362
5월	612	184	418	519	387
6월	636	273	456	605	406
7월	703	287	476	634	410
8월	812	312	513	612	419

※ 3 ~ 5월은 봄, 6 ~ 8월은 여름으로 구분함

① 맥주는 매월 커피의 2배 이상 판매되었다.
② 모든 캔 음료는 봄보다 여름에 더 잘 팔렸다.
③ 이온음료는 탄산음료보다 봄에 더 잘 팔렸다.
④ 맥주는 매월 가장 높은 판매 비중을 보이고 있다.
⑤ 모든 캔 음료는 여름에 매월 꾸준히 판매량이 증가하였다.

19 다음은 2023년 9월 S공항의 원인별 지연 및 결항 통계자료이다. 이에 대한 설명으로 옳은 것은?

<2023년 9월 S공항 원인별 지연 및 결항 통계>

(단위 : 편)

구분	기상	A/C 접속	A/C 정비	여객처리 및 승무원 관련	복합원인	기타	합계
지연	98	1,510	150	30	2	1,090	2,880
결항	14	4	12	0	0	40	70

① 기상으로 지연된 항공편 수는 기상으로 결항된 항공편 수의 6배이다.
② 기타를 제외하고 항공편 지연과 결항에서 가장 높은 비중을 차지하고 있는 원인이 같다.
③ 9월에 S공항을 이용하는 비행기가 지연되었을 확률은 98%이다.
④ A/C 정비로 인해 결항된 항공편 수는 A/C 정비로 인해 지연된 항공편 수의 10%이다.
⑤ 항공기 지연 중 A/C 정비가 차지하는 비율은 결항 중 기상이 차지하는 비율의 $\frac{1}{4}$ 이다.

20 다음은 시도별 인구변동 현황에 대한 자료이다. 이에 대한 설명으로 옳은 것을 〈보기〉에서 모두 고르면?

〈시도별 인구변동 현황〉

(단위 : 천 명)

구분	2017년	2018년	2019년	2020년	2021년	2022년	2023년
전체	49,582	49,782	49,990	50,269	50,540	50,773	51,515
서울	10,173	10,167	10,181	10,193	10,201	10,208	10,312
부산	3,666	3,638	3,612	3,587	3,565	3,543	3,568
대구	2,525	2,511	2,496	2,493	2,491	2,489	2,512
인천	2,579	2,600	2,624	2,665	2,693	2,710	2,758
광주	1,401	1,402	1,408	1,413	1,423	1,433	1,455
대전	1,443	1,455	1,466	1,476	1,481	1,484	1,504
울산	1,081	1,088	1,092	1,100	1,112	1,114	1,126
경기	10,463	10,697	10,906	11,106	11,292	11,460	11,787

보기

㉠ 서울 인구와 경기 인구의 차이는 2017년에 비해 2023년에 더 커졌다.
㉡ 2017년과 비교했을 때, 2023년 인구가 감소한 지역은 부산뿐이다.
㉢ 광주가 2018 ~ 2023년 동안 전년 대비 증가한 인구수를 비교했을 때, 2023년에 가장 많이 증가했다.
㉣ 대구는 전년 대비 2020년부터 인구가 꾸준히 감소했다.

① ㉠, ㉡

② ㉠, ㉢

③ ㉡, ㉢

④ ㉡, ㉣

⑤ ㉠, ㉡, ㉢

01   언어표현

※ 다음 제시된 단어의 유의어를 고르시오. [1~2]

01

긴축

① 절약   ② 긴장
③ 수축   ④ 수렴
⑤ 이완

02

기대

① 소망   ② 부귀
③ 관망   ④ 기부
⑤ 갈망

※ 다음 제시된 단어와 반대되는 의미를 가진 단어를 고르시오. [3~5]

03

풍만하다

① 납신하다   ② 궁핍하다
③ 농단하다   ④ 몽매하다
⑤ 내외하다

04

손방

① 손바람   ② 난든집
③ 잡을손   ④ 매무시
⑤ 너울가지

05

타의

① 자의   ② 고의
③ 과실   ④ 임의
⑤ 죄과

PART 2

※ 다음 밑줄 친 부분과 같은 의미로 쓰인 것을 고르시오. [6~10]

06

> 소년은 존경하는 야구 선수에게 받은 사인을 늘 품속에 <u>지니고</u> 다녔다.

① 그녀는 방에 들어선 뒤 내내 몸에 <u>지니고</u> 있던 유리병을 조심스럽게 내려두었다.

② 많은 사람이 고향과 관련된 추억을 가슴 속에 <u>지니고</u> 있다.

③ 한 차례 개발의 바람이 지나갔지만, 마을은 여전히 옛 모습을 그대로 <u>지니고</u> 있다.

④ 5G 통신은 광대역 기반의 초고속, 초저지연, 초연결의 특성을 <u>지닌다</u>.

⑤ 대통령은 범사회적 개혁 요구를 실천할 책무를 <u>지니고</u> 있다.

07

> 희대의 사기꾼을 쳐다보는 국민들의 눈에는 분노가 <u>끓었다</u>.

① 마지막으로 500mL의 물을 붓고 펄펄 <u>끓이면</u> 완성됩니다.

② 보일러를 언제부터 켰는지 방바닥이 펄펄 <u>끓는다</u>.

③ 유통기한이 이틀 지난 우유를 마셨더니 배 속이 부글부글 <u>끓는다</u>.

④ 강 교수의 가슴 속에는 끝내지 못한 연구에 대한 열정이 <u>끓고</u> 있다.

⑤ 파리가 <u>끓고</u> 있는 쓰레기통에서는 악취가 났다.

08

> 큰 사고를 <u>친</u> 유명 아이돌 가수는 검찰에서 조사를 받게 되었다.

① 우리 집 개는 낯선 사람을 봐도 꼬리를 <u>치느라</u> 바쁘다.
② 머리를 너무 짧게 <u>쳤는지</u> 목이 허전한 느낌이 든다.
③ 난기류를 만난 비행기의 기체가 요동을 <u>치자</u> 승객들은 불안해졌다.
④ 일이 너무 풀리지 않자 점을 <u>치기</u> 위해 용하다는 무당을 찾아갔다.
⑤ 마침내 시도 때도 없이 거짓말을 <u>치는</u> 남자친구와 헤어졌다.

09

> 지난 봄 무성했던 나뭇잎은 오랜 가뭄으로 인해 모두 <u>말라</u> 떨어졌다.

① 영희가 마음고생을 많이 했는지 몸이 많이 <u>말랐더라</u>.
② 청중 앞에서 발표를 하다 보니 어느새 입이 <u>마르기</u> 시작했다.
③ 비에 젖었던 옷은 어느새 다 <u>말라</u> 있었다.
④ 몇 달째 비가 오지 않아 강이 <u>마르면서</u> 바닥이 드러났다.
⑤ 서로에 대한 애정이 <u>마르면서</u> 이별이 찾아왔다.

10

> 어제 팩을 했더니 오늘 아침 얼굴에 화장이 잘 <u>먹었어</u>.

① 어제 따 온 사과는 벌레가 많이 <u>먹었네</u>.
② 선물로 받은 김을 잘못 보관했더니 습기를 <u>먹었는지</u> 눅눅해졌어.
③ 옷감에 풀이 잘 <u>먹어야</u> 다림질이 잘 돼.
④ 투자자들은 예상치 못한 어닝쇼크로 충격을 <u>먹었다</u>.
⑤ 마음을 독하게 <u>먹어야</u> 성공할 수 있어.

11 다음 중 밑줄 친 단어의 맞춤법이 옳은 것은?

① 요즈음 <u>어떻게</u> 공부하고 있어?

② 저작권 문제에 대해 <u>어떡해</u> 생각하니?

③ 오늘밤 집에 혼자 있는데 <u>어떻게</u>.

④ 이 일을 <u>어떡해</u> 처리하지?

⑤ 숙소까지 <u>어떡해</u> 찾아갈까?

※ 다음 중 밑줄 친 부분의 띄어쓰기가 옳지 않은 것을 고르시오. [12~13]

12 ① <u>지금보다</u> 나은 미래를 위해서 책을 읽어야 해.

② <u>공부하려고</u> 책을 펴자 잠이 쏟아졌다.

③ 쉽게 <u>잃어버릴 수 있는</u> 물건은 따로 챙겨야 해.

④ 대답을 <u>하기는 커녕</u> 땅만 쳐다봤다.

⑤ 그 문제는 <u>너뿐만 아니라</u> 나에게도 어려웠어.

13 ① <u>아는 만큼</u> 보인다.

② <u>먹을 만큼만</u> 담으시오.

③ 네 <u>생각 만큼</u> 어렵지 않을 거야.

④ <u>나만큼</u> 빨리 뛸 수 있는 사람은 없어.

⑤ 그 핸드폰은 <u>비싼 만큼</u> 오래 쓸 수 있을 거야.

14 다음 중 밑줄 친 부분의 맞춤법이 옳지 않은 것은?

> 어젯밤 꿈에서 돌아가신 할머니를 만났다. 할머니는 숨겨둔 비밀을 밝힐 때가 됐다며, 꿈에서 깨면 본인이 사용했던 화장대의 첫 번째 서랍을 열어보라고 하셨다. 나는 할머니의 비밀이 도대체 무엇인지 여러 차례 물었지만 돌아오는 것은 할머니의 미소뿐이었다. 꿈에서 깨어나 보니 할머니는 더 이상 보이질 않았고, 방안은 고요한 적막만 흘렀다. 나는 왠지 모르게 그동안 나를 덮쳤던 온갖 불행들이 사라진 것 같은 기분이 들었다.

① 숨겨둔
② 첫 번째
③ 미소뿐이었다
④ 깨어나 보니
⑤ 덮쳤던

15 다음 중 밑줄 친 어휘의 표기가 옳은 것은?

① 조금 바쁘기야 하지만서도 당신이 부탁하는 일이라면 무조건 돕겠어요.
② 그는 수년간의 경험과 노하우로 해당 분야에서 길앞잡이 역할을 하고 있다.
③ 선수가 그라운드 안으로 쏜살로 뛰어 들어갔다.
④ 원숭이가 무리를 지어 인간처럼 사회를 이루며 살아가는 모습이 신기롭다.
⑤ 그렇게 중요한 물건을 빠치고 오면 어떡하니?

※ 다음 제시된 낱말의 대응 관계로 볼 때, 빈칸에 들어가기에 적절한 것을 고르시오. [16~23]

16

> 부채 : 선풍기 = 인두 : (   )

① 분무기 ② 다리미
③ 세탁소 ④ 세탁기
⑤ 바늘

17

> 가랑비 : 옷 = (   ) : 댓돌

① 정화수 ② 심층수
③ 낙숫물 ④ 도랑물
⑤ 정화수

18

> 자동차 : 바퀴 = 사람 : (   )

① 머리 ② 허리
③ 다리 ④ 손목
⑤ 골반

19

> 승강기 : (   ) = (   ) : 삼투압

① 계단, 냉장고 ② 도르래, 정수기
③ 지레, 농도   ④ 거중기, 미생물
⑤ 궤도, 투과

20

( ) : 한옥 = 음식 : ( )

① 건물, 김치   ② 한식, 외식

③ 콜라, 아파트   ④ 식혜, 수정과

⑤ 전통, 외식

21

근면 : 태만 = 좌천 : ( )

① 강등   ② 강직

③ 영전   ④ 좌강

⑤ 천적

22

마수걸이 : 개시 = 뚜렷하다 : ( )

① 흐릿하다   ② 복잡하다

③ 깔끔하다   ④ 분명하다

⑤ 산뜻하다

23

바람 : 방풍막 = 적군 : ( )

① 요새   ② 기지

③ 전투   ④ 아군

⑤ 전쟁

※ 제시된 9개의 단어 중 3개의 단어를 통해 공통적으로 연상되는 단어를 고르시오. [24~26]

24

앨범	지정	정성
사진	내용	근거
성질	배려	이사

① 졸업
② 본질
③ 증명
④ 주장
⑤ 추억

25

봉건	억압	수색
가축	먹이	유신
정신	고리	기술

① 독재
② 사슬
③ 연결
④ 사육
⑤ 체제

26

퇴짜	사춘기	부채
상처	벌금	기념품
드라마	구두	가위

① 구두약
② 딱지
③ 제복
④ 여드름
⑤ 수학여행

※ 다음 제시된 단어에서 공통으로 연상할 수 있는 단어를 고르시오. [27~30]

27

고등어   지방   소

① 간   ② 돈
③ 발   ④ 사진
⑤ 가축

28

튀르키예   라이트   그림

① 중동   ② 형제
③ 경기   ④ 고려
⑤ 착오

29

빵   화초   사군자

① 샘   ② 난
③ 판다   ④ 절개
⑤ 장발장

30

색   조류   다람쥐

① 도토리   ② 유머
③ 하늘   ④ 고름
⑤ 알

01 다음 글의 제목으로 가장 적절한 것은?

> 일반적으로 소비자들은 합리적인 경제행위를 추구하기 때문에 최소 비용으로 최대 효과를 얻으려한다는 것이 소비의 기본원칙이다. 그들은 '보이지 않는 손'이라고 일컬어지는 시장원리 아래에서 생산자와 만난다. 그러나 이러한 일차적 의미의 합리적 소비가 언제나 유효한 것은 아니다. 생산보다는 소비가 화두가 된 소비자본주의 시대에 소비는 단순히 필요한 재화, 그리고 경제학적으로 유리한 재화를 구매하는 행위에 머물지 않는다. 최대 효과 자체에 정서적이고 사회심리학적인 요인이 개입하면서, 이제 소비는 개인이 세계와 만나는 다분히 심리적인 방법이 되어버린 것이다. 곧 인간의 기본적인 생존 욕구를 충족시켜 주는 합리적 소비 수준에 머물지 않고, 자신을 표현하는 상징적 행위가 된 것이다. 이처럼 오늘날의 소비문화는 물질적 소비 차원이 아닌 심리적 소비 형태를 띠게된다.
>
> 소비자본주의의 화두는 과소비가 아니라 '과시 소비'로 넘어간 것이다. 과시 소비의 중심에는 신분의 논리가 있다. 신분의 논리는 유용성의 논리, 나아가 시장의 논리로 설명되지 않는 것들을 설명해준다. 혈통으로 이어지던 폐쇄적 계층사회는 소비 행위에 대해 계급에 근거한 제한을 부여했다. 먼옛날 부족사회에서 수장들만이 걸칠 수 있었던 장신구에서부터, 제아무리 권문세가의 정승이라도 아흔아홉 칸을 넘을 수 없던 집이 좋은 예이다. 권력을 가진 자는 힘을 통해 자기의 취향을 주위 사람들과 분리시킴으로써 경외감을 강요하고, 그렇게 자기 취향을 과시함으로써 잠재적 경쟁자들을 통제한 것이다.
>
> 가시적 신분제도가 사라진 현대사회에서도 이러한 신분의 논리는 여전히 유효하다. 이제 개인은 소비를 통해 자신의 물질적 부를 표현함으로써 신분을 과시하려 한다.

① '보이지 않는 손'에 의한 합리적 소비의 필요성
② 소득을 고려하지 않은 무분별한 과소비의 폐해
③ 계층별 소비규제의 필요성
④ 신분사회에서 의복 소비와 계층의 관계
⑤ 소비가 곧 신분이 되는 과시 소비의 원리

02 다음 글의 주장에 대해 반박하는 내용으로 적절하지 않은 것은?

프랑크푸르트학파는 대중문화의 정치적 기능을 중요하게 본다. 20세기 들어 서구 자본주의사회에서 혁명이 불가능하게 된 이유 가운데 하나는 바로 대중문화가 대중들을 사회의 권위에 순응하게 함으로써 사회를 유지하는 기능을 하고 있기 때문이라는 것이다. 이 순응의 기능은 두 방향으로 진행된다. 한편으로 대중문화는 대중들에게 자극적인 오락거리를 제공함으로써 정신적인 도피를 유도하여 정치에 무관심하도록 만든다는 것이다. 유명한 3S(Sex, Screen, Sports)는 바로 현실도피와 마취를 일으키는 대표적인 도구들이다. 다른 한편으로 대중문화는 자본주의적 가치관과 이데올로기를 은연 중에 대중들이 받아들이게 하는 적극적인 세뇌 작용을 한다. 영화나 드라마, 광고나 대중음악의 내용이 규격화되어 현재의 지배적인 가치관을 지속해서 주입함으로써, 대중은 현재의 문제를 인식하고 더 나은 상태로 생각할 수 있는 부정의 능력을 상실한 일차원적 인간으로 살아가게 된다는 것이다. 프랑크푸르트학파의 대표자 가운데 한 사람인 아도르노(Adorno)는 특별히 「대중음악에 대하여」라는 글에서 대중음악이 어떻게 이러한 기능을 수행하는지 분석했다. 그의 분석에 따르면, 대중음악은 우선 규격화되어 누구나 쉽고 익숙하게 들을 수 있는 특징을 가진다. 그리고 이런 익숙함은 어려움 없는 수동적인 청취를 조장하여, 자본주의 안에서의 지루한 노동의 피난처 구실을 한다. 그리고 나아가 대중음악의 소비자들이 기존 질서에 심리적으로 적응하게 함으로써 사회적 접착제의 역할을 한다.

① 대중문화의 영역은 지배계급이 헤게모니를 얻고자 하는 시도와 이에 대한 반대 움직임이 서로 얽혀 있는 곳으로 보아야 한다.

② 대중문화를 소비하는 대중이 문화 산물을 생산한 사람이 의도하는 그대로 문화 산물을 소비하는 존재에 불과하다는 생각은 현실과 맞지 않는다.

③ 대중의 평균적 취향에 맞추어 높은 질을 유지하는 것이 어렵다 하더라도 19세기까지의 대중이 즐겼던 문화에 비하면 현대의 대중문화는 훨씬 수준 높고 진보된 것으로 평가할 수 있다.

④ 발표되는 음악의 80%가 인기를 얻는 데 실패하고, 80% 이상의 영화가 엄청난 광고에도 불구하고 흥행에 실패한다는 사실은 대중이 단순히 수동적인 존재가 아니라는 것을 단적으로 드러내 보여주는 예이다.

⑤ 대중문화는 지배 이데올로기를 강요하는 지배문화로만 구성되는 것도 아니고, 이에 저항하여 자발적으로 발생한 저항문화로만 구성되는 것도 아니다.

03 다음 제시된 문단을 읽고, 이어질 문단을 논리적 순서대로 바르게 나열한 것은?

우리가 익숙하게 먹는 음식인 피자는 이탈리아에서 시작된 음식으로, 고대 로마에서도 이와 비슷한 음식을 먹었다는 기록은 있지만 현대적 의미에서의 피자의 시작은 19세기 말에 이탈리아에서 등장 했다고 볼 수 있다.

(가) 그러나 나폴리식 피자는 재료의 풍족하지 못함을 철저한 인증제도의 도입으로 메꿈으로써 그 영향력을 발휘하고 있는데, 나폴리식 피자의 인증을 받기 위해서는 밀가루부터 피자를 굽는 과정까지 철저한 검증을 받아야 한다.

(나) 피자의 본토인 이탈리아나 피자가 유명한 미국 등에서 피자가 간편하고 저렴한 음식으로 인식 되고 있는 것에 비해, 한국에서 피자는 저렴한 음식이라고는 볼 수 없는데, 이는 피자의 도입과 확산의 과정과 무관하다고 하기는 어려울 것이다.

(다) 이탈리아의 피자는 남부의 나폴리식 피자와 중북부의 로마식 피자로 나뉘는데, 이탈리아의 남 부는 예전부터 중북부에 비해 가난한 지역이었기 때문에 로마식 피자에 비해 나폴리식 피자의 토핑은 풍족하지 못한 편이다.

(라) 한국의 경우 피자가 본격적으로 자리 잡기 시작한 것은 1960년대부터로, 한국에서 이탈리아 음식을 최초로 전문적으로 팔기 시작한 '라 칸티나'의 등장과 함께였다. 이후 피자는 호텔을 중심으로 퍼져나가게 되었다.

① (가) – (다) – (라) – (나)
② (다) – (가) – (라) – (나)
③ (다) – (라) – (가) – (나)
④ (라) – (나) – (가) – (다)
⑤ (라) – (나) – (다) – (가)

04

(가) 글의 구조를 고려한 독서의 방법에는 요약하기와 조직자 활용하기 방법이 있다. 내용 요약하기는 문단의 중심 화제를 한두 문장으로 표현해 보는 일이다. 조직자란 내용을 조직하는 단위들이다. 이를 잘 찾아내면 글의 요점을 파악하기 쉽다.

(나) 한 편의 완성된 글은 구조를 갖고 있으며 그 속에는 글쓴이의 중심 생각은 물론 글쓰기 전략도 들어 있다. 이때 글을 쓰는 목적이 무엇이냐에 따라 글쓰기 전략이 달라진다.

(다) 정보를 전달하는 글은 정보를 쉽고 명료하게 조직하는 전략을 사용하고, 설득하는 글은 서론 – 본론 – 결론의 짜임을 취하며 주장을 설득력 있게 펼친다.

(라) 독자 입장에서는 글이 구조를 갖고 있다는 점을 염두에 두고 글쓴이가 글을 쓴 목적이나 의도를 추리하며 글을 읽어야 한다.

① (가) – (나) – (라) – (다)   ② (가) – (다) – (나) – (라)
③ (가) – (라) – (나) – (다)   ④ (나) – (다) – (라) – (가)
⑤ (나) – (라) – (가) – (다)

Easy

05

(가) 1980년대 말 미국 제약협회는 특허권을 통해 25년 동안 의약품의 독점 가격을 법으로 보장하도록 칠레 정부를 강하게 압박했다. 1990년 칠레 정부는 특허법 개정안을 제시했지만, 미국 제약협회는 수용을 거부했다.

(나) 그러나 칠레의 사례는 이보다 훨씬 더 큰 사건을 예고하는 것이었다. 바로 세계무역기구에서 관리하는 1994년의 무역 관련 지적재산권 협정이다. 이 협정의 채택은 개별국가의 정책에 영향을 미치는 강제력이 있는 전지구적 지적재산권 체제의 시대가 왔음을 의미한다. 12명의 미국인으로 구성된 지적재산권위원회가 그 모든 결정권자였다.

(다) 결국 칠레는 특허법 개정안을 원점에서 재검토하여 의약품에 대한 15년 동안의 특허 보호를 인정하는 개정안을 마련하였다. 이를 특허법에 반영하였고, 미국 제약협회는 이에 만족한다고 발표하였다.

(라) 1990년 미국의 제약협회가 외국의 주권 국가가 제정한 법률을 거부하고 고치도록 영향력을 행사하는 사건이 일어났다. 1990년 전까지 칠레는 의약품에 대한 특허권을 인정하지 않았다. 특허권과 같은 재산권보다 공중 건강을 더 중시해 필요한 의약품의 가격을 적정수준으로 유지하려는 노력의 일환이었다.

① (가) – (라) – (다) – (나)   ② (나) – (가) – (라) – (다)
③ (다) – (가) – (라) – (나)   ④ (라) – (가) – (다) – (나)
⑤ (라) – (나) – (가) – (다)

06 다음 중 '빌렌도르프의 비너스'에 대한 설명으로 가장 적절한 것은?

> 1909년 오스트리아 다뉴브 강가의 빌렌도르프 근교에서 철도 공사를 하던 중 구석기 유물이 출토되었다. 이 중 눈여겨볼 만한 것이 '빌렌도르프의 비너스'라 불리는 여성 모습의 석상이다. 대략 기원전 2만 년의 작품으로 추정되나 구체적인 제작연대나 용도 등에 대해 알려진 바가 거의 없다. 높이 11.1cm의 이 작은 석상은 굵은 허리와 둥근 엉덩이에 커다란 유방을 늘어뜨리는 등 여성 신체가 과장되어 묘사되어 있다. 가슴 위에 올려놓은 팔은 눈에 띄지 않을 만큼 작으며 땋은 머리에 가려 얼굴이 보이지 않는다. 출산, 다산의 상징으로 주술적 숭배의 대상이 되었던 것이라는 의견이 지배적이다. 태고의 이상적인 여성을 나타내는 것이라고 보는 의견이나, 선사시대 유럽의 풍요와 안녕의 상징이었다고 보는 의견도 있다.

① 팔은 떨어져 나가고 없다.
② 빌렌도르프라는 사람에 의해 발견되었다.
③ 부족장의 부인을 모델로 만들어졌다.
④ 구석기 시대의 유물이다.
⑤ 평화의 상징이라는 의견이 지배적이다.

07 다음 글의 밑줄 친 빈칸에 들어갈 말로 가장 적절한 것은?

전통문화는 근대화의 과정에서 해체되는 것인가, 아니면 급격한 사회변동의 과정에서도 유지될 수 있는 것인가? 전통문화의 연속성과 재창조는 왜 필요하며, 어떻게 이루어지는가? 외래문화의 토착화(土着化), 한국화(韓國化)는 사회 변동과 문화변화의 과정에서 무엇을 의미하는가? 이상과 같은 의문들은 오늘날 한국 사회에서 논란의 대상이 되고 있으며, 입장에 따라 상당한 견해차이도 드러내고 있다.

전통의 유지와 변화에 대한 견해 차이는 오늘날 한국 사회에서 단순하게 보수주의와 진보주의의 차이로 이해될 성질의 것이 아니다. 한국 사회의 근대화는 이미 한 세기의 역사를 가지고 있으며, 앞으로도 계속되어야 할 광범하고 심대(深大)한 사회구조적 변동이다. 그렇기 때문에 보수주의적 성향을 가진 사람들도 전통문화의 변질을 어느 정도 수긍하지 않을 수 없는가 하면, 사회변동의 강력한 추진 세력 또한 문화적 전통의 확립을 주장하지 않을 수 없다.

또, 한국 사회에서 전통문화의 변화에 관한 논의는 단순히 외래문화이냐 전통문화이냐의 양자택일적인 문제가 될 수 없다는 것도 명백하다. 근대화는 전통문화의 연속성과 변화를 다 같이 필요로 하며, 외래문화의 수용과 그 토착화 등을 다 같이 요구하는 것이기 때문이다. 그러므로 전통을 계승하고 외래문화를 수용할 때에 무엇을 취하고 무엇을 버릴 것이냐 하는 문제도 단순히 문화의 보편성(普遍性)과 특수성(特殊性)이라고 하는 기준에서만 다룰 수 없다. 근대화라고 하는 사회 구조적 변동이 문화변화를 결정지을 것이기 때문에, 전통문화의 변화 문제를 _____에서 다루어 보는 분석이 매우 중요하리라고 생각한다.

① 보수주의의 시각
② 진보주의의 시각
③ 사회변동의 시각
④ 외래와 전통의 시각
⑤ 보편성과 특수성의 시각

08 다음 글의 전개방식으로 가장 적절한 것은?

> 비만은 더이상 개인의 문제가 아니다. '세계보건기구(WHO)'는 비만을 질병으로 분류하고, 총 8종의 암(대장암, 자궁내막암, 난소암, 전립선암, 신장암, 유방암, 간암, 담낭암)을 유발하는 주요 요인으로 제시하고 있다. 오늘날 기대수명이 늘어가는 상황에서 실질적인 삶의 질 향상을 위해서도 국가적으로 적극적인 비만 관리가 필요해진 것이다.
>
> 이러한 비만을 예방하기 위한 국가적인 대책을 살펴보자. 우선 비만을 유발하는 과자, 빵, 탄산음료 등 고열량 · 저열량 · 고카페인 함유 식품의 판매 제한 모니터링이 강화되어야 하며, 또한 과음과 폭식 등 비만을 조장 · 유발하는 문화와 환경도 개선되어야 한다. 특히 과음은 식사량과 고열량 안주 섭취를 늘려 지방간, 간경화 등 건강 문제와 함께 복부 비만의 위험을 높이는 주요 요인이다. 따라서 회식과 접대 문화, 음주 행태 개선을 위한 가이드라인을 마련하고 음주 폐해 예방 캠페인을 추진하는 것도 하나의 방법이다.
>
> 다음으로 건강 관리를 위해 운동을 권장하는 것도 중요하다. 수영, 스케이트, 볼링, 클라이밍 등 다양한 스포츠를 즐기는 문화를 조성하고, 특히 비만 환자의 경우 체계적인 체력 관리와 건강 증진을 위한 운동 프로그램이 요구된다.

① 다양한 관점들을 제시한 뒤, 예를 들어 설명하고 있다.
② 시간에 따른 현상의 변화 과정에 대해 설명하고 있다.
③ 서로 다른 관점을 비교 · 분석하고 있다.
④ 주장을 제시하고 여러 가지 근거를 들어 설득하고 있다.
⑤ 문제점을 제시하고 그에 대한 해결 방안을 제시하고 있다.

09 다음 글에서 〈보기〉의 문장이 들어갈 가장 적절한 곳은?

> 루트비히 판 베토벤(Ludwig Van Beethoven)의 「교향곡 9번 d 단조 Op. 125」는 그의 청력이 완전히 상실된 상태에서 작곡한 교향곡으로 유명하다. ㉠ 1824년에 완성된 이 작품은 4악장에 합창 및 독창이 포함된 것이 특징이다. 당시 시대적 배경을 볼 때, 이는 처음으로 성악을 기악곡에 도입한 획기적인 작품이었다. ㉡ 이 작품은 베토벤의 다른 작품들을 포함해 서양음악 전체에서 가장 뛰어난 작품 가운데 하나로 손꼽히며, ㉢ 현재 유네스코의 세계기록유산으로 지정되어 있다. ㉣ 또한 4악장의 전주 부분은 유럽연합의 공식 상징가로 사용되며, 자필 원본 악보는 2003년 런던 소더비 경매에서 210만 파운드에 낙찰되기도 했다. ㉤

> **보기**
> 이 작품에 '합창 교향곡'이라는 명칭이 붙은 것도 바로 4악장에 나오는 합창 때문이다.

① ㉠　　　　　　　　　　　② ㉡
③ ㉢　　　　　　　　　　　④ ㉣
⑤ ㉤

10 다음 글을 통해 유추할 수 있는 내용으로 적절하지 않은 것은?

> 최근 온라인에서 '동서양 만화의 차이'라는 제목의 글이 화제가 되었다. 공개된 글에 따르면 동양 만화의 대표 격인 일본 만화는 대사보다는 등장인물의 표정, 대인관계 등에 초점을 맞춰 이미지나 분위기 맥락에 의존한다. 또 다채로운 성격의 캐릭터들이 등장하고 사건 사이의 무수한 복선을 통해 스토리가 진행된다.
>
> 반면 서양 만화를 대표하는 미국 만화는 정교한 그림체와 선악의 확실한 구분, 수많은 말풍선을 사용한 스토리 전개 등이 특징이다. 서양 사람들은 동양 특유의 느긋한 스토리와 말 없는 칸을 어색하게 느낀다. 이처럼 동서양 만화의 차이가 발생하는 이유는 동서양이 고맥락 문화와 저맥락 문화로 구분되기 때문이다. 고맥락 문화는 민족적 동질을 이루며 역사, 습관, 언어 등에서 공유하고 있는 맥락의 비율이 높다. 또한 집단주의와 획일성이 발달했다. 일본, 한국, 중국과 같은 한자문화권에 속한 동아시아 국가가 이러한 고맥락 문화에 속한다.
>
> 반면 저맥락 문화는 다인종·다민족으로 구성된 미국, 캐나다 등이 대표적이다. 저맥락 문화의 국가는 멤버 간에 공유하고 있는 맥락의 비율이 낮아 개인주의와 다양성이 발달한 문화를 가진다. 이렇듯 고맥락 문화와 저맥락 문화의 만화는 말풍선 안에 대사의 양으로 큰 차이점을 느낄 수 있다.

① 일본 만화는 무수한 복선을 통한 스토리 진행이 특징이다.

② 동서양 만화를 접했을 때 표면적으로 느낄 수 있는 차이점은 대사의 양이다.

③ 저맥락 문화는 멤버간의 공유하고 있는 맥락의 비율이 낮아서 다양성이 발달했다.

④ 고맥락 문화의 만화는 등장인물의 표정, 대인관계 등 이미지나 분위기 맥락에 의존하는 경향이 있다.

⑤ 미국은 고맥락 문화의 대표국으로 다양성이 발달하는 문화를 갖기 때문에 다채로운 성격의 캐릭터가 등장한다.

※ 다음 명제가 모두 참일 때, 빈칸에 들어갈 명제로 가장 적절한 것을 고르시오. [11~14]

11

> • 스누피가 아니면 제리이다.
> • _____
> • 그러므로 제리가 아니면 니모이다.

① 제리는 니모이다.
② 제리이면 스누피가 아니다.
③ 니모이면 스누피이다.
④ 니모가 아니면 스누피가 아니다.
⑤ 스누피는 니모이다.

Easy

12

> • 땅이 산성이면 빨간 꽃이 핀다.
> • 땅이 산성이 아니면 하얀 꽃이 핀다.
> • 그러므로 _____

① 하얀 꽃이 피지 않으면 땅이 산성이 아니다.
② 땅이 산성이면 하얀 꽃이 핀다.
③ 하얀 꽃이 피지 않으면 빨간 꽃이 핀다.
④ 빨간 꽃이 피면 땅이 산성이 아니다.
⑤ 하얀 꽃이 피면 땅이 산성이다.

13

> • 펜싱을 잘하는 사람은 검도를 잘한다.
> • 야구를 잘하는 사람은 골프를 잘한다.
> • 족구를 잘하는 사람은 펜싱을 잘한다.
> • _____

① 골프를 잘하는 사람은 야구를 잘하지 못한다.
② 검도를 잘하는 사람은 족구를 잘한다.
③ 야구를 잘하지 못하는 사람은 검도를 잘한다.
④ 펜싱을 잘하는 사람은 골프를 잘한다.
⑤ 족구를 잘하는 사람은 검도를 잘한다.

PART 2

`Easy`

14

> • 음악을 좋아하는 사람은 미술을 잘한다.
> • 미술을 잘하는 사람은 노래를 잘한다.
> • 나는 음악을 좋아한다.
> • _____

① 나는 음악을 잘한다.
② 나는 미술을 좋아한다.
③ 나는 노래를 좋아한다.
④ 나는 노래를 잘한다.
⑤ 나는 음악을 좋아하지만 잘하지는 못한다.

15

> • 정수, 영수, 영호, 재호, 경호 5명은 시력 검사를 하였다.
> • 정수의 시력은 1.2이다.
> • 정수의 시력은 영수의 시력보다 0.5 높다.
> • 영호의 시력은 정수보다 낮고 영수보다 높다.
> • 영호의 시력보다 낮은 재호의 시력은 0.6~0.8이다.
> • 경호의 시력은 0.6 미만으로 안경을 새로 맞춰야 한다.

① 영호의 시력은 1.0 이상이다.
② 경호의 시력이 가장 낮은 것은 아니다.
③ 정수의 시력이 가장 높다.
④ 재호의 시력은 영수의 시력보다 높다.
⑤ 시력이 높은 순으로 나열하면 '정수 – 영호 – 영수 – 재호 – 경호'이다.

Easy
16

> • 영희, 상욱, 수현 3명은 영어, 수학, 국어 시험을 보았다.
> • 영희는 영어 2등, 수학 2등, 국어 2등을 하였다.
> • 상욱이는 영어 1등, 수학 3등, 국어 1등을 하였다.
> • 수현이는 수학만 1등을 하였다.
> • 전체 평균 점수 1등을 한 사람은 영희이다.

① 총점이 가장 높은 것은 영희이다.
② 수현이의 수학 점수는 상욱이의 영어 점수보다 높다.
③ 상욱이의 영어 점수는 영희의 수학 점수보다 높다.
④ 영어와 수학 점수만 봤을 때, 상욱이가 1등일 것이다.
⑤ 상욱이의 국어 점수는 수현이의 수학 점수보다 낮다.

17 남학생 A ~ D와 여학생 W ~ Z 8명이 있다. 어떤 시험을 본 뒤, 8명의 득점을 알아보았더니, 남녀 모두 1명씩 짝을 이루어 동점을 받았다. 다음 〈조건〉이 모두 참일 때 항상 참인 것은?

> **조건**
> • 여학생 X는 남학생 B 또는 C와 동점이다.
> • 여학생 Y는 남학생 A 또는 B와 동점이다.
> • 여학생 Z는 남학생 A 또는 C와 동점이다.
> • 남학생 B는 여학생 W 또는 Y와 동점이다.

① 여학생 W는 남학생 B와 동점이다.
② 여학생 X와 남학생 B가 동점이다.
③ 여학생 Z와 남학생 C는 동점이다.
④ 여학생 Y는 남학생 A와 동점이다.
⑤ 여학생 W와 남학생 D는 동점이다.

18 S그룹 신입사원인 A ~ E 5명은 각각 영업팀, 기획팀, 홍보팀 중 한 곳에 속해있다. 각 팀 모두 같은 날, 같은 시간에 회의가 있고, S그룹은 3층과 5층에 회의실이 2개씩 있다. 따라서 3팀이 모두 한 층에서 회의를 할 수는 없다. 5명의 진술 중 2명은 참을 말하고 3명은 거짓을 말할 때, 항상 참인 것을 〈보기〉에서 모두 고르면?

> • A사원 : 기획팀은 3층에서 회의를 한다.
> • B사원 : 영업팀은 5층에서 회의를 한다.
> • C사원 : 홍보팀은 5층에서 회의를 한다.
> • D사원 : 나는 3층에서 회의를 한다.
> • E사원 : 나는 3층에서 회의를 하지 않는다.

> **보기**
> ㄱ. 영업팀과 홍보팀이 같은 층에서 회의를 한다면 E는 기획팀이다.
> ㄴ. 기획팀이 3층에서 회의를 한다면, D사원과 E사원은 같은 팀일 수 있다.
> ㄷ. 두 팀이 5층에서 회의를 하는 경우가 3층에서 회의를 하는 경우보다 많다.

① ㄱ
② ㄴ
③ ㄱ, ㄷ
④ ㄴ, ㄷ
⑤ ㄱ, ㄴ, ㄷ

19 다음 명제가 모두 참일 때 항상 참인 것은?

- 아메리카노는 카페라테보다 많이 팔린다.
- 유자차는 레모네이드보다 덜 팔린다.
- 카페라테는 레모네이드보다 많이 팔리지만, 녹차보다는 덜 팔린다.
- 녹차는 스무디보다 덜 팔리지만, 아메리카노보다 많이 팔린다.

① 가장 많이 팔리는 음료는 스무디이다.
② 유자차가 가장 안 팔리지는 않는다.
③ 카페라테보다 덜 팔리는 음료는 3개이다.
④ 녹차가 가장 많이 팔린다.
⑤ 레모네이드가 가장 적게 팔린다.

Easy

20 S사에 근무하는 A~C 세 명은 협력업체를 방문하기 위해 택시를 타고 가고 있다. 다음 〈조건〉을 참고할 때, 항상 옳은 것은?

조건
- 세 명의 직급은 각각 과장, 대리, 사원이다.
- 세 명은 각각 검은색, 회색, 갈색 코트를 입었다.
- 세 명은 기획팀, 연구팀, 디자인팀이다.
- 택시 조수석에는 회색 코트를 입은 과장이 앉아있다.
- 갈색 코트를 입은 연구팀 직원은 택시 뒷좌석에 앉아있다.
- 셋 중 가장 낮은 직급의 C는 기획팀이다.

① A : 대리, 갈색 코트, 연구팀
② A : 과장, 회색 코트, 디자인팀
③ B : 대리, 갈색 코트, 연구팀
④ B : 과장, 회색 코트, 디자인팀
⑤ C : 사원, 검은색 코트, 기획팀

※ 다음 식을 계산한 값을 구하시오. [1~5]

01

$$321 \times 7 - 5 \times 64$$

① 1,827　　　　　　　② 1,927

③ 2,027　　　　　　　④ 2,127

⑤ 2,227

02

$$454 - 56 \div 8 - 445$$

① 5　　　　　　　② 4

③ 3　　　　　　　④ 2

⑤ 1

03

$$32 \times 4 + 34 \times 4$$

① 224　　　　　　　② 234

③ 244　　　　　　　④ 254

⑤ 264

04

$$87 \times 8 - 9 \times 77$$

① 1   ② 2
③ 3   ④ 4
⑤ 5

05

$$12,052 + 12,025 + 10,252$$

① 33,929   ② 34,029
③ 34,129   ④ 34,229
⑤ 34,329

06 현식이는 아버지와 18살 차이가 나는데, 4년 후에는 아버지의 나이가 4년 후 현식이 나이의 3배가 된다. 올해 기준으로 2년 전 현식이의 나이는?

① 3세   ② 6세
③ 9세   ④ 12세
⑤ 15세

07 파견 근무를 나갈 10명을 뽑아 팀을 구성하려고 한다. 새로운 팀 내에서 팀장 한 명과 회계 담당 2명을 뽑으려고 하는데, 이 인원을 뽑는 경우의 수는?(단, 팀장과 회계 담당은 겸직할 수 없다)

① 300가지   ② 320가지

③ 348가지   ④ 360가지

⑤ 396가지

08 농도가 10%인 소금물 500L가 있는데, 생수를 채워서 소금물 농도를 5%로 줄이려고 한다. 이때, 더 넣어야 하는 생수의 양은?

① 400L   ② 450L

③ 500L   ④ 550L

⑤ 600L

09 A반 전체 평균 수학 점수는 49점이고 여자 수학 평균 점수만 계산하면 60점이 나온다. 이때, 남자 수학 평균 점수는 몇 점인가?(단, A반 남자 대 여자의 인원 비율은 2:3이다)

① 31.5점   ② 32.5점

③ 33.5점   ④ 34.5점

⑤ 35.5점

10 두 개의 톱니바퀴 A, B가 맞물려 회전하고 있다. A의 톱니가 25개이고 B의 톱니가 35개라면 지금 맞물려 있는 톱니가 다시 만나기 위해서는 A가 최소 몇 바퀴 회전해야 하는가?

① 5바퀴
② 6바퀴
③ 7바퀴
④ 8바퀴
⑤ 10바퀴

11 민섭이는 가족여행을 하려고 한다. 총 경비의 $\frac{1}{3}$은 숙박비이고, $\frac{1}{3}$은 왕복 항공권 비용이다. 숙박비와 항공권 비용을 쓰고 남은 경비의 $\frac{1}{6}$은 교통비로 사용하고, 이외의 나머지 경비를 40만 원으로 책정할 때, 총경비는?

① 138만 원
② 140만 원
③ 142만 원
④ 144만 원
⑤ 146만 원

12 무게가 1개당 15g인 사탕과 20g인 초콜릿을 합하여 14개를 사는데 총 무게가 235g 이상 250g 이하가 되도록 하려고 한다. 사탕을 최대 몇 개까지 살 수 있는가?

① 7개
② 8개
③ 9개
④ 10개
⑤ 11개

13 빨강, 파랑, 노랑, 검정의 4가지 색을 다음 ㄱ, ㄴ, ㄷ, ㄹ에 칠하려고 한다. 같은 색을 여러 번 사용해도 상관없으나, 같은 색을 이웃하여 칠하면 안 된다. 색칠하는 전체 경우의 수는?

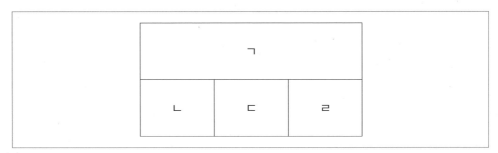

① 24가지   ② 48가지

③ 64가지   ④ 72가지

⑤ 84가지

14 주머니에 1부터 10까지의 숫자가 적힌 카드 10장이 들어있다. 주머니에서 카드를 세 번 뽑는다고 할 때, 1, 2, 3이 적힌 카드 중 하나 이상을 뽑을 확률은?(단, 꺼낸 카드는 다시 넣지 않는다)

① $\dfrac{5}{8}$ ② $\dfrac{17}{24}$

③ $\dfrac{7}{24}$ ④ $\dfrac{7}{8}$

⑤ $\dfrac{5}{6}$

15 S물류회사는 서로 같은 98개의 컨테이너를 자사 창고에 나눠 보관하려고 한다. 창고는 총 10개가 있으며 각 창고에는 10개의 컨테이너를 저장할 수 있다고 한다. 이때, 보관할 수 있는 경우의 수는?

① 52가지   ② 53가지

③ 54가지   ④ 55가지

⑤ 56가지

16 높이가 각각 8cm, 10cm, 6cm인 벽돌 3종류가 있다. 되도록 적은 벽돌을 사용하여 같은 종류의 벽돌끼리 쌓아 올리고자 한다. 필요한 벽돌의 개수는 모두 몇 개인가?

① 31개　　　　　　　　　　　　② 35개

③ 39개　　　　　　　　　　　　④ 43개

⑤ 47개

17 어느 가정의 1월과 6월의 전기요금 비율이 5 : 2이다. 1월의 전기요금에서 6만 원을 뺐을 때 그 비율이 3 : 2라면, 1월의 전기요금은?

① 9만 원　　　　　　　　　　　② 10만 원

③ 12만 원　　　　　　　　　　④ 15만 원

⑤ 18만 원

18 민준이의 나이는 영희의 나이보다 7세 더 많고 영희의 나이의 3배는 민준이의 나이의 2배보다 2세 적다고 한다. 민준이와 영희의 나이의 합은?

① 30세　　　　　　　　　　　　② 31세

③ 32세　　　　　　　　　　　　④ 33세

⑤ 34세

19 두 지점 A, B 사이를 자동차로 왕복하는데 갈 때는 80km/h, 올 때는 60km/h로 달렸더니 올 때는 갈 때보다 시간이 30분 더 걸렸다. 이때, 두 지점 A, B 사이의 거리는?

① 100km ② 110km

③ 120km ④ 130km

⑤ 150km

20 가로, 세로의 길이가 각각 432m, 720m인 직사각형 모양의 공원에 나무를 심으려고 한다. 네 귀퉁이에는 반드시 나무를 심고 서로 간격이 일정하게 떨어지도록 심으려고 할 때, 최소한 몇 그루를 심을 수 있는가?

① 16그루 ② 24그루

③ 36그루 ④ 48그루

⑤ 60그루

21 주머니에 빨간색 구슬 3개, 초록색 구슬 4개, 파란색 구슬 5개가 있다. 구슬 2개를 꺼낼 때, 모두 빨간색이거나 모두 초록색이거나 모두 파란색일 확률은?

① $\dfrac{3}{11}$ ② $\dfrac{19}{66}$

③ $\dfrac{10}{33}$ ④ $\dfrac{7}{22}$

⑤ $\dfrac{7}{44}$

22 남학생 5명과 여학생 3명이 운동장에 있다. 남학생 중 2명을 뽑고, 여학생 중 2명을 뽑아 한 줄로 세우는 경우의 수는?

① 120가지 ② 240가지
③ 360가지 ④ 480가지
⑤ 720가지

23 OECD 국가별로 학업능력을 평가한 결과, 1등급을 받은 국가는 전체의 20%로 평균 점수는 77점이었고 나머지 국가는 40점이었다. OECD 전체 평균 학업능력 점수는?

① 45.4점 ② 46.4점
③ 47.4점 ④ 48.4점
⑤ 49.4점

24 홍은, 영훈, 성준이는 A그룹 공채에 지원했고, 적성검사에 합격할 확률이 각각 $\frac{6}{7}$, $\frac{3}{5}$, $\frac{1}{2}$ 이다.

3명 중 2명이 합격할 확률을 $\frac{b}{a}$ 라 할 때, $a+b$의 값은?(단 a와 b는 서로소이다)

① 51 ② 64
③ 77 ④ 90
⑤ 103

25 농도 10%의 소금물 100g과 농도 25%의 소금물 200g을 섞었을 때, 소금물의 농도는?

① 15%

② 20%

③ 25%

④ 30%

⑤ 35%

26 5명으로 이루어진 남성 신인 아이돌 그룹의 모든 멤버 나이 합은 105살이다. 5명 중 3명의 나이는 5명의 평균 나이와 같고 가장 큰 형의 나이가 24살일 때, 막내의 나이는?

① 18살

② 19살

③ 20살

④ 21살

⑤ 22살

27 A가게에서는 감자 한 박스에 10,000원이고 배송비는 무료이며 B가게에서는 감자 한 박스에 8,000원이고 배송비는 3,000원이라고 할 때, 최소한 몇 박스를 사야 B가게에서 사는 것이 A가게에서 사는 것보다 저렴한가?

① 2박스

② 3박스

③ 4박스

④ 5박스

⑤ 6박스

28 1부터 10까지 적힌 공 중에서 첫 번째는 2의 배수, 두 번째는 3의 배수가 나오도록 공을 뽑을 확률은?(단, 뽑은 공은 다시 넣는다)

① $\dfrac{5}{18}$　　　　　　② $\dfrac{3}{20}$

③ $\dfrac{1}{7}$　　　　　　④ $\dfrac{5}{24}$

⑤ $\dfrac{5}{20}$

29 A와 B는 1.2km 떨어진 직선거리의 양 끝에서부터 12분 동안 마주 보고 달려 한 지점에서 만났다. B는 A보다 1.5배가 빠르다고 할 때, A의 속도는?

① 28m/분　　　　　　② 37m/분

③ 40m/분　　　　　　④ 48m/분

⑤ 53m/분

30 조각 케이크 1조각을 정가로 팔면 3,000원의 이익을 얻는다. 만일, 정가보다 20%를 할인하여 5개 팔았을 때의 순이익과 조각 케이크 1개당 정가에서 2,000원씩 할인하여 4개를 팔았을 때의 매출액이 같다면 이 상품의 정가는?

① 4,000원　　　　　　② 4,100원

③ 4,300원　　　　　　④ 4,400원

⑤ 4,600원

01 다음은 지역별 마약류 단속에 대한 자료이다. 이에 대한 설명으로 옳은 것은?

〈지역별 마약류 단속 건수〉

(단위 : 건, %)

구분	대마	코카인	향정신성의약품	합계	비중
서울	49	18	323	390	22.1
인천·경기	55	24	552	631	35.8
부산	6	6	166	178	10.1
울산·경남	13	4	129	146	8.3
대구·경북	8	1	138	147	8.3
대전·충남	20	4	101	125	7.1
강원	13	0	35	48	2.7
전북	1	4	25	30	1.7
광주·전남	2	4	38	44	2.5
충북	0	0	21	21	1.2
제주	0	0	4	4	0.2
전체	167	65	1,532	1,764	100.0

※ 수도권은 서울과 인천·경기를 합한 지역임

※ 마약류는 대마, 코카인, 향정신성의약품으로만 구성됨

① 대마 단속 전체 건수는 코카인 단속 전체 건수의 3배 이상이다.

② 수도권의 마약류 단속 건수는 마약류 단속 전체 건수의 50% 이상이다.

③ 코카인 단속 건수가 없는 지역은 5곳이다.

④ 향정신성의약품 단속 건수는 대구·경북 지역이 광주·전남 지역의 4배 이상이다.

⑤ 강원 지역은 향정신성의약품 단속 건수가 대마 단속 건수의 3배 이상이다.

다음은 어느 지역의 주화공급 현황에 대한 자료이다. 이에 대한 〈보기〉의 설명 중 옳은 것을 모두 고르면?

〈주화 공급 현황〉

구분	액면가				
	10원	50원	100원	500원	합계
공급량(십만 개)	340	215	265	180	1,000
공급기관 수(개)	170	90	150	120	530

※ (평균 주화공급량)$=\dfrac{(주화종류별 \ 공급량의 \ 합)}{(주화종류 \ 수)}$

※ (주화공급액)$=$(주화공급량)$\times$(액면가)

보기

ㄱ. 주화공급량이 주화종류별로 20십만 개씩 증가한다면, 이 지역의 평균 주화공급량은 270십만 개이다.

ㄴ. 주화종류별 공급기관당 공급량은 10원 주화가 500원 주화보다 적다.

ㄷ. 10원과 500원 주화는 각각 10%씩, 50원과 100원 주화는 각각 20%씩 공급량이 증가한다면, 이 지역의 평균 주화공급량의 증가율은 15% 이하이다.

ㄹ. 총 주화공급액 규모가 12% 증가해도 주화종류별 주화공급량의 비율은 변하지 않는다.

① ㄱ, ㄴ
② ㄱ, ㄷ
③ ㄷ, ㄹ
④ ㄱ, ㄷ, ㄹ
⑤ ㄴ, ㄷ, ㄹ

03 다음은 우리나라 인구성장률과 합계출산율에 대한 표이다. 이에 대한 설명으로 옳지 않은 것은?

〈인구성장률〉

(단위 : %)

구분	2018년	2019년	2020년	2021년	2022년	2023년
인구성장률	0.53	0.46	0.63	0.53	0.45	0.39

〈합계출산율〉

(단위 : 명)

구분	2018년	2019년	2020년	2021년	2022년	2023년
합계출산율	1,297	1,187	1,205	1,239	1,172	1,052

※ 합계출산율 : 가임여성 1명이 평생 낳을 것으로 예상되는 평균 출생아 수

① 2023년 인구성장률은 2020년 대비 40% 이상 감소하였다.

② 우리나라 인구성장률은 2020년 이후로 계속해서 감소하고 있다.

③ 2018년부터 2023년까지 인구성장률이 가장 낮았던 해는 합계출산율도 가장 낮았다.

④ 2018년부터 2020년까지 합계출산율과 인구성장률의 전년 대비 증감추이는 동일하다.

⑤ 2018년부터 2023년까지 인구성장률과 합계출산율이 두 번째로 높은 해는 2018년이다.

04 다음은 S사 직원들이 받는 평균 보수에 대한 자료이다. 이에 대한 설명으로 옳지 않은 것은?

〈직원 평균 보수〉

(단위 : 천 원)

구분	2019년	2020년	2021년	2022년	2023년
기본급	31,652	31,763	32,014	34,352	34,971
고정수당	13,868	13,434	12,864	12,068	12,285
실적수당	2,271	2,220	2,250	2,129	2,168
복리후생비	946	1,056	985	1,008	1,027
성과급	733	1,264	1,117	862	
기타 상여금	5,935	5,985	6,979	5,795	5,898
1인당 평균 보수액	55,405	55,722	56,209	56,214	56,349

① 2020년부터 2022년까지 기본급은 전년도 대비 계속 증가했다.

② 기타 상여금이 가장 높은 연도의 1인당 평균 보수액은 복리후생비의 50배 이상이다.

③ 2019 ~ 2022년 동안 고정수당의 증감 추이와 같은 항목은 없다.

④ 1인당 평균 보수액에서 성과급이 차지하는 비중은 2020년이 2022년보다 낮다.

⑤ 2023년 성과급의 전년 대비 증가율이 실적수당의 증가율과 같다면, 그 금액은 900천 원 미만이다.

05 다음은 국가별 4차 산업혁명 기반 산업 R&D 투자 현황에 대한 표이다. 이에 대한 설명으로 옳지 않은 것을 〈보기〉에서 모두 고르면?

〈국가별 4차 산업혁명 기반 산업 R&D 투자 현황〉

(단위 : 억 달러)

국가	서비스				제조					
	IT 서비스		통신 서비스		전자		기계 장비		바이오·의료	
	투자액	상대수준	투자액	상대수준	투자액	상대수준	투자액	상대수준	투자액	상대수준
한국	3.4	1.7	4.9	13.1	301.6	43.1	32.4	25.9	16.4	2.3
미국	200.5	100.0	37.6	100.0	669.8	100.0	121.3	96.6	708.4	100.0
일본	30.0	14.9	37.1	98.8	237.1	33.9	125.2	100.0	166.9	23.6
독일	36.8	18.4	5.0	13.2	82.2	11.7	73.7	58.9	70.7	10.0
프랑스	22.3	11.1	10.4	27.6	43.2	6.2	12.8	10.2	14.2	2.0

※ 투자액 : 기반산업별 R&D 투자액의 합계
※ 상대수준은 최대 투자국의 R&D 투자액을 100으로 두었을 때의 상대적 비율임

보기

ㄱ. 한국의 IT 서비스 부문 투자액은 미국 대비 1.7%이다.
ㄴ. 미국은 모든 산업의 상대수준이다.
ㄷ. 한국의 전자 부문 투자액은 전자 외 부문 투자액을 모두 합한 금액의 6배 이상이다.
ㄹ. 일본과 프랑스의 부문별 투자액 크기 순서는 동일하지 않다.

① ㄱ, ㄴ   ② ㄱ, ㄷ
③ ㄴ, ㄷ   ④ ㄴ, ㄹ
⑤ ㄷ, ㄹ

06 다음은 중학생의 주당 운동시간 현황을 조사한 자료이다. 이에 대한 설명으로 옳은 것을 〈보기〉에서 모두 고르면?

〈중학생의 주당 운동시간 현황〉

(단위 : %, 명)

구분		남학생			여학생		
		1학년	2학년	3학년	1학년	2학년	3학년
1시간 미만	비율	10.0	5.7	7.6	18.8	19.2	25.1
	인원수	118	66	87	221	217	281
1시간 이상 2시간 미만	비율	22.2	20.4	19.7	26.6	31.3	29.3
	인원수	261	235	224	312	353	328
2시간 이상 3시간 미만	비율	21.8	20.9	24.1	20.7	18.0	21.6
	인원수	256	241	274	243	203	242
3시간 이상 4시간 미만	비율	34.8	34.0	23.4	30.0	27.3	14.0
	인원수	409	392	266	353	308	157
4시간 이상	비율	11.2	19.0	25.2	3.9	4.2	10.0
	인원수	132	219	287	46	47	112
합계	비율	100.0	100.0	100.0	100.0	100.0	100.0
	인원수	1,176	1,153	1,138	1,175	1,128	1,120

보기

ㄱ. 1시간 미만 운동하는 3학년 남학생 수는 4시간 이상 운동하는 1학년 여학생 수보다 많다.

ㄴ. 동일 학년의 남학생과 여학생을 비교하면, 1시간 미만 운동하는 남학생의 비율이 여학생 중 1시간 미만 운동하는 여학생의 비율보다 각 학년에서 모두 낮다.

ㄷ. 남학생과 여학생 각각 학년이 높아질수록 3시간 이상 운동하는 학생의 비율이 낮아진다.

ㄹ. 모든 학년별 남학생과 여학생 각각에서, 3시간 이상 4시간 미만 운동하는 학생의 비율이 4시간 이상 운동하는 학생의 비율보다 높다.

① ㄱ, ㄴ
② ㄱ, ㄹ
③ ㄴ, ㄷ
④ ㄷ, ㄹ
⑤ ㄱ, ㄴ, ㄷ

07 S사는 휴대전화 생산을 하는 업체로 휴대전화에 들어갈 부품들을 만들어줄 하청업체를 구하려고 한다. CPU, RAM, 카메라모듈, 액정이 필요한데 각각의 부품을 가장 저렴하게 구입할 수 있는 하청업체는?(단, 괄호 안의 숫자는 고객 불만족도이며, 5%당 50,000원의 비용이 발생한다)

〈업체별 부품 단가〉

구분	CPU	RAM	카메라모듈	액정
MOON사	100,000원(20%)	120,000원(15%)	50,000원(10%)	200,000원(10%)
SUN사	80,000원(30%)	150,000원(10%)	80,000원(5%)	180,000원(20%)
EARTH사	120,000원(10%)	130,000원(10%)	70,000원(10%)	190,000원(15%)

	CPU	RAM	카메라모듈	액정
①	SUN	SUN	MOON	SUN
②	EARTH	MOON	MOON	SUN
③	MOON	EARTH	EARTH	SUN
④	EARTH	EARTH	SUN	MOON
⑤	SUN	MOON	EARTH	MOON

Easy

08 최근 시리얼 제품에 대한 소비자들의 관심이 높아지자 한 소비자단체가 시리얼 제품의 열량과 함량을 비교하여 다음과 같은 결과를 발표하였다. 이에 대한 설명으로 옳은 것은?

〈시중 시리얼 제품의 열량과 함량 비교(1회 제공량)〉

구분	제품명	열량(Kcal)	탄수화물(g)	당류(g)	단백질(g)
일반 제품	콘프라이트	117	27.2	9.7	1.3
	콘프로스트	115	26.6	9.3	1.6
	콘프레이크	152	35.0	2.3	3.1
당 함량을 낮춘 제품	1/3 라이트	118	27.1	5.9	1.4
	라이트슈거	115	26.5	6.8	1.6
견과류 첨가 제품	후레이크	131	24.2	7.2	1.8
	크런치너트 프레이크	170	31.3	10.9	2.7
	아몬드 프레이크	164	33.2	8.7	2.5
초코맛 제품	오곡 코코볼	122	25.0	8.8	2.0
	첵스 초코	115	25.5	9.1	1.5
	초코볼 시리얼	151	34.3	12.9	2.9
체중 조절용 제품	라이트업	155	31.4	6.9	6.7
	스페셜K	153	31.4	7.0	6.5
	바디랩	154	31.2	7.0	6.4
	슬림플러스	153	31.4	7.8	6.4

① 탄수화물 함량이 가장 낮은 시리얼은 당류 함량도 가장 낮은 수치를 보이고 있다.

② 일반 제품 시리얼의 열량은 체중 조절용 제품의 시리얼 열량보다 더 높은 수치를 보이고 있다.

③ 견과류 첨가 제품은 당 함량을 낮춘 제품보다 단백질 함량이 높은 편이다.

④ 당류가 가장 많은 시리얼은 견과류 첨가 제품이다.

⑤ 단백질의 경우 체중 조절용 제품 시리얼은 일반 제품 시리얼보다 3배 이상 많다.

09 다음은 로봇 생산에 대한 자료이다. 이에 대한 설명으로 옳지 않은 것은?

〈국내 로봇업체 수출 현황〉

(단위 : 억 원)

구분	2019년	2020년	2021년	2022년	2023년
제조용	5,965	6,313	6,768	6,806	8,860
전문 서비스	18	54	320	734	191
개인서비스	1,186	831	708	788	861
로봇 부품	207	265	362	1,007	1,072
합계	7,376	7,464	8,159	9,336	10,984

〈국내 부문별 연구개발 설비투자 현황〉

(단위 : 억 원)

구분	2019년	2020년	2021년	2022년	2023년
연구개발	159	391	545	270	1,334
생산	278	430	768	740	1,275
기타	48	196	281	154	451
합계	485	1,017	1,594	1,164	3,060

① 2019년부터 2022년까지 전체 투자 금액 중 생산 설비 투자 비중이 가장 높다.
② 2023년 연구개발 설비 투자 금액이 생산설비 투자 금액보다 59억 원 더 높다.
③ 2023년에 처음으로 로봇산업 수출액이 1조를 돌파하였다.
④ 제조용 로봇의 수출 비중이 가장 높은 해는 2020년도이다.
⑤ 매년 총수출액 중 로봇 부품이 차지하는 비율은 지속 증가 중이다.

10 S씨는 올해 총 6번의 토익시험에 응시하였다. 2회차 시험점수가 620점 이상 700점 이하였고 토익 평균점수가 750점이었을 때, ⓛ에 들어갈 수 있는 최소 점수는?

〈토익 시험 결과〉

1회	2회	3회	4회	5회	6회
620점	㉠	720점	840점	㉡	880점

① 720점
② 740점
③ 760점
④ 780점
⑤ 800점

11 다음은 지방자치단체 여성 공무원 현황에 대한 자료이다. 이에 대한 설명으로 옳지 않은 것은?

〈지방자치단체 여성 공무원 현황〉

(단위 : 백 명, %)

구분	2018년	2019년	2020년	2021년	2022년	2023년
전체 공무원	2,660	2,725	2,750	2,755	2,780	2,795
여성 공무원	705	750	780	805	820	830
여성 공무원 비율	26.5	27.5	28.4	29.2	29.5	29.7

① 2018년 이후 여성 공무원 수는 매년 증가하고 있다.
② 2021년 전체 공무원 수는 전년 대비 증가하였다.
③ 2022년 남성 공무원 수는 1,960백 명이다.
④ 2023년 남성 공무원이 차지하는 비율은 70% 이하이다.
⑤ 2023년 여성 공무원 비율은 2018년과 비교했을 때, 3.2%p 증가했다.

Easy

12 다음은 동북아시아 3개국 수도의 30년간의 인구 변화를 나타낸 자료이다. 이에 대한 설명으로 옳지 않은 것은?

〈동북아시아 3개국 수도 인구수〉

(단위 : 십만 명)

구분	1993년	2003년	2013년	2023년
서울	80	120	145	180
베이징	50	80	158	205
도쿄	300	330	356	360

① 2013년을 기점으로 인구수가 2번째로 많은 도시가 바뀐다.
② 세 도시 중 해당 기간 동안 인구가 감소한 도시가 있다.
③ 1993년 대비 2003년의 서울의 인구 증가율은 50%이다.
④ 2003년 대비 2013년의 인구 증가폭은 베이징이 가장 높다.
⑤ 2023년 인구가 최대인 도시의 인구수는 인구가 최소인 도시 인구수의 2배이다.

13 다음은 2023년 공무원 징계 현황에 대한 자료이다. 이에 대한 설명으로 옳지 않은 것을 〈보기〉에서 모두 고르면?

〈공무원 징계 현황〉

(단위 : 건)

징계 사유	경징계	중징계
A	3	25
B	174	48
C	170	53
D	160	40
기타	6	5

보기

ㄱ. 경징계 총 건수는 중징계 총 건수의 3배이다.
ㄴ. 전체 징계 건수 중 경징계 총 건수의 비율은 70% 미만이다.
ㄷ. 징계 사유 D로 인한 징계 건수 중 중징계의 비율은 20% 미만이다.
ㄹ. 전체 징계 사유 중 징계의 비율이 가장 높은 것은 C이다.

① ㄱ, ㄴ
② ㄱ, ㄷ
③ ㄴ, ㄷ
④ ㄴ, ㄹ
⑤ ㄷ, ㄹ

14 다음은 2018 ~ 2023년 관광통역 안내사 자격증 취득 현황에 대한 자료이다. 이에 대한 설명으로 옳지 않은 것을 〈보기〉에서 모두 고르면?

〈관광통역 안내사 자격증 취득 현황〉

(단위 : 명)

취득연도	영어	일어	중국어	불어	독어	스페인어	러시아어	베트남어	태국어
2018년	150	353	370	2	2	1	5	2	3
2019년	165	270	698	2	2	2	3	–	12
2020년	235	245	1,160	3	4	3	5	4	8
2021년	380	265	2,469	3	2	4	6	14	35
2022년	345	137	1,963	7	3	4	5	5	17
2023년	460	150	1,350	6	2	3	6	5	15
합계	1,735	1,420	8,010	23	15	17	30	30	90

보기

ㄱ. 영어와 스페인어 관광통역 안내사 자격증 취득자 수는 2019년부터 2023년까지 매년 증가하였다.

ㄴ. 2023년 중국어 관광통역 안내사 자격증 취득자 수는 일어 관광통역 안내사 자격증 취득자 수의 9배이다.

ㄷ. 2020년과 2021년의 태국어 관광통역 안내사 자격증 취득자 수 대비 베트남어 관광통역 안내사 자격증 취득자 수의 비율 차이는 10%p이다.

ㄹ. 불어 관광통역 안내사 자격증 취득자 수와 독어 관광통역 안내사 자격증 취득자 수는 2019년부터 2023년까지 전년 대비 증감 추이가 같다.

① ㄱ, ㄴ   ② ㄱ, ㄹ

③ ㄴ, ㄹ   ④ ㄱ, ㄷ, ㄹ

⑤ ㄴ, ㄷ, ㄹ

PART 2

15 다음은 연도별 전국 풍수해 규모에 대한 자료이다. 이에 대한 설명으로 옳은 것은?

〈연도별 전국 풍수해 규모〉

(단위 : 억 원)

구분	2014년	2015년	2016년	2017년	2018년	2019년	2020년	2021년	2022년	2023년
태풍	18	1,609	8	–	1,725	2,183	10,037	17	53	134
호우	19,063	435	581	2,549	1,808	5,276	384	1,581	1,422	12
대설	52	74	36	128	663	480	204	113	324	130
강풍	140	69	11	70	2	–	267	9	1	39
풍랑	57	331	–	241	70	3	–	–	–	3
전체	19,330	2,518	636	2,988	4,268	7,942	10,892	1,720	1,800	318

① 풍수해로 인한 피해가 3번째로 컸던 해는 2018년이다.

② 풍랑으로 인한 풍수해 규모는 매년 가장 낮았다.

③ 2023년 호우로 인한 풍수해 규모의 전년 대비 감소율은 97% 미만이다.

④ 전체 풍수해 규모에서 대설로 인한 풍수해 규모가 차지하는 비중은 2021년이 2019년보다 크다.

⑤ 2015 ~ 2023년 동안 발생한 전체 풍수해 규모의 전년 대비 증감추이는 태풍으로 인한 풍수해 규모의 증감추이와 비례한다.

16 다음은 주말과 주중 교통상황에 대한 자료이다. 이에 대한 설명으로 옳은 것을 〈보기〉에서 모두 고르면?

〈주말·주중 예상 교통량〉

(단위 : 만 대)

구분	전국	수도권 → 지방	지방 → 수도권
주말 교통량	490	50	51
주중 교통량	380	42	35

〈대도시 간 예상 최대 소요시간〉

구분	서울 → 대전	서울 → 부산	서울 → 광주	서울 → 강릉	남양주 → 양양
주말	2시간 40분	5시간 40분	4시간 20분	3시간 20분	2시간 20분
주중	1시간 40분	4시간 30분	3시간 20분	2시간 40분	1시간 50분

보기

ㄱ. 대도시 간 예상 최대 소요시간은 모든 구간에서 주중이 주말보다 적게 걸린다.
ㄴ. 주중 전국 교통량 중 수도권에서 지방으로 가는 교통량의 비율은 10% 이상이다.
ㄷ. 지방에서 수도권으로 가는 주말 예상 교통량은 주중 예상 교통량보다 30% 미만으로 많다.
ㄹ. 서울 – 광주 구간의 주중 소요시간은 서울 – 강릉 구간의 주말 소요시간과 같다.

① ㄱ, ㄴ
② ㄴ, ㄷ
③ ㄷ, ㄹ
④ ㄱ, ㄴ, ㄷ
⑤ ㄱ, ㄴ, ㄹ

17 다음은 연간 국내 인구이동에 대한 그래프이다. 이에 대한 설명으로 옳지 않은 것은?(단, 소수점 둘째 자리에서 반올림한다)

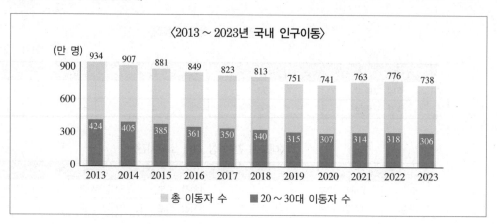

① 2020년까지 20 ~ 30대 이동자 수는 지속 감소하였다.

② 총 이동자 수와 20 ~ 30대 이동자 수의 변화 양상은 동일하다.

③ 총 이동자 수 대비 20 ~ 30대 이동자 수의 비율은 2020년이 가장 높다.

④ 20 ~ 30대를 제외한 이동자 수가 가장 많은 해는 2013년이다.

⑤ 총 이동자 수가 가장 적은 해에 20 ~ 30대 이동자가 차지하는 비율은 약 41.5%이다.

18 다음은 선박 종류별 기름 유출 사고 발생 현황을 나타낸 자료이다. 이에 대한 설명으로 옳은 것은?

〈선박 종류별 기름 유출 사고 발생 현황〉

(단위 : 건, kL)

구분		유조선	화물선	어선	기타	합계
2019년	사고 건수	37	53	151	96	337
	유출량	956	584	53	127	1,720
2020년	사고 건수	28	68	247	120	463
	유출량	21	49	166	151	387
2021년	사고 건수	27	61	272	123	483
	유출량	3	187	181	212	583
2022년	사고 건수	32	33	218	102	385
	유출량	38	23	105	244	410
2023년	사고 건수	39	39	149	116	343
	유출량	1,223	66	30	143	1,462

① 화물선 사고의 1건당 평균 유출량이 가장 많다.

② 연도별 전체 사고 건수에 대한 유조선 사고 건수 비율은 매년 감소하고 있다.

③ 각 연도에서 사고 건수에 대한 유출량 비율이 가장 낮은 선박 종류는 어선이다.

④ 2019년부터 2023년 사이의 전체 기름 유출 사고 건수와 전체 유출량은 증감 추이는 같다.

⑤ 전체 유출량이 가장 적은 연도에서 기타를 제외하고 사고 건수 대비 유출량이 가장 낮은 선박 종류는 어선이다.

19 5명으로 구성된 총무팀에서 비품을 신청할 때가 되어 다음과 같이 비품을 주문하려고 한다. 정해진 예산은 25,000원이며 다음 비품을 모두 주문하고 남은 돈으로 1자루에 250원짜리 볼펜을 주문한다고 할 때, 살 수 있는 볼펜의 수는?(단, 볼펜 1타는 볼펜 12자루이다)

〈주문 비품 목록〉

구분	가격	개수
지우개	500원	총무팀 인원 수
계산기	5,700원	1개
형광펜	600원	3개

① 2타

② 3타

③ 4타

④ 5타

⑤ 6타

20 다음은 농산물 수입 실적을 나타낸 자료이다. 이에 대한 설명으로 옳지 않은 것은?

〈농산물 수입 실적〉

(단위 : 만 톤, 천만 달러)

구분		2018년	2019년	2020년	2021년	2022년	2023년
농산물 전체	물량	2,450	2,510	2,595	3,160	3,250	3,430
	금액	620	810	1,175	1,870	1,930	1,790
곡류	물량	1,350	1,270	1,175	1,450	1,480	1,520
	금액	175	215	305	475	440	380
과실류	물량	65	75	65	105	95	130
	금액	50	90	85	150	145	175
채소류	물량	40	75	65	95	90	110
	금액	30	50	45	85	80	90

① 2023년 농산물 전체 수입 물량은 2018년 대비 40% 증가하였다.

② 곡류의 수입 물량은 지속적으로 줄어들었지만, 수입 금액은 지속적으로 증가하였다.

③ 2023년 과실류의 수입 금액은 2018년 대비 250% 급증하였다.

④ 곡류, 과실류, 채소류 중 2018년 대비 2023년에 수입 물량이 가장 많이 증가한 것은 곡류이다.

⑤ 2019 ~ 2023년 동안 과실류와 채소류 수입 금액의 전년 대비 증감 추이는 같다.

진실은 반드시 따르는 자가 있고, 정의는 반드시 이루는 날이 있다.

- 안창호 -

인성검사

PART 3 인성검사

01 인성검사 수검요령

인성검사는 특별한 수검요령이 없다. 다시 말하면 모범답안이 없고, 정답이 없다는 이야기이다. 국어문제처럼 말의 뜻을 풀이하는 것도 아니다. 굳이 수검요령을 말하자면, 진실하고 솔직한 내 생각이 최고의 답변이라고 할 수 있을 것이다.

인성검사에서 가장 중요한 것은 첫째, 솔직한 답변이다. 지금까지 경험을 통해서 축적한 자신의 생각과 행동을 거짓 없이 솔직하게 기재하는 것이다. 예를 들어, '나는 타인의 물건을 훔치고 싶은 충동을 느껴본 적이 있다.'란 질문에 지원자들은 많은 생각을 하게 된다. 생각해 보라. 유년기에 또는 성인이 되어서도 타인의 물건을 훔치는 일을 저지른 적은 없더라도, 훔치고 싶은 충동은 누구나 조금이라도 느껴보았을 것이다. 그런데 이 질문에 고민을 하는 사람이 간혹 있다. 이 질문에 '예'라고 대답하면 담당 검사관들이 나를 사회적으로 문제가 있는 사람으로 여기지는 않을까 하는 생각에 '아니요'라는 답을 기재하게 된다. 이런 솔직하지 않은 답변이 답변의 신뢰와 솔직함을 나타내는 타당성 척도에 좋지 않은 점수를 주게 된다.

둘째, 일관성 있는 답변이다. 인성검사의 수많은 질문 문항 중에는 비슷한 뜻의 질문이 여러 개 숨어 있는 경우가 많이 있다. 그 질문들은 지원자의 솔직한 답변과 심리적인 상태를 알아보기 위해 내포되어 있는 문항들이다. 예컨대 '나는 유년시절 타인의 물건을 훔친 적이 있다.'라는 질문에 '예'라고 대답했는데, '나는 유년시절 타인의 물건을 훔쳐보고 싶은 충동을 느껴본 적이 있다.'라는 질문에는 '아니요'라는 답을 기재한다면 어떻겠는가. 일관성 없이 '대충 기재하자.'라는 식의 심리적 무성의한 답변이 되거나, 정신적으로 문제가 있는 사람으로 보일 수 있다.

인성검사는 많은 문항을 풀어야 하므로 지원자들은 지루함과 따분함, 반복되는 비슷한 질문에 대한 인내력 상실 등을 경험할 수 있다. 인내를 가지고 솔직한 내 생각을 대답하는 것이 무엇보다 중요한 요령이다.

02 인성검사 시 유의사항

(1) 충분한 휴식으로 불안을 없애고 정서적인 안정을 취한다. 심신이 안정되어야 자신의 마음을 표현할 수 있다.

(2) 생각나는 대로 솔직하게 응답한다. 자신을 너무 과대포장하지도, 너무 비하하지도 마라. 답변을 꾸며서 하면 앞뒤가 맞지 않게끔 구성돼 있어 불리한 평가를 받게 되므로 솔직하게 답하도록 한다.

(3) 검사문항에 대해 지나치게 생각해서는 안 된다. 지나치게 몰두하면 엉뚱한 답변이 나올 수 있으므로 불필요한 생각은 삼간다.

(4) 문항 수가 많기에 자칫 건너뛰거나 다 풀지 못하는 경우가 있는데, 가능한 모든 문항에 답해야 한다. 응답하지 않은 문항이 많을 경우 평가자가 정확한 평가를 내리지 못해 불리한 평가를 내릴 수 있다.

※ 각 문제에 대해 자신이 동의하는 정도에 따라 '① 전혀 그렇지 않다, ② 그렇지 않다, ③ 그렇다, ④ 매우 그렇다'로 응답하시오. [1~50]

01

1. 잘하지 못하는 것이라도 자진해서 한다.
2. 외출할 때 날씨가 좋지 않아도 그다지 신경을 쓰지 않는다.

1. ①　　　　② 　　　　③ 　　　　④
2. ①　　　　② 　　　　③ 　　　　④

02

1. 모르는 사람과 이야기하는 것은 용기가 필요하다.
2. 하나의 취미를 오래 지속하는 편이다.

1. ①　　　　② 　　　　③ 　　　　④
2. ①　　　　② 　　　　③ 　　　　④

03

1. 남의 생일이나 명절 때 선물을 사러 다니는 일이 귀찮게 느껴진다.
2. 실패하든 성공하든 그 원인은 꼭 분석한다.

1. ①　　　　② 　　　　③ 　　　　④
2. ①　　　　② 　　　　③ 　　　　④

04

1. 꿈을 갖고 있지만 좀 더 현실적인 사람이 좋다.
2. 꿈을 드러내지 않는 사람이 좋다.

1. ①　　　　② 　　　　③ 　　　　④
2. ①　　　　② 　　　　③ 　　　　④

05

1. 어려움에 처한 사람을 보면 동정한다.
2. 어려움에 처한 사람을 보면 그 이유를 생각해 본다.

1. ①   ②   ③   ④
2. ①   ②   ③   ④

06

1. 어려움에 처한 사람을 보면 이겨내겠지 하고 생각한다.
2. 어려움에 처한 사람을 봐도 별로 신경 쓰이지 않는다.

1. ①   ②   ③   ④
2. ①   ②   ③   ④

07

1. 혼자 행동하는 것을 좋아한다.
2. 동료와 함께 행동하는 것을 좋아한다.

1. ①   ②   ③   ④
2. ①   ②   ③   ④

08

1. 혼자든 동료와 함께든 관계없다.
2. 동료와 함께 하면 불편하지만 내색하지 않는다.

1. ①   ②   ③   ④
2. ①   ②   ③   ④

09

1. 무슨 일이 생기면 자신 때문이라고 생각한다.
2. 정확하게 원인을 분석해 잘잘못을 따진다.

1. ① ② ③ ④
2. ① ② ③ ④

10

1. 함께 했지만 내게 잘못이 없으면 자책하지 않는다.
2. 가능하면 내 잘못이 아니라고 생각하고 잊어버린다.

1. ① ② ③ ④
2. ① ② ③ ④

11

1. 주위의 의견에 자주 휘둘리는 편이다.
2. 한번 결정한 의견은 반대가 있더라도 계속 고집하는 편이다.

1. ① ② ③ ④
2. ① ② ③ ④

12

1. 반대 의견이 내 의견보다 논리적이라면 바로 순응하는 편이다.
2. 내 결정과 반대 의견이 많으면 쉽게 결정을 내리지 못하는 편이다.

1. ① ② ③ ④
2. ① ② ③ ④

13

1. 인간관계가 귀찮다고 생각하는 경우가 많다.
2. 인간관계가 자신의 모든 것을 나타낸다고 생각한다.

1. ①   ②   ③   ④
2. ①   ②   ③   ④

14

1. 다른 사람들과 관계를 쌓는 것을 좋아한다.
2. 다른 사람과의 관계는 신경쓰지 않는다.

1. ①   ②   ③   ④
2. ①   ②   ③   ④

15

1. 남들 앞에서 의견을 발표하는 데 자신이 있다.
2. 자신은 없지만 꼭 필요한 발표는 할 수 있다.

1. ①   ②   ③   ④
2. ①   ②   ③   ④

16

1. 부끄럼이 많아 최대한 발표 기회를 줄인다.
2. 사람들 앞에서 발표하는 것이 너무 무섭다.

1. ①   ②   ③   ④
2. ①   ②   ③   ④

17

1. 정확한 이론이 가장 중요하다.
2. 빠른 행동이 가장 중요하다.

1. ①   ②   ③   ④
2. ①   ②   ③   ④

18

1. 둘 다 중요하지만 행동보다는 이론이 중요하다.
2. 둘 다 중요하지만 이론보다는 행동이 중요하다.

1. ①   ②   ③   ④
2. ①   ②   ③   ④

19

1. 휴일에는 주로 약속을 잡아 외출하는 편이다.
2. 휴일은 주로 집에서 지내는 편이다.

1. ①   ②   ③   ④
2. ①   ②   ③   ④

20

1. 휴일에 나가는 것이 싫지는 않지만 다른 사람이 먼저 약속하지 않으면 외출하지 않는다.
2. 휴일에는 집에서 쉬고 싶지만 주위에서 계속 찾아 어쩔 수 없이 외출하는 편이다.

1. ①   ②   ③   ④
2. ①   ②   ③   ④

21

1. 한번 시작한 일은 끝까지 해내고 만다.
2. 선택지는 항상 복수로 가지고 있다.

1. ①　　　　②　　　　③　　　　④
2. ①　　　　②　　　　③　　　　④

22

1. 굳은 마음으로 일을 시작해도 힘들 땐 많이 흔들리는 편이다.
2. 열심히 했지만 어쩔 수 없이 안 되는 일이 생기는 편이다.

1. ①　　　　②　　　　③　　　　④
2. ①　　　　②　　　　③　　　　④

23

1. 예측이 서지 않으면 아무것도 할 수 없고 불안하다.
2. 예측이 서지 않아도 전혀 신경 쓰이지 않는다.

1. ①　　　　②　　　　③　　　　④
2. ①　　　　②　　　　③　　　　④

24

1. 예측이 서지 않으면 조금 불안하다.
2. 예측이 서지 않아도 일부러 신경 쓰지 않는 편이다.

1. ①　　　　②　　　　③　　　　④
2. ①　　　　②　　　　③　　　　④

25

1. 도전적인 일을 하고 싶다.
2. 견실한 일을 하고 싶다.

1. ①   ②   ③   ④
2. ①   ②   ③   ④

26

1. 어떤 일이든 상관없이 열심히 한다.
2. 남들이 부러워할 만한 일을 하고 싶다.

1. ①   ②   ③   ④
2. ①   ②   ③   ④

27

1. 자처해서 행동하는 편이다.
2. 누군가의 뒤를 따라 행동하는 편이다.

1. ①   ②   ③   ④
2. ①   ②   ③   ④

28

1. 지금은 어쩔 수 없이 따라하지만 불만이 많은 편이다.
2. 누군가의 지시를 받아 행동하는 것이 편하지만 주로 나 혼자 판단하는 편이다.

1. ①   ②   ③   ④
2. ①   ②   ③   ④

PART 3

29

1. 친한 친구하고만 어울리는 편이다.
2. 처음 만난 사람에게도 친하게 다가가는 편이다.

1. ①　　　　　②　　　　　③　　　　　④
2. ①　　　　　②　　　　　③　　　　　④

30

1. 처음 만난 사람과도 시간이 조금 필요하지만 친해질 수 있다.
2. 상대방의 성격에 따라 금방 친해지기도 하고 그렇지 않기도 하다.

1. ①　　　　　②　　　　　③　　　　　④
2. ①　　　　　②　　　　　③　　　　　④

31

1. 새로운 방법을 모색하는 편이다.
2. 경험을 중시하는 편이다.

1. ①　　　　　②　　　　　③　　　　　④
2. ①　　　　　②　　　　　③　　　　　④

32

1. 새로운 방법을 모색한 후 불가능할 때 경험을 찾는 편이다.
2. 경험을 먼저 활용한 후 불가능할 때 새로운 방법을 찾는 편이다.

1. ①　　　　　②　　　　　③　　　　　④
2. ①　　　　　②　　　　　③　　　　　④

33

1. 무언가를 결정할 때에는 자신의 감정에 따르는 편이다.
2. 무언가를 결정할 때에는 논리적으로 생각하는 편이다.

1. ①   ②   ③   ④
2. ①   ②   ③   ④

34

1. 무언가를 결정할 때에는 다른 사람의 의견을 들어보는 편이다.
2. 무언가를 결정할 때에는 주로 윗사람의 의견을 따르는 편이다.

1. ①   ②   ③   ④
2. ①   ②   ③   ④

35

1. 쇼핑은 생각났을 때 하는 편이다.
2. 쇼핑은 미리 예산을 세우고 하는 편이다.

1. ①   ②   ③   ④
2. ①   ②   ③   ④

36

1. 쇼핑은 꼭 필요할 때 외에는 하지 않는 편이다.
2. 항상 쇼핑할 때 생각보다 많은 지출을 하는 편이다.

1. ①   ②   ③   ④
2. ①   ②   ③   ④

37

1. 지나치게 걱정하는 경우가 많다.
2. 겉으로는 걱정 안 하는 척하면서 계속 걱정하는 경우가 많다.

1. ①   ②   ③   ④
2. ①   ②   ③   ④

38

1. 걱정하는 척하지만 실제로는 거의 걱정하지 않는 편이다.
2. 무슨 일이든 지나치게 걱정하지는 않는다.

1. ①   ②   ③   ④
2. ①   ②   ③   ④

39

1. 쉽게 뜨거워지고 쉽게 식는 편이다.
2. 쉽게 뜨거워지고 천천히 식는 편이다.

1. ①   ②   ③   ④
2. ①   ②   ③   ④

40

1. 천천히 뜨거워지고 쉽게 식는 편이다.
2. 천천히 뜨거워지고 천천히 식는 편이다.

1. ①   ②   ③   ④
2. ①   ②   ③   ④

41

1. 남은 남, 나는 나라고 생각한다.
2. 혼자서는 살 수 없기 때문에 어쩔 수 없이 함께 어울려 산다고 생각한다.

1. ①　　　　　②　　　　　③　　　　　④
2. ①　　　　　②　　　　　③　　　　　④

42

1. 나 혼자라고 생각한 적은 한 번도 없다.
2. 내가 노력하는 만큼 상대방도 내게 정성을 보일 것이라 생각한다.

1. ①　　　　　②　　　　　③　　　　　④
2. ①　　　　　②　　　　　③　　　　　④

43

1. 남에게 주의를 받으면 화가 난다.
2. 남에게 주의를 받아도 내가 아니라고 생각하면 전혀 개의치 않는다.

1. ①　　　　　②　　　　　③　　　　　④
2. ①　　　　　②　　　　　③　　　　　④

44

1. 남은 전혀 신경 쓰지 않는다.
2. 남에게 주의를 받으면 가능한 한 빨리 잘못된 부분을 바로잡는 편이다.

1. ①　　　　　②　　　　　③　　　　　④
2. ①　　　　　②　　　　　③　　　　　④

45

1. 계획을 세우고 행동하는 것을 좋아한다.
2. 생각한 것을 바로 행동으로 옮기는 것을 좋아한다.

1. ① ② ③ ④
2. ① ② ③ ④

46

1. 약간의 계획을 세운 후 가능한 한 빨리 행동해 오류를 수정하는 편이다.
2. 계획을 세우면서 오류가 발생하면 그 오류가 수정되기 전까지는 절대 행동으로 옮기지 않는다.

1. ① ② ③ ④
2. ① ② ③ ④

47

1. 몸을 움직이는 것을 좋아한다.
2. 가만히 있는 것을 좋아한다.

1. ① ② ③ ④
2. ① ② ③ ④

48

1. 가만히 있는 것이 좋지만 많이 움직이는 편이다.
2. 몸을 움직이는 것이 좋지만 가능한 한 가만히 있으려 하는 편이다.

1. ① ② ③ ④
2. ① ② ③ ④

49

1. 노력파라고 생각한다.
2. 임기응변에 강하다고 생각한다.

1. ①   ②   ③   ④
2. ①   ②   ③   ④

50

1. 노력보다는 항상 운이 좋다고 생각한다.
2. 예상치 않은 어려움을 접하면 어쩔 수 없이 포기하고 새로운 일을 찾는 편이다.

1. ①   ②   ③   ④
2. ①   ②   ③   ④

※ 각 문제에 대해 자신이 동의하는 정도에 따라 (가)에 가까울수록 ①에 가깝게, (나)에 가까울수록 ④에
가깝게 응답하시오. [1~50]

01

(가) 남의 말을 호의적으로 받아들인다.
(나) 칭찬을 들어도 비판적으로 생각한다.

①   ②   ③   ④

02

(가) 반대에 부딪혀도 자신의 의견을 바꾸는 일은 없다.
(나) 실행하기 전에 재확인할 때가 많다.

①   ②   ③   ④

03

(가) 자신의 권리를 주장하는 편이다.
(나) 부당한 일을 당해도 참고 넘어가는 편이다.

① ② ③ ④

04

(가) 자기주장이 강하다.
(나) 자신의 의견을 상대방에게 잘 주장하지 못한다.

① ② ③ ④

05

(가) 좀처럼 결단을 내리지 못하는 경우가 있다.
(나) 하나의 취미를 오래 지속하는 편이다.

① ② ③ ④

06

(가) 타인에게 간섭받는 것은 싫다.
(나) 행동으로 옮기기까지 시간이 걸린다.

① ② ③ ④

07

(가) 다른 사람들이 하지 못하는 일을 하고 싶다.
(나) 해야 할 일은 신속하게 처리한다.

① ② ③ ④

08

(가) 모르는 사람과 이야기하는 것은 용기가 필요하다.
(나) 끙끙거리며 생각할 때가 있다.

①   ②   ③   ④

09

(가) 다른 사람에게 항상 움직이고 있다는 말을 듣는다.
(나) 매사에 얽매인다.

①   ②   ③   ④

10

(가) 잘하지 못하는 게임은 하지 않으려고 한다.
(나) 어떠한 일이 있어도 출세하고 싶다.

①   ②   ③   ④

11

(가) 막무가내라는 말을 들을 때가 많다.
(나) 남과 친해지려면 용기가 필요하다.

①   ②   ③   ④

12

(가) 통찰력이 있다고 생각한다.
(나) 집에서 가만히 있으면 기분이 우울해진다.

①   ②   ③   ④

13

(가) 매사에 느긋하고 차분하게 매달린다.
(나) 좋은 생각이 떠올라도 실행하기 전에 여러 번 검토한다.

①   ②   ③   ④

14

(가) 누구나 권력자를 동경하고 있다고 생각한다.
(나) 몸으로 부딪쳐 도전하는 편이다.

①   ②   ③   ④

15

(가) 내성적이라고 생각한다.
(나) 대충 하는 것을 좋아한다.

①   ②   ③   ④

16

(가) 나는 털털한 편이다.
(나) 나는 끈기가 강하다.

①   ②   ③   ④

17

(가) 계획을 세우고 행동할 때가 많다.
(나) 일에는 결과가 중요하다고 생각한다.

①   ②   ③   ④

18

(가) 활력이 있다.
(나) 인간관계가 폐쇄적이라는 말을 듣는다.

①   ②   ③   ④

19

(가) 매사에 신중한 편이라고 생각한다.
(나) 눈을 뜨면 바로 일어난다.

①   ②   ③   ④

20

(가) 난관에 봉착해도 포기하지 않고 열심히 해본다.
(나) 실행하기 전에 재확인할 때가 많다.

①   ②   ③   ④

21

(가) 리더로서 인정을 받고 싶다.
(나) 어떤 일이 있어도 의욕을 가지고 열심히 하는 편이다.

①   ②   ③   ④

22

(가) 그룹 내에서 누군가의 주도하에 따라가는 경우가 많다.
(나) 차분하다는 말을 자주 듣는다.

①   ②   ③   ④

23

(가) 스포츠 선수가 되고 싶다고 생각한 적이 있다.
(나) 모두가 싫증을 내는 일에도 혼자서 열심히 한다.

①   ②   ③   ④

24

(가) 세부적인 계획을 세우고 휴일을 보낸다.
(나) 완성된 것보다도 미완성인 것에 흥미가 있다.

①   ②   ③   ④

25

(가) 잘하지 못하는 것이라도 자진해서 한다.
(나) 의견이 다른 사람과는 어울리지 않는다.

①   ②   ③   ④

26

(가) 무슨 일이든 생각해 보지 않으면 만족하지 못한다.
(나) 다소 무리를 하더라도 피로해지지 않는다.

①   ②   ③   ④

27

(가) 굳이 말하자면 장거리 주자에 어울린다고 생각한다.
(나) 여행을 가기 전에는 세세한 계획을 세운다.

①   ②   ③   ④

28

(가) 능력을 살릴 수 있는 일을 하고 싶다.
(나) 내 성격이 시원시원하다고 생각한다.

①   ②   ③   ④

29

(가) 다른 사람에게 자신이 소개되는 것을 좋아한다.
(나) 실행하기 전에 재고하는 경우가 많다.

①   ②   ③   ④

PART 3

30

(가) 몸을 움직이는 것을 좋아한다.
(나) 나는 완고한 편이라고 생각한다.

①   ②   ③   ④

31

(가) 신중하게 생각하는 편이다.
(나) 커다란 일을 해보고 싶다.

①   ②   ③   ④

32

(가) 계획을 생각하기보다 빨리 실행하고 싶어 한다.
(나) 어색해지면 입을 다무는 경우가 많다.

①   ②   ③   ④

33

> (가) 하루의 행동을 반성하는 경우가 많다.
> (나) 격렬한 운동도 그다지 힘들어하지 않는다.

①   ②   ③   ④

34

> (가) 새로운 일을 하는 것을 망설인다.
> (나) 항상 앞으로의 일을 생각하지 않으면 진정이 되지 않는다.

①   ②   ③   ④

35

> (가) 인생에서 중요한 것은 높은 목표를 갖는 것이다.
> (나) 무슨 일이든 선수를 쳐야 이긴다고 생각한다.

①   ②   ③   ④

36

> (가) 남들과의 교제에 소극적인 편이라고 생각한다.
> (나) 복잡한 것을 생각하는 것을 좋아한다.

①   ②   ③   ④

37

> (가) 운동하는 것을 좋아한다.
> (나) 참을성이 강하다.

①   ②   ③   ④

38

(가) 전망이 서지 않으면 행동으로 옮기지 않을 때가 많다.
(나) 남들 위에 서서 일을 하고 싶다.

①   ②   ③   ④

39

(가) 지금까지 가본 적이 없는 곳에 가는 것을 좋아한다.
(나) 모르는 사람과 만나는 일은 마음이 무겁다.

①   ②   ③   ④

40

(가) 실제로 행동하기보다 생각하는 것을 좋아한다.
(나) 목소리가 큰 편이라고 생각한다.

①   ②   ③   ④

41

(가) 계획을 중도에 변경하는 것은 싫다.
(나) 호텔이나 여관에 묵으면 반드시 비상구를 확인한다.

①   ②   ③   ④

42

(가) 목표는 높을수록 좋다.
(나) 기왕 하는 것이라면 온 힘을 다한다.

①   ②   ③   ④

43

(가) 얌전한 사람이라는 말을 들을 때가 많다.
(나) 침착하게 행동하는 편이다.

①   ②   ③   ④

44

(가) 활동적이라는 이야기를 자주 듣는다.
(나) 한 가지 일에 열중하는 것을 좋아한다.

①   ②   ③   ④

45

(가) 쓸데없는 걱정을 할 때가 많다.
(나) 굳이 말하자면 야심가이다.

①   ②   ③   ④

46

(가) 수비보다 공격하는 것에 자신이 있다.
(나) 친한 사람하고만 어울리고 싶다.

①   ②   ③   ④

47

(가) 행동하기 전에 먼저 생각한다.
(나) 굳이 말하자면 활동적인 편이다.

①   ②   ③   ④

48

(가) 불가능해 보이는 일이라도 포기하지 않고 계속한다.
(나) 일을 할 때에는 꼼꼼하게 계획을 세우고 실행한다.

①   ②   ③   ④

49

(가) 현실에 만족하지 않고 더욱 개선하고 싶다.
(나) 결심하면 바로 착수한다.

①   ②   ③   ④

50

(가) 처음 만나는 사람과는 잘 이야기하지 못한다.
(나) 냉정하다.

①   ②   ③   ④

※ 다음 질문을 읽고, ①~⑤ 중 자신에게 해당하는 것을 고르시오(① 전혀 그렇지 않다 ② 약간 그렇지 않다 ③ 보통이다 ④ 약간 그렇다 ⑤ 매우 그렇다). [1~160]

번호	질문	응답				
01	결점을 지적받아도 아무렇지 않다.	①	②	③	④	⑤
02	피곤할 때도 명랑하게 행동한다.	①	②	③	④	⑤
03	실패했던 경험을 생각하면서 고민하는 편이다.	①	②	③	④	⑤
04	언제나 생기가 있다.	①	②	③	④	⑤
05	선배의 지적을 순수하게 받아들일 수 있다.	①	②	③	④	⑤
06	매일 목표가 있는 생활을 하고 있다.	①	②	③	④	⑤
07	열등감으로 자주 고민한다.	①	②	③	④	⑤
08	남에게 무시당하면 화가 난다.	①	②	③	④	⑤
09	무엇이든지 하면 된다고 생각하는 편이다.	①	②	③	④	⑤
10	자신의 존재를 과시하고 싶다.	①	②	③	④	⑤
11	사람을 많이 만나는 것을 좋아한다.	①	②	③	④	⑤
12	사람들이 당신에게 말수가 적다고 하는 편이다.	①	②	③	④	⑤
13	특정한 사람과 교제를 하는 편이다.	①	②	③	④	⑤
14	친구에게 먼저 말을 하는 편이다.	①	②	③	④	⑤
15	친구만 있으면 된다고 생각한다.	①	②	③	④	⑤
16	많은 사람 앞에서 말하는 것이 서툴다.	①	②	③	④	⑤
17	반 편성과 교실 이동을 싫어한다.	①	②	③	④	⑤
18	다과회 등에서 자주 책임을 맡는다.	①	②	③	④	⑤
19	새 팀 분위기에 쉽게 적응하지 못하는 편이다.	①	②	③	④	⑤
20	누구하고나 친하게 교제한다.	①	②	③	④	⑤
21	충동구매는 절대 하지 않는다.	①	②	③	④	⑤
22	컨디션에 따라 기분이 잘 변한다.	①	②	③	④	⑤
23	옷 입는 취향이 오랫동안 바뀌지 않고 그대로이다.	①	②	③	④	⑤
24	남의 물건이 좋아 보인다.	①	②	③	④	⑤
25	광고를 보면 그 물건을 사고 싶다.	①	②	③	④	⑤
26	자신이 낙천주의자라고 생각한다.	①	②	③	④	⑤
27	에스컬레이터에서 걷지 않는다.	①	②	③	④	⑤
28	꾸물대는 것을 싫어한다.	①	②	③	④	⑤
29	고민이 생겨도 심각하게 생각하지 않는다.	①	②	③	④	⑤
30	반성하는 일이 거의 없다.	①	②	③	④	⑤
31	남의 말을 호의적으로 받아들인다.	①	②	③	④	⑤
32	혼자 있을 때가 편안하다.	①	②	③	④	⑤
33	친구에게 불만이 있다.	①	②	③	④	⑤
34	남의 말을 좋은 쪽으로 해석한다.	①	②	③	④	⑤
35	남의 의견을 절대 참고하지 않는다.	①	②	③	④	⑤
36	기분 나쁜 일은 금세 잊는 편이다.	①	②	③	④	⑤
37	선배와 쉽게 친해진다.	①	②	③	④	⑤
38	슬럼프에 빠지면 좀처럼 헤어나지 못한다.	①	②	③	④	⑤
39	자신의 소문에 관심을 기울인다.	①	②	③	④	⑤
40	주위 사람에게 인사하는 것이 귀찮다.	①	②	③	④	⑤
41	기호에 맞지 않으면 거절하는 편이다.	①	②	③	④	⑤

번호	질문	응답				
42	여간해서 흥분하지 않는 편이다.	①	②	③	④	⑤
43	옳다고 생각하면 밀고 나간다.	①	②	③	④	⑤
44	항상 무슨 일이든지 해야만 한다.	①	②	③	④	⑤
45	휴식시간에도 일하고 싶다.	①	②	③	④	⑤
46	걱정거리가 생기면 머릿속에서 떠나지 않는 편이다.	①	②	③	④	⑤
47	매일 힘든 일이 너무 많다.	①	②	③	④	⑤
48	시험 전에도 노는 계획을 세운다.	①	②	③	④	⑤
49	슬픈 일만 머릿속에 남는다.	①	②	③	④	⑤
50	사는 것이 힘들다고 느낀 적은 없다.	①	②	③	④	⑤
51	처음 만난 사람과 이야기하는 것이 피곤하다.	①	②	③	④	⑤
52	비난을 받으면 신경이 쓰인다.	①	②	③	④	⑤
53	실패해도 또 다시 도전한다.	①	②	③	④	⑤
54	남에게 비판을 받으면 불쾌하다.	①	②	③	④	⑤
55	다른 사람의 지적을 순수하게 받아들일 수 있다.	①	②	③	④	⑤
56	자신의 프라이드가 높다고 생각한다.	①	②	③	④	⑤
57	자신의 입장을 잊어버릴 때가 있다.	①	②	③	④	⑤
58	남보다 쉽게 우위에 서는 편이다.	①	②	③	④	⑤
59	목적이 없으면 마음이 불안하다.	①	②	③	④	⑤
60	일을 할 때에 자신이 없다.	①	②	③	④	⑤
61	상대방이 말을 걸어오기를 기다리는 편이다.	①	②	③	④	⑤
62	친구 말을 듣는 편이다.	①	②	③	④	⑤
63	싸움으로 친구를 잃은 경우가 있다.	①	②	③	④	⑤
64	모르는 사람과 말하는 것은 귀찮다.	①	②	③	④	⑤
65	아는 사람이 많아지는 것이 즐겁다.	①	②	③	④	⑤
66	신호대기 중에도 조바심이 난다.	①	②	③	④	⑤
67	매사를 심각하게 생각하는 것을 싫어한다.	①	②	③	④	⑤
68	자신이 경솔하다고 자주 느낀다.	①	②	③	④	⑤
69	상대방이 통화 중이어도 자꾸 전화를 건다.	①	②	③	④	⑤
70	충동적인 행동을 하지 않는 편이다.	①	②	③	④	⑤
71	칭찬도 나쁘게 받아들이는 편이다.	①	②	③	④	⑤
72	자신이 손해를 보고 있다고 생각한다.	①	②	③	④	⑤
73	어떤 상황에서나 만족할 수 있다.	①	②	③	④	⑤
74	무슨 일이든지 자신의 생각대로 하지 못한다.	①	②	③	④	⑤
75	부모님에게 불만을 느낀다.	①	②	③	④	⑤
76	깜짝 놀라면 당황하는 편이다.	①	②	③	④	⑤
77	주위의 평판이 좋다고 생각한다.	①	②	③	④	⑤
78	자신이 소문에 휘말려도 좋다.	①	②	③	④	⑤
79	긴급사태에도 당황하지 않고 행동할 수 있다.	①	②	③	④	⑤
80	윗사람과 이야기하는 것이 불편하다.	①	②	③	④	⑤
81	정색하고 화내기 쉬운 화제를 올릴 때가 있다.	①	②	③	④	⑤
82	남들이 자신이 좋아하는 연예인을 욕해도 화가 나지 않는다.	①	②	③	④	⑤
83	남을 비판할 때가 있다.	①	②	③	④	⑤
84	주체할 수 없을 만큼 여유가 많은 것은 싫어한다.	①	②	③	④	⑤

번호	질문	응답				
85	의견이 어긋날 때는 한 발 양보한다.	①	②	③	④	⑤
86	싫은 사람과도 협력할 수 있다.	①	②	③	④	⑤
87	사람은 너무 고통거리가 많다고 생각한다.	①	②	③	④	⑤
88	걱정거리가 있으면 잠을 잘 수가 없다.	①	②	③	④	⑤
89	즐거운 일보다는 괴로운 일이 더 많다.	①	②	③	④	⑤
90	싫은 사람이라도 인사를 한다.	①	②	③	④	⑤
91	사소한 일에도 신경을 많이 쓰는 편이다.	①	②	③	④	⑤
92	누가 나에게 말을 걸기 전에 내가 먼저 말을 걸지는 않는다.	①	②	③	④	⑤
93	이따금 결심을 빨리 하지 못하기 때문에 손해 보는 경우가 많다.	①	②	③	④	⑤
94	사람들은 누구나 곤경을 벗어나기 위해 거짓말을 할 수 있다.	①	②	③	④	⑤
95	어떤 일을 실패하면 두고두고 생각한다.	①	②	③	④	⑤
96	비교적 말이 없는 편이다.	①	②	③	④	⑤
97	기왕 일을 한다면 꼼꼼하게 하는 편이다.	①	②	③	④	⑤
98	지나치게 깔끔한 척을 하는 편에 속한다.	①	②	③	④	⑤
99	나를 기분 나쁘게 한 사람을 쉽게 잊지 못하는 편이다.	①	②	③	④	⑤
100	수줍음을 많이 타서 많은 사람 앞에 나서길 싫어한다.	①	②	③	④	⑤
101	혼자 지내는 시간이 즐겁다.	①	②	③	④	⑤
102	내 주위 사람이 잘되는 것을 보면 상대적으로 내가 실패한 것 같다.	①	②	③	④	⑤
103	어떤 일을 시도하다가 잘 안되면 금방 포기한다.	①	②	③	④	⑤
104	이성 친구와 웃고 떠드는 것을 별로 좋아하지 않는다.	①	②	③	④	⑤
105	낯선 사람과 만나는 것을 꺼리는 편이다.	①	②	③	④	⑤
106	밤낮없이 같이 다닐만한 친구들이 거의 없다.	①	②	③	④	⑤
107	연예인이 되고 싶은 마음은 조금도 가지고 있지 않다.	①	②	③	④	⑤
108	여럿이 모여서 얘기하는 데 잘 끼어들지 못한다.	①	②	③	④	⑤
109	사람들은 이득이 된다면 옳지 않은 방법이라도 쓸 것이다.	①	②	③	④	⑤
110	사람들이 정직하게 행동하는 건 다른 사람의 비난이 두렵기 때문이다.	①	②	③	④	⑤
111	처음 보는 사람들과 쉽게 얘기하거나 친해지는 편이다.	①	②	③	④	⑤
112	모르는 사람들이 많이 모여 있는 곳에서도 활발하게 행동하는 편이다.	①	②	③	④	⑤
113	여기저기에 친구나 아는 사람들이 많이 있다.	①	②	③	④	⑤
114	모임에서 말을 많이 하고 적극적으로 행동한다.	①	②	③	④	⑤
115	슬프거나 기쁜 일이 생기면 부모나 친구에게 얘기하는 편이다.	①	②	③	④	⑤
116	활발하고 적극적이라는 말을 자주 듣는다.	①	②	③	④	⑤
117	시간이 걸리는 일이나 놀이에 싫증을 내고, 새로운 놀이나 활동을 원한다.	①	②	③	④	⑤
118	혼자 조용히 있거나 책을 읽는 것보다는 사람들과 어울리는 것을 좋아한다.	①	②	③	④	⑤
119	새로운 유행이 시작되면 다른 사람보다 먼저 시도해 보는 편이다.	①	②	③	④	⑤
120	기분을 잘 드러내기 때문에 남들이 본인의 기분을 금방 알게 된다.	①	②	③	④	⑤
121	비유적이고 상징적 표현보다는 구체적이고 정확한 표현을 더 잘 이해한다.	①	②	③	④	⑤
122	주변 사람들의 외모나 다른 특징들을 자세히 기억한다.	①	②	③	④	⑤
123	꾸준하고 참을성이 있다는 말을 자주 듣는다.	①	②	③	④	⑤
124	공부할 때 세부적인 내용을 암기할 수 있다.	①	②	③	④	⑤

번호	질문	응답				
125	손으로 직접 만지거나 조작하는 것을 좋아한다.	①	②	③	④	⑤
126	상상 속에서 이야기를 잘 만들어 내는 편이다.	①	②	③	④	⑤
127	종종 물건을 잃어버리거나 어디에 두었는지 기억을 못하는 때가 있다.	①	②	③	④	⑤
128	창의력과 상상력이 풍부하다는 이야기를 자주 듣는다.	①	②	③	④	⑤
129	다른 사람들이 생각하지도 않는 엉뚱한 행동이나 생각을 할 때가 종종 있다.	①	②	③	④	⑤
130	이것저것 새로운 것에 관심이 많고 새로운 것을 배우고 싶어 한다.	①	②	③	④	⑤
131	'왜'라는 질문을 자주 한다.	①	②	③	④	⑤
132	의지와 끈기가 강한 편이다.	①	②	③	④	⑤
133	궁금한 점이 있으면 꼬치꼬치 따져서 궁금증을 풀고 싶어 한다.	①	②	③	④	⑤
134	참을성이 있다는 말을 자주 듣는다.	①	②	③	④	⑤
135	남의 비난에도 잘 견딘다.	①	②	③	④	⑤
136	다른 사람의 감정에 민감하다.	①	②	③	④	⑤
137	자신의 잘못을 쉽게 인정하는 편이다.	①	②	③	④	⑤
138	싹싹하고 연하다는 소리를 잘 듣는다.	①	②	③	④	⑤
139	쉽게 양보를 하는 편이다.	①	②	③	④	⑤
140	음식을 선택할 때 쉽게 결정을 못 내릴 때가 많다.	①	②	③	④	⑤
141	계획표를 세밀하게 짜 놓고 그 계획표에 따라 생활하는 것을 좋아한다.	①	②	③	④	⑤
142	대체로 먼저 할 일을 해 놓고 나서 노는 편이다.	①	②	③	④	⑤
143	시험보기 전에 미리 여유 있게 공부 계획표를 짜 놓는다.	①	②	③	④	⑤
144	마지막 순간에 쫓기면서 일하는 것을 싫어한다.	①	②	③	④	⑤
145	계획에 따라 규칙적인 생활을 하는 편이다.	①	②	③	④	⑤
146	자기 것을 잘 나누어주는 편이다.	①	②	③	④	⑤
147	자신의 소지품을 덜 챙기는 편이다.	①	②	③	④	⑤
148	신발이나 옷이 떨어져도 무관심한 편이다.	①	②	③	④	⑤
149	자기 것을 덜 주장하고, 덜 고집하는 편이다.	①	②	③	④	⑤
150	활동이 많으면서도 무난하고 점잖다는 말을 듣는 편이다.	①	②	③	④	⑤
151	몇 번이고 생각하고 검토한다.	①	②	③	④	⑤
152	여러 번 생각한 끝에 결정을 내린다.	①	②	③	④	⑤
153	어떤 일이든 따지려 든다.	①	②	③	④	⑤
154	일단 결정하면 행동으로 옮긴다.	①	②	③	④	⑤
155	앞에 나서기를 꺼린다.	①	②	③	④	⑤
156	규칙을 잘 지킨다.	①	②	③	④	⑤
157	나의 주장대로 행동한다.	①	②	③	④	⑤
158	지시나 충고를 받는 것이 싫다.	①	②	③	④	⑤
159	급진적인 변화를 좋아한다.	①	②	③	④	⑤
160	규칙은 반드시 지킬 필요가 없다.	①	②	③	④	⑤

교육은 우리 자신의 무지를 점차 발견해 가는 과정이다.

- 윌 듀란트 -

PART

4

면접

CHAPTER 01 면접 유형 및 실전 대책

01 면접 주요사항

면접의 사전적 정의는 면접관이 지원자를 직접 만나보고 인품(人品)이나 언행(言行) 따위를 시험하는 일로, 흔히 필기시험 후에 최종적으로 심사하는 방법이다.

최근 주요 기업의 인사담당자들을 대상으로 채용 시 면접이 차지하는 비중을 설문조사했을 때, 50 ~ 80% 이상이라고 답한 사람이 전체 응답자의 80%를 넘었다. 이와 대조적으로 지원자들을 대상으로 취업 시험에서 면접을 준비하는 기간을 물었을 때, 대부분의 응답자가 2 ~ 3일 정도라고 대답했다.

지원자가 일정 수준의 스펙을 갖추기 위해 자격증 시험과 토익을 치르고 이력서와 자기소개서까지 쓰다 보면 면접까지 챙길 여유가 없는 것이 사실이다. 그리고 서류전형과 인적성검사를 통과해야만 면접을 볼 수 있기 때문에 자연스럽게 면접은 취업시험 과정에서 그 비중이 작아질 수밖에 없다. 하지만 아이러니하게도 실제 채용 과정에서 면접이 차지하는 비중은 절대적이라고 해도 과언이 아니다.

기업들은 채용 과정에서 토론 면접, 인성 면접, 프레젠테이션 면접, 역량 면접 등의 다양한 면접을 실시한다. 1차 커트라인이라고 할 수 있는 서류전형을 통과한 지원자들의 스펙이나 능력은 서로 엇비슷하다고 판단되기 때문에 서류상 보이는 자격증이나 토익 성적보다는 지원자의 인성을 파악하기 위해 면접을 더욱 강화하는 것이다. 일부 기업은 의도적으로 압박 면접을 실시하기도 한다. 지원자가 당황할 수 있는 질문을 던져서 그것에 대한 지원자의 반응을 살펴보는 것이다.

면접은 다르게 생각한다면 '나는 누구인가'에 대한 물음에 해답을 줄 수 있는 가장 현실적이고 미래적인 경험이 될 수 있다. 취업난 속에서 자격증을 취득하고 토익 성적을 올리기 위해 앞만 보고 달려온 지원자들은 자신에 대해서 고민하고 탐구할 수 있는 시간을 평소 쉽게 가질 수 없었을 것이다. 자신을 잘 알고 있어야 자신에 대해서 자신감 있게 말할 수 있다. 대체로 사람들은 자신에게 관대한 편이기 때문에 스스로에 대해서 어떤 기대와 환상을 가지고 있는 경우가 많다. 하지만 면접은 제삼자에 의해 개인의 능력을 객관적으로 평가받는 시험이다. 어떤 지원자들은 다른 사람에게 자신을 표현하는 것을 어려워한다. 평소에 잘 사용하지 않는 용어를 내뱉으면서 거창하게 자신을 포장하는 지원자도 많다. 면접에서 가장 기본은 자기 자신을 면접관에게 알기 쉽게 표현하는 것이다.

이러한 표현을 바탕으로 자신이 앞으로 하고자 하는 것과 그에 대한 이유를 설명해야 한다. 최근에는 자신감을 향상시키거나 말하는 능력을 높이는 학원도 많기 때문에 얼마든지 자신의 단점을 극복할 수 있다.

1. 자기소개의 기술

자기소개를 시키는 이유는 면접자가 지원자의 자기소개서를 압축해서 듣고, 지원자의 첫인상을 평가할 시간을 가질 수 있기 때문이다. 면접을 위한 워밍업이라고 할 수 있으며, 첫인상을 결정하는 과정이므로 매우 중요한 순간이다.

(1) 정해진 시간에 자기소개를 마쳐야 한다.

쉬워 보이지만 의외로 지원자들이 정해진 시간을 넘기거나 혹은 빨리 끝내서 면접관에게 지적을 받는 경우가 많다. 본인이 면접을 받는 마지막 지원자가 아닌 이상, 정해진 시간을 지키지 않는 것은 수많은 지원자를 상대하기에 바쁜 면접관과 대기 시간에 지친 다른 지원자들에게 불쾌감을 줄 수 있다.

또한 회사에서 시간관념은 절대적인 것이므로 반드시 자기소개 시간을 지켜야 한다. 말하기는 1분에 200자 원고지 2장 분량의 글을 읽는 만큼의 속도가 가장 적당하다. 이를 A4 용지에 10point 글자 크기로 작성하면 반 장 분량이 된다.

(2) 간단하지만 신선한 문구로 자기소개를 시작하자.

요즈음 많은 지원자가 이 방법을 사용하고 있기 때문에 웬만한 소재의 문구가 아니면 면접관의 관심을 받을 수 없다. 이러한 문구는 시대적으로 유행하는 광고 카피를 패러디하는 경우와 격언 등을 인용하는 경우, 그리고 지원한 회사의 IC나 경영이념, 인재상 등을 사용하는 경우 등이 있다. 지원자는 이러한 여러 문구 중에 자신의 첫인상을 북돋아 줄 수 있는 것을 선택해서 말해야 한다. 자신의 이름을 문구 속에 적절하게 넣어서 말한다면 좀 더 효과적인 자기소개가 될 것이다.

(3) 무엇을 먼저 말할 것인지 고민하자.

면접관이 많이 던지는 질문 중 하나가 지원동기이다. 그래서 성장기를 바로 건너뛰고, 지원한 회사에 들어오기 위해 대학에서 어떻게 준비했는지를 설명하는 자기소개가 대세이다.

(4) 면접관의 호기심을 자극해 관심을 불러일으킬 수 있게 말하라.

면접관에게 질문을 많이 받는 지원자의 합격률이 반드시 높은 것은 아니지만, 질문을 전혀 안 받는 것보다는 좋은 평가를 기대할 수 있다. 지원한 분야와 관련된 수상 경력이나 프로젝트 등을 말하는 것도 좋다. 이는 지원자의 업무 능력과 직접 연결되는 것이므로 효과적인 자기 홍보가 될 수 있다. 일부 지원자들은 자신만의 특별한 경험을 이야기하는데, 이때는 그 경험이 보편적으로 사람들의 공감대를 얻을 수 있는 것인지 다시 생각해봐야 한다.

(5) 마지막 고개를 넘기가 가장 힘들다.

첫 단추도 중요하지만, 마지막 단추도 중요하다. 하지만 왠지 격식을 따지는 인사말은 지나가는 인사말 같고, 다르게 하자니 예의에 어긋나는 것 같은 기분이 든다. 이때는 처음에 했던 자신만의 문구를 다시 한 번 말하는 것도 좋은 방법이다. 자연스러운 끝맺음이 될 수 있도록 적절한 연습이 필요하다.

2. 1분 자기소개 시 주의사항

(1) 자기소개서와 자기소개가 똑같다면 감점일까?

아무리 자기소개서를 외워서 말한다 해도 자기소개가 자기소개서와 완전히 똑같을 수는 없다. 자기소개서의 분량이 더 많고 회사마다 요구하는 필수 항목들이 있기 때문에 굳이 고민할 필요는 없다. 오히려 자기소개서의 내용을 잘 정리한 자기소개가 더 좋은 결과를 만들 수 있다. 하지만 자기소개서와 상반된 내용을 말하는 것은 적절하지 않다. 지원자의 신뢰성이 떨어진다는 것은 곧 불합격을 의미하기 때문이다.

(2) 말하는 자세를 바르게 익혀라.

지원자가 자기소개를 하는 동안 면접관은 지원자의 동작 하나하나를 관찰한다. 그렇기 때문에 바른 자세가 중요하다는 것은 우리가 익히 알고 있다. 하지만 문제는 무의식적으로 나오는 습관 때문에 자세가 흐트러져 나쁜 인상을 줄 수 있다는 것이다. 이러한 습관을 고칠 수 있는 가장 좋은 방법은 캠코더 등으로 자신의 모습을 담는 것이다. 거울을 사용할 경우에는 시선이 자꾸 자기 눈과 마주치기 때문에 집중하기 힘들다. 하지만 촬영된 동영상은 제삼자의 입장에서 자신을 볼 수 있기 때문에 많은 도움이 된다.

(3) 정확한 발음과 억양으로 자신 있게 말하라.

지원자의 모양새가 아무리 뛰어나도, 목소리가 작고 발음이 부정확하면 큰 감점을 받는다. 이러한 모습은 지원자의 좋은 점에까지 악영향을 끼칠 수 있다. 직장을 흔히 사회생활의 시작이라고 말하는 시대적 정서에서 사람들과 의사소통을 하는 데 문제가 있다고 판단되는 지원자는 부적절한 인재로 평가될 수밖에 없다.

3. 대화법

전문가들이 말하는 대화법의 핵심은 '상대방을 배려하면서 이야기하라.'는 것이다. 대화는 나와 다른 사람의 소통이다. 내용에 대한 공감이나 이해가 없다면 대화는 더 진전되지 않는다.

베스트셀러 『카네기 인간관계론』의 작가인 철학자 카네기가 말하는 최상의 대화법은 자신의 경험을 토대로 이야기하는 것이다. 즉, 살아오면서 직접 겪은 경험이 상대방의 관심을 끌 수 있는 가장 좋은 이야깃거리인 것이다. 특히, 어떤 일을 이루기 위해 노력하는 과정에서 겪은 실패나 희망에 대해 진솔하게 얘기한다면 상대방은 어느새 당신의 편에 서서 그 이야기에 동조할 것이다.

독일의 사업가이자 동기부여 트레이너인 위르겐 힐러의 연설법 중 가장 유명한 것은 '시즐(Sizzle)'을 잡는 것이다. 시즐이란, 새우튀김이나 돈가스가 기름에서 지글지글 튀겨질 때 나는 소리이다. 즉, 자신의 말을 듣고 시즐처럼 반응하는 상대방의 감정에 적절하게 대응하라는 것이다.

말을 시작한 지 10 ~ 15초 안에 상대방의 '시즐'을 알아차려야 한다. 자신의 이야기에 대한 상대방의 첫 반응에 따라 말하기 전략도 달라져야 한다. 첫 이야기의 반응이 미지근하다면 가능한 한 그 이야기를 빨리 마무리하고 새로운 이야깃거리를 생각해내야 한다. 길지 않은 면접 시간 내에 몇 번 오지 않는 대답의 기회를 살리기 위해서 보다 전략적이고 냉철해야 하는 것이다.

4. 차림새

(1) 구두

면접에 어떤 옷을 입어야 할지를 며칠 동안 고민하면서 정작 구두는 면접 보는 날 현관을 나서면서 즉흥적으로 신고 가는 지원자들이 많다. 구두를 보면 그 사람의 됨됨이를 알 수 있다고 한다. 면접관 역시 이러한 것을 놓치지 않기 때문에 지원자는 자신의 구두에 더욱 신경을 써야 한다. 스타일의 마무리는 발끝에서 이루어지는 것이다. 아무리 멋진 옷을 입고 있어도 구두가 어울리지 않는다면 전체 스타일이 흐트러지기 때문이다.

정장용 구두는 디자인이 깔끔하고, 에나멜 가공처리를 하여 광택이 도는 페이턴트 가죽 소재 제품이 무난하다. 검정 계열 구두는 회색과 감색 정장에, 브라운 계열의 구두는 베이지나 갈색 정장에 어울린다. 참고로 구두는 오전에 사는 것보다 발이 충분히 부은 상태인 저녁에 사는 것이 좋다. 마지막으로 당연한 일이지만 반드시 면접을 보는 전날 구두 뒤축이 닳지는 않았는지 확인하고 구두에 광을 내 둔다.

(2) 양말

양말은 정장과 구두의 색상을 비교해서 골라야 한다. 특히 검정이나 감색의 진한 색상의 바지에 흰 양말을 신는 것은 시대에 뒤처지는 일이다. 일반적으로 양말의 색깔은 바지의 색깔과 같아야 한다. 또한 양말의 길이도 신경 써야 한다. 바지를 입을 경우, 의자에 바르게 앉거나 다리를 꼬아서 앉을 때 다리털이 보여서는 안 된다. 반드시 긴 정장 양말을 신어야 한다.

(3) 정장

지원자는 평소에 정장을 입을 기회가 많지 않기 때문에 면접을 볼 때 본인 스스로도 옷을 어색하게 느끼는 경우가 많다. 옷을 불편하게 느끼기 때문에 자세마저 불안정한 지원자도 볼 수 있다. 그러므로 면접 전에 정장을 입고 생활해보는 것도 나쁘지는 않다.

일반적으로 면접을 볼 때는 상대방에게 신뢰감을 줄 수 있는 남색 계열의 옷이나 어떤 계절이든 무난하고 깔끔해보이는 회색 계열의 정장을 많이 입는다. 정장은 유행에 따라서 재킷의 디자인이나 버튼의 개수가 바뀌기 때문에 너무 오래된 옷을 입어서 다른 사람의 옷을 빌려 입고 나온 듯한 인상을 주어서는 안 된다.

(4) 헤어스타일과 메이크업

헤어스타일에 자신이 없다면 미용실에 다녀오는 것도 좋은 방법이다. 또한 자신에게 어울리는 메이크업을 하는 것도 괜찮다. 메이크업은 상대에 대한 예의를 갖추는 것이므로 지나치게 화려한 메이크업이 아니라면 보다 준비된 지원자처럼 보일 수 있다.

5. 첫인상

취업을 위해 성형수술을 받는 사람들에 대한 이야기는 더 이상 뉴스거리가 되지 않는다. 그만큼 많은 사람이 좁은 취업문을 뚫기 위해 이미지 향상에 신경을 쓰고 있다. 이는 면접관에게 좋은 첫인상을 주기 위한 것으로, 지원서에 올리는 증명사진을 이미지 프로그램을 통해 수정하는 이른바 '사이버 성형'이 유행하는 것과 같은 맥락이다. 실제로 외모가 채용 과정에서 영향을 끼치는가에 대한 설문조사에서도 60% 이상의 인사담당자들이 그렇다고 답변했다.

하지만 외모와 첫인상을 절대적인 관계로 이해하는 것은 잘못된 판단이다. 외모가 첫인상에서 많은 부분을 차지하지만, 외모 외에 다른 결점이 발견된다면 그로 인해 장점들이 가려질 수도 있다. 이러한 현상은 아래에서 다시 논하겠다.

첫인상은 말 그대로 한 번밖에 기회가 주어지지 않으며 몇 초 안에 결정된다. 첫인상을 결정짓는 요소 중 시각적인 요소가 80% 이상을 차지한다. 첫눈에 들어오는 생김새나 복장, 표정 등에 의해서 결정되는 것이다. 면접을 시작할 때 자기소개를 시키는 것도 지원자별로 첫인상을 평가하기 위해서이다. 첫인상이 중요한 이유는 만약 첫인상이 부정적으로 인지될 경우, 지원자의 다른 좋은 면까지 거부당하기 때문이다. 이러한 현상을 심리학에서는 초두효과(Primacy Effect)라고 한다.

그래서 한 번 형성된 첫인상은 여간해서 바꾸기 힘들다. 이는 첫인상이 나중에 들어오는 정보까지 영향을 주기 때문이다. 첫인상의 정보가 나중에 들어오는 정보 처리의 지침이 되는 것을 심리학에서는 맥락효과(Context Effect)라고 한다. 따라서 평소에 첫인상을 좋게 만들기 위한 노력을 꾸준히 해야만 하는 것이다. 좋은 첫인상이 반드시 외모에만 집중되는 것은 아니다. 오히려 깔끔한 옷차림과 부드러운 표정 그리고 말과 행동 등에 의해 전반적인 이미지가 만들어진다. 누구나 이러한 것 중에 한두 가지 단점을 가지고 있다. 요즈음은 이미지 컨설팅을 통해서 자신의 단점들을 보완하는 지원자도 있다. 특히, 표정이 밝지 않은 지원자는 평소 웃는 연습을 의식적으로 하여 면접을 받는 동안 계속해서 여유 있는 표정을 짓는 것이 중요하다. 성공한 사람들은 인상이 좋다는 것을 명심하자.

02 면접의 유형 및 실전 대책

1. 면접의 유형

과거 천편일률적인 일대일 면접과 달리 면접에는 다양한 유형이 도입되어 현재는 "면접은 이렇게 보는 것이다."라고 말할 수 있는 정해진 유형이 없어졌다. 그러나 대기업 면접에서는 현재까지는 집단 면접과 다대일 면접이 진행되고 있으므로 어느 정도 유형을 파악하여 사전에 대비가 가능하다. 면접의 기본인 단독 면접부터, 다대일 면접, 집단 면접의 유형과 그 대책에 대해 알아보자.

(1) 단독 면접

단독 면접이란 응시자와 면접관이 1대1로 마주하는 형식을 말한다. 면접위원 한 사람과 응시자 한 사람이 마주 앉아 자유로운 화제를 가지고 질의응답을 되풀이하는 방식이다. 이 방식은 면접의 가장 기본적인 방법으로 소요시간은 10 ~ 20분 정도가 일반적이다.

① 장점

필기시험 등으로 판단할 수 없는 성품이나 능력을 알아내는 데 가장 적합하다고 평가받아 온 면접방식으로 응시자 한 사람 한 사람에 대해 여러 면에서 비교적 폭넓게 파악할 수 있다. 응시자의 입장에서는 한 사람의 면접관만을 대하는 것이므로 상대방에게 집중할 수 있으며, 긴장감도 다른 면접방식에 비해서는 적은 편이다.

② 단점

면접관의 주관이 강하게 작용해 객관성을 저해할 소지가 있으며, 면접 평가표를 활용한다 하더라도 일면적인 평가에 그칠 가능성을 배제할 수 없다. 또한 시간이 많이 소요되는 것도 단점이다.

단독 면접 준비 Point

단독 면접에 대비하기 위해서는 평소 1대1로 논리 정연하게 대화를 나눌 수 있는 능력을 기르는 것이 중요하다. 그리고 면접장에서는 면접관을 선배나 선생님 혹은 아버지를 대하는 기분으로 면접에 임하는 것이 부담도 훨씬 적고 실력을 발휘할 수 있는 방법이 될 것이다.

(2) 다대일 면접

다대일 면접은 일반적으로 가장 많이 사용되는 면접방법으로 보통 2 ~ 5명의 면접관이 1명의 응시자에게 질문하는 형태의 면접방법이다. 면접관이 여러 명이므로 다각도에서 질문을 하여 응시자에 대한 정보를 많이 알아낼 수 있다는 점 때문에 선호하는 면접방법이다.

하지만 응시자의 입장에서는 질문도 면접관에 따라 각양각색이고 동료 응시자가 없으므로 숨 돌릴 틈도 없게 느껴진다. 또한 관찰하는 눈도 많아서 조그만 실수라도 지나치는 법이 없기 때문에 정신적 압박과 긴장감이 높은 면접방법이다. 따라서 응시자는 긴장을 풀고 한 시험관이 묻더라도 면접관 전원을 향해 대답한다는 기분으로 또박또박 대답하는 자세가 필요하다.

① 장점

면접관이 집중적인 질문과 다양한 관찰을 통해 응시자가 과연 조직에 필요한 인물인가를 완벽히 검증할 수 있다.

② 단점

면접시간이 보통 10 ~ 30분 정도로 좀 긴 편이고 응시자에게 지나친 긴장감을 조성하는 면접방법이다.

다대일 면접 준비 Point

질문을 들을 때 시선은 면접위원을 향하고 다른 데로 돌리지 말아야 하며, 대답할 때에도 고개를 숙이거나 입속에서 우물거리는 소극적인 태도는 피하도록 한다. 면접위원과 대등하다는 마음가짐으로 편안한 태도를 유지하면 대답도 자연스러운 상태에서 좀 더 충실히 할 수 있고, 이에 따라 면접위원이 받는 인상도 달라진다.

(3) 집단 면접

집단 면접은 다수의 면접관이 여러 명의 응시자를 한꺼번에 평가하는 방식으로 짧은 시간에 능률적으로 면접을 진행할 수 있다. 각 응시자에 대한 질문내용, 질문횟수, 시간배분이 똑같지는 않으며, 모두에게 같은 질문이 주어지기도 하고, 각각 다른 질문을 받기도 한다.

또한 어떤 응시자가 한 대답에 대한 의견을 묻는 등 그때그때의 분위기나 면접관의 의향에 따라 변수가 많다. 집단 면접은 응시자의 입장에서는 개별 면접에 비해 긴장감은 다소 덜한 반면에 다른 응시자들과의 비교가 확실하게 나타나므로 응시자는 몸가짐이나 표현력·논리성 등이 결여되지 않도록 자신의 생각이나 의견을 솔직하게 발표하여 집단 속에 묻히거나 밀려나지 않도록 주의해야 한다.

① 장점

집단 면접의 장점은 면접관이 응시자 한 사람에 대한 관찰시간이 상대적으로 길고, 비교 평가가 가능하기 때문에 결과적으로 평가의 객관성과 신뢰성을 높일 수 있다는 점이며, 응시자는 동료들과 함께 면접을 받기 때문에 긴장감이 다소 덜하다는 것을 들 수 있다. 또한 동료가 답변하는 것을 들으며, 자신의 답변 방식이나 자세를 조정할 수 있다는 것도 큰 이점이다.

② 단점

응답하는 순서에 따라 응시자마다 유리하고 불리한 점이 있고, 면접위원의 입장에서는 각각의 개인적인 문제를 깊게 다루기가 곤란하다는 것이 단점이다.

> **집단 면접 준비 Point**
>
> 너무 자기 과시를 하지 않는 것이 좋다. 대답은 자신이 말하고 싶은 내용을 간단명료하게 말해야 한다. 내용이 없는 발언을 한다거나 대답을 질질 끄는 태도는 좋지 않다. 또 말하는 중에 내용이 주제에서 벗어나거나 자기중심적으로만 말하는 것도 피해야 한다. 집단 면접에 대비하기 위해서는 평소에 설득력을 지닌 자신의 논리력을 계발하는 데 힘써야 하며, 다른 사람 앞에서 자신의 의견을 조리 있게 개진할 수 있는 발표력을 갖추는 데에도 많은 노력을 기울여야 한다.
> • 실력에는 큰 차이가 없다는 것을 기억하라.
> • 동료 응시자들과 서로 협조하라.
> • 답변하지 않을 때의 자세가 중요하다.
> • 개성 표현은 좋지만 튀는 것은 위험하다.

(4) 집단 토론식 면접

집단 토론식 면접은 집단 면접과 형태는 유사하지만 질의응답이 아니라 응시자들끼리의 토론이 중심이 되는 면접방법으로 최근 들어 급증세를 보이고 있다. 이는 공통의 주제에 대해 다양한 견해들이 개진되고 결론을 도출하는 과정, 즉 토론을 통해 응시자의 다양한 면에 대한 평가가 가능하다는 집단 토론식 면접의 장점이 널리 확산된 데 따른 것으로 보인다. 사실 집단 토론식 면접을 활용하면 주제와 관련된 지식 정도와 이해력, 판단력, 설득력, 협동성은 물론 리더십, 조직 적응력, 적극성과 대인관계 능력 등을 쉽게 파악할 수 있다.

토론식 면접에서는 자신의 의견을 명확히 제시하면서도 상대방의 의견을 경청하는 토론의 기본자세가 필수적이며, 지나친 경쟁심이나 자기 과시욕은 접어두는 것이 좋다. 또한 집단 토론의 목적이 결론을 도출해 나가는 과정에 있다는 것을 감안하여 무리하게 자신의 주장을 관철시키기보다 오히려 토론의 질을 높이는 데 기여하는 것이 좋은 인상을 줄 수 있다는 점을 알아야 한다. 취업 희망자들은 토론식 면접이 급속도로 확산되는 추세임을 감안해 특히 철저한 준비를 해야 한다. 평소에 신문의 사설이나 매스컴 등의 토론 프로그램을 주의 깊게 보면서 논리 전개방식을 비롯한 토론 과정을 익히도록 하고, 친구들과 함께 간단한 주제를 놓고 토론을 진행해 볼 필요가 있다. 또한 사회·시사문제에 대해 자기 나름대로의 관점을 정립해두는 것도 꼭 필요하다.

집단토론식 면접 준비 Point

- 토론은 정답이 없다는 것을 명심한다.
- 내 주장을 강요하지 않는다.
- 남이 말할 때 끼어들지 않는다.
- 필기구를 준비하여 메모하면서 면접에 임한다.
- 주제에 자신이 없다면 첫 번째 발언자가 되지 않는다.
- 자신의 입장을 먼저 밝힌다.
- 상대측의 사소한 발언에 집착하지 않고 전체적인 의미에 초점을 놓치지 않아야 한다.
- 남의 의견을 경청한다.
- 예상 밖의 반론에 당황스럽다 하더라도 유연함을 잃지 않아야 한다.

(5) PT 면접

PT 면접, 즉 프레젠테이션 면접은 최근 들어 집단 토론 면접과 더불어 그 활용도가 점차 커지고 있다. PT 면접은 기업마다 특성이 다르고 인재상이 다른 만큼 인성 면접만으로는 알 수 없는 지원자의 문제해결 능력, 전문성, 창의성, 기본 실무능력, 논리성 등을 관찰하는 데 중점을 두는 면접으로, 지원자 간의 변별력이 높아 대부분의 기업에서 적용하고 있으며, 확산되는 추세이다.

면접 시간은 기업별로 차이가 있지만, 전문지식, 시사성 관련 주제를 제시한 다음, 보통 20 ~ 50분 정도 준비하여 5분가량 발표할 시간을 준다. 면접관과 지원자의 단순한 질의응답식이 아닌, 주제에 대해 일정 시간 동안 지원자의 발언과 발표하는 모습 등을 관찰하게 된다. 정확한 답이나 지식보다는 논리적 사고와 의사표현력이 더 중시되기 때문에 자신의 생각을 어떻게 설명하느냐가 매우 중요하다.

PT 면접에서 같은 주제라도 직무별로 평가요소가 달리 나타난다. 예를 들어, 영업직은 설득력과 의사소통 능력에 중점을 둘 수 있겠고, 관리직은 신뢰성과 창의성 등을 더 중요하게 평가한다.

PT 면접 준비 Point

- 면접관의 관심과 주의를 집중시키고, 발표 태도에 유의한다.
- 모의 면접이나 거울 면접을 통해 미리 점검한다.
- PT 내용은 세 가지 정도로 정리해서 말한다.
- PT 내용에는 자신의 생각이 담겨 있어야 한다.
- 중간에 자문자답 방식을 활용한다.
- 평소 지원하는 업계의 동향이나 직무에 대한 전문지식을 쌓아둔다.
- 부적절한 용어 사용이나 무리한 주장 등은 하지 않는다.

2. 면접의 실전 대책

(1) 면접 대비사항

① 지원 회사에 대한 사전지식을 충분히 준비한다.

필기시험에서 합격 또는 서류전형에서의 합격통지가 온 후 면접시험 날짜가 정해지는 것이 보통이다. 이때 수험자는 면접시험을 대비해 사전에 자기가 지원한 계열사 또는 부서에 대해 폭넓은 지식을 준비할 필요가 있다.

> **지원 회사에 대해 알아두어야 할 사항**
>
> • 회사의 연혁
> • 회장 또는 사장의 이름, 출신학교, 관심사
> • 회장 또는 사장이 요구하는 신입사원의 인재상
> • 회사의 사훈, 사시, 경영이념, 창업정신
> • 회사의 대표적 상품, 특색
> • 업종별 계열회사의 수
> • 해외지사의 수와 그 위치
> • 신 개발품에 대한 기획 여부
> • 자기가 생각하는 회사의 장단점
> • 회사의 잠재적 능력개발에 대한 제언

② 충분한 수면을 취한다.

충분한 수면으로 안정감을 유지하고 첫 출발의 상쾌한 마음가짐을 갖는다.

③ 얼굴을 생기 있게 한다.

첫인상은 면접에 있어서 가장 결정적인 당락요인이다. 면접관에게 좋은 인상을 줄 수 있도록 화장하는 것도 필요하다. 면접관들이 가장 좋아하는 인상은 얼굴에 생기가 있고 눈동자가 살아 있는 사람, 즉 기가 살아 있는 사람이다.

④ 아침에 인터넷 뉴스를 읽고 간다.

그날의 뉴스가 질문 대상에 오를 수가 있다. 특히 경제면, 정치면, 문화면 등을 유의해서 볼 필요가 있다.

> **출발 전 확인할 사항**
>
> 이력서, 자기소개서, 성적증명서, 졸업(예정)증명서, 지갑, 신분증(주민등록증), 손수건, 휴지, 볼펜, 메모지, 예비스타킹 등을 준비하자.

(2) 면접 시 옷차림

면접에서 옷차림은 간결하고 단정한 느낌을 주는 것이 가장 중요하다. 색상과 디자인 면에서 지나치게 화려한 색상이나, 노출이 심한 디자인은 자칫 면접관의 눈살을 찌푸리게 할 수 있다. 단정한 차림을 유지하면서 자신만의 독특한 멋을 연출하는 것, 지원하는 회사의 분위기를 파악했다는 센스를 보여주는 것 또한 코디네이션의 포인트이다.

> **복장 점검**
>
> - 구두는 잘 닦여 있는가?
> - 옷은 깨끗이 다려져 있으며 스커트 길이는 적당한가?
> - 손톱은 길지 않고 깨끗한가?
> - 머리는 흐트러짐 없이 단정한가?

(3) 면접요령

① 첫인상을 중요시한다.

상대에게 인상을 좋게 주지 않으면 어떠한 얘기를 해도 이쪽의 기분이 충분히 전달되지 않을 수 있다. 예를 들어, '저 친구는 표정이 없고 무엇을 생각하고 있는지 전혀 알 길이 없다.'처럼 생각되면 최악의 상태이다. 우선 청결한 복장, 바른 자세로 침착하게 들어가야 한다. 건강하고 신선한 이미지를 주어야 하기 때문이다.

② 좋은 표정을 짓는다.

얘기를 할 때의 표정은 중요한 사항의 하나다. 거울 앞에서 웃는 연습을 해본다. 웃는 얼굴은 상대를 편안하게 하고, 특히 면접 등 긴박한 분위기에서는 천금의 값이 있다 할 것이다. 그렇다고 하여 항상 웃고만 있어서는 안 된다. 자기의 할 얘기를 진정으로 전하고 싶을 때는 진지한 얼굴로 상대의 눈을 바라보며 얘기한다. 면접을 볼 때 눈을 감고 있으면 마이너스 이미지를 주게 된다.

③ 결론부터 이야기한다.

자기의 의사나 생각을 상대에게 정확하게 전달하기 위해서 먼저 무엇을 말하고자 하는가를 명확히 결정해 두어야 한다. 대답을 할 경우에는 결론을 먼저 이야기하고 나서 그에 따른 설명과 이유를 덧붙이면 논지(論旨)가 명확해지고 이야기가 깔끔하게 정리된다.

한 가지 사실을 이야기하거나 설명하는 데는 3분이면 충분하다. 복잡한 이야기라도 어느 정도의 길이로 요약해서 이야기하면 상대도 이해하기 쉽고 자기도 정리할 수 있다. 긴 이야기는 오히려 상대를 불쾌하게 할 수가 있다.

④ 질문의 요지를 파악한다.

면접 때의 이야기는 간결성만으로는 부족하다. 상대의 질문이나 이야기에 대해 적절하고 필요한 대답을 하지 않으면 대화는 끊어지고 자기의 생각도 제대로 표현하지 못하여 면접자로 하여금 수험생의 인품이나 사고방식 등을 명확히 파악할 수 없게 한다. 무엇을 묻고 있는지, 무슨 이야기를 하고 있는지 그 요점을 정확히 알아내야 한다.

1. 자기 자신을 겸허하게 판단하라.
2. 지원한 회사에 대해 100% 이해하라.
3. 실전과 같은 연습으로 감각을 익히라.
4. 단답형 답변보다는 구체적으로 이야기를 풀어나가라.
5. 거짓말을 하지 말라.
6. 면접하는 동안 대화의 흐름을 유지하라.
7. 친밀감과 신뢰를 구축하라.
8. 상대방의 말을 성실하게 들으라.
9. 근로조건에 대한 이야기를 풀어나갈 준비를 하라.
10. 끝까지 긴장을 풀지 말라.

면접 전 마지막 체크 사항

• 기업이나 단체의 소재지(본사·지사·공장 등)를 정확히 알고 있다.
• 기업이나 단체의 정식 명칭(Full Name)을 알고 있다.
• 약속된 면접시간 10분 전에 도착하도록 스케줄을 짤 수 있다.
• 면접실에 들어가서 공손히 인사한 후 또렷한 목소리로 자기 수험번호와 성명을 말할 수 있다.
• 앉으라고 할 때까지는 의자에 앉지 않는다는 것을 알고 있다.
• 자신에 대해 3분간 이야기할 수 있는 준비가 되어 있다.
• 자신의 긍정적인 면을 상대방에게 바르게 전달할 수 있다.

SK하이닉스는 인적 역량이 중요한 사업의 특성을 반영, 개인의 누적적 연속적 성장을 지원한다는 인사원칙에 따라, 승진에 대한 조직과 개인의 스트레스를 없애고 성과몰입을 통한 경쟁력 있는 성과창출을 추구하며, 성과와 잠재력에 대한 종합적이고 공정한 평가를 근거로 인재를 채용하고 있다.

SK하이닉스 operator / maintenance의 면접전형은 지원자의 가치관, 성격, 보유역량의 수준 등을 종합적으로 검증하기 위하여 직무역량면접을 실시하고 있으며, 5 ~ 6명이 조를 이루어 多대多로 면접을 진행하게 된다.

(1) SK하이닉스 operator / maintenance 기출 질문

- 1분간 자기소개를 해보시오.
- 협업에 있어서 가장 중요한 역량은 무엇이라고 생각하는가?
- 본인을 동물에 비유한다면 어떤 동물인가? 그 이유는 무엇인가?
- 반도체 8대 공정 중 가장 잘 아는 공정을 말하고 그 공정에 대해 설명해 보시오.
- 엔트로피에 대하여 설명해 보시오.
- 하이닉스의 약점이 무엇이라고 생각하는가?
- 하이닉스에 입사하면 가장 먼저 하고 싶은 것이 무엇인가?
- 입사 후 업무 적성이 맞지 않는다면 혹은 상사와 의견이 잘 맞지 않는다면 어떻게 할 것인가?
- 가장 최근에 한 공부는 무엇인가?
- 나이가 생각보다 많은데, 그 동안 직무와 관련하여 일한 경험이 있는가?
- 최근에 본인이 노력해서 성취한 것이 있다면?
- (재직자에게) 지금 다니는 회사에 대해 말해 보시오.
- (재직자에게) 이직하려는 이유는 무엇인가?
- 하이닉스에 공장이 몇 개 있는지 아는가?
- 공장에서 어떤 제품을 만드는지 아는가?
- 도체와 부도체의 차이는 무엇인가?
- 하이닉스 내부에 들어오고 나서 느낀 점에 대해 설명해 보시오.
- 본인의 생활신조는 무엇인가?
- SK하이닉스의 사업 분야에 대해 말해 보시오.

(2) 빈출 질문

- 본인이 한 일 중 가장 성취도가 높았던 경험에 대해 말해 보시오.
- 동아리 활동 경험에 대해 말해 보시오.
- 지금까지 가장 열정을 다했던 경험에 대해 말해 보시오.
- 학창시절 가장 기억에 남는 것은 무엇인가?
- 체력은 좋은가?
- 평소 스트레스는 어떻게 해소하는가?
- 직무에 대해 아는 것을 말해 보시오.
- 10년 뒤 자신의 모습을 예상해서 말해 보시오.
- 살면서 가장 잘했다고 생각되는 일은 무엇인가?
- 상사가 불합리한 지시를 내린다면 어떻게 하겠는가?
- 학업성적이 좋지 않은데, 그 이유는 무엇인가?
- 본인이 떨어진다면, 그 이유는 무엇이라고 생각하는가?
- 회사에 대해 아는 대로 말해 보시오.
- 자격증이 별로 없는데 그 이유는 무엇인가?
- 취득한 자격증을 업무에 어떻게 활용할 것인가?
- 책임감을 느껴본 경험이 있는가?
- 학생과 직장인의 차이는 무엇인가?
- 친구들에게 인기가 많은 편인가?
- 지금까지 가장 기뻤던 일은 무엇인가?
- 학창시절에 어떤 아르바이트를 해보았는가?
- 일과 사생활에 대하여 어떻게 생각하는가?
- 휴일에는 주로 무엇을 하며 시간을 보내는가?
- 왜 대학에 가지 않았는가?
- 월급을 받는다면 어디에 쓰겠는가?
- 가족 소개를 해보시오.
- 학교에 대해 소개해 보시오.
- 휴일근무를 계속 해야 한다면 어떻게 하겠는가?
- 창의적으로 문제를 해결해 본 경험이 있는가?
- 인간관계에서 가장 어려웠던 경험과 해결 방안은 무엇이었는가?
- 직무를 수행하는 데 있어 가장 중요한 것은 무엇이라고 생각하는가?
- 친구들과 있을 때 의견을 내는 편인가, 아니면 의견에 따르는 편인가?
- 입사를 한다고 가정하고 자신만의 각오를 말해 보시오.
- 최근에 가장 화가 났던 일에 대해 말해 보시오.
- 회사의 인재상이 무엇인가?
- 주변 동료에게 나쁜 평가를 받아본 적이 있는가?
- 학창시절, 군대시절, 그리고 현재 자신에 대해 표현해 보시오.
- 준비해 왔는데 아직 하지 못한 말이 있는가? 있다면 해 보시오.
- 30대, 또는 40대가 되었을 때 자신이 어떤 모습일지 말해 보시오.
- 존경하는 사람이 누구인가?
- 하기 싫은 일을 했던 경험에 대해 말해 보시오.
- 최근에 읽은 책은 무엇인가?
- 교내 활동이나 동아리 활동을 한 적이 있는가? 있다면 그 경험에 대해 말해 보시오.
- 입사 후 포부는 무엇인가?

앞선 정보 제공! 도서 업데이트

언제, 왜 업데이트될까?

도서의 학습 효율을 높이기 위해 자료를 추가로 제공할 때!
공기업 · 대기업 필기시험에 변동사항 발생 시 정보 공유를 위해!
공기업 · 대기업 채용 및 시험 관련 중요 이슈가 생겼을 때!

01 시대에듀 도서
www.sdedu.co.kr/book
홈페이지 접속

02 상단 카테고리
「도서업데이트」
클릭

03 해당
기업명으로
검색

참고자료, 시험 개정사항 등 정보 제공으로 학습효율을 높여 드립니다.

더 이상의
고졸 · 전문대졸 필기시험 시리즈는 없다!

"알차다"
꼭 알아야 할 내용을 담고 있으니까

"친절하다"
핵심 내용을 쉽게 설명하고 있으니까

"핵심을 뚫는다"
시험 유형과 유사한 문제를 다루니까

"명쾌하다"
상세한 풀이로 완벽하게 익힐 수 있으니까

성공은 나를 응원하는 **사람**으로부터 **시작**됩니다.
시대에듀가 당신을 힘차게 응원합니다.

2025
최신판

SK 하이닉스

Operator / Maintenance

고졸/전문대졸 **온라인 필기시험**

정답 및 해설

최신기출유형＋모의고사 4회 ＋무료하이닉스특강

편저 | SDC(Sidae Data Center)

유형분석 및 모의고사로
최종합격까지

한 권으로 마무리!

SDC

SDC는 시대에듀 데이터 센터의 약자로
약 30만 개의 NCS·적성 문제 데이터를
바탕으로 최신 출제경향을 반영하여
문제를 출제합니다.

시대에듀

PART

1

적성검사

끝까지 책임진다! 시대에듀!

QR코드를 통해 도서 출간 이후 발견된 오류나 개정법령, 변경된 시험 정보, 최신기출문제, 도서 업데이트 자료 등이 있는지 확인해 보세요! **시대에듀 합격 스마트 앱**을 통해서도 알려 드리고 있으니 구글 플레이나 앱 스토어에서 다운받아 사용하세요. 또한, 파본 도서인 경우에는 구입하신 곳에서 교환해 드립니다.

CHAPTER 01 언어표현 적중예상문제

01	02	03	04	05	06	07	08	09	10
④	③	⑤	④⑤	②④	④	④	③	④	④
11	12	13	14	15	16	17	18	19	20
⑤	⑤	②	②	④	③	③	④	④	④
21	22	23	24	25	26	27	28	29	30
④	⑤	③	①	⑤	③	②	①	⑤	④
31	32	33	34	35	36	37	38	39	40
③	⑤	⑤	⑤	⑤	④	④	③	③	②
41	42	43	44	45	46	47	48	49	50
①	⑤	①	①	③	②	②	③	⑤	②
51	52	53	54	55	56	57	58	59	60
⑤	①	②	②	④	③	④	①	⑤	②
61	62	63	64	65	66	67	68	69	70
②	①	④	④	④	④	④	②	④	②

01
정답 ④

• 기반 : 기초가 되는 바탕. 또는 사물의 토대
• 초석 : 어떤 사물의 기초를 비유적으로 이르는 말

[오답분석]
① 추구 : 목적을 이룰 때까지 뒤좇아 구함
② 확보 : 확실히 보증하거나 가지고 있음
③ 기여 : 도움이 되도록 이바지함
⑤ 동반 : 일을 하거나 길을 가는 따위의 행동을 할 때 함께 짝을 함

02
정답 ③

• 성취 : 목적한 바를 이룸
• 달성 : 목적한 것을 이룸

[오답분석]
① 성장 : 사물의 규모나 세력 따위가 점점 커짐
② 번성 : 한창 성하게 일어나 퍼짐
④ 취득 : 자기 것으로 만들어 가짐
⑤ 고취 : 의견이나 사상 따위를 열렬히 주장하여 불어넣음

03
정답 ⑤

• 이목 : 주의나 관심
• 시선 : 주의 또는 관심을 비유적으로 이르는 말

[오답분석]
① 괄목 : 눈을 비비고 볼 정도로 매우 놀람
② 경계 : 사물이 어떠한 기준에 의하여 분간되는 한계
③ 기습 : 적이 생각지 않았던 때에, 갑자기 들이쳐 공격함
④ 정도 : 알맞은 한도

04
정답 ④, ⑤

• 원용(援用) : 자기의 주장이나 학설을 세우기 위하여 문헌이나 관례 따위를 끌어다 씀
• 인용(引用) : 남의 말이나 글을 자신의 말이나 글 속에 끌어 씀

[오답분석]
① 운영(運營)
  1. 조직이나 기구, 사업체 따위를 운용하고 경영함
  2. 어떤 대상을 관리하고 운용하여 나감
② 이용(利用)
  1. 대상을 필요에 따라 이롭게 씀
  2. 다른 사람이나 대상을 자신의 이익을 채우기 위한 방편으로 씀
③ 응용(應用) : 어떤 이론이나 이미 얻은 지식을 구체적인 개개의 사례나 다른 분야의 일에 적용하여 이용함

05
정답 ②, ④

• 평안 : 걱정이나 탈이 없음. 또는 무사히 잘 있음
• 안전 : 위험이 생기거나 사고가 날 염려가 없음

[오답분석]
① 실의 : 뜻이나 의욕을 잃음
③ 재능 : 어떤 일을 하는 데 필요한 재주와 능력
⑤ 기교 : 기술이나 솜씨가 아주 교묘함. 또는 그런 기술이나 솜씨

06

- 가지런하다 : 여럿이 층이 나지 않고 고르게 되어 있다.
- 들쭉날쭉하다 : 들어가기도 하고 나오기도 하여 가지런하지 아니하다.

07

정답 ④

- 망각 : 어떤 사실을 잊어버림
- 기억 : 이전의 인상이나 경험을 의식 속에 간직하거나 도로 생각해 냄

오답분석

① 밀집 : 빈틈없이 빽빽하게 모임
② 정신 : 육체나 물질에 대립되는 영혼이나 마음
③ 내포 : 어떤 성질이나 뜻 따위를 속에 품음
⑤ 착각 : 어떤 사물이나 사실을 실제와 다르게 지각함

08

정답 ③

- 꿉꿉하다 : 조금 축축하다(≒눅눅하다).
- 강마르다 : 물기가 없이 바싹 메마르다. 성미가 부드럽지 못하고 메마르다. 또는 살이 없이 몹시 수척하다.

오답분석

① 강샘하다 : 부부 사이나 사랑하는 이성(異性) 사이에서 상대되는 이성이 다른 이성을 좋아할 경우에 지나치게 시기하다(≒질투하다).
② 꽁꽁하다 : 아프거나 괴로워 앓는 소리를 내다. 강아지가 짖다. 또는 작고 가벼운 물건이 자꾸 바닥이나 물체 위에 떨어지거나 부딪쳐 소리가 나다.
④ 눅눅하다 : 축축한 기운이 약간 있다. 또는 물기나 기름기가 있어 딱딱하지 않고 무르며 부드럽다.
⑤ 끌탕하다 : 속을 태우며 걱정하다.

09

정답 ④

'수척 – 초췌'는 유의 관계이다.
- 수척 : 몸이 몹시 야위고 마른 듯함
- 초췌 : 병, 근심, 고생 따위로 얼굴이나 몸이 여위고 파리함

10

정답 ④

'유미 – 탐미'는 동의 관계이다.
- 유미 : 아름다움을 추구하여 거기에 빠지거나 깊이 즐김
- 탐미 : 아름다움을 추구하여 거기에 빠지거나 깊이 즐김

11

정답 ⑤

제시문의 '벗어나다'는 '공간적 범위나 경계 밖으로 빠져나오다.'의 의미로 쓰였으며, 이와 같은 의미로 사용된 것은 ⑤이다.

오답분석

① 동아리나 어떤 집단에서 빠져나오다.
② 이야기의 흐름이 빗나가다.
③ 어려운 일이나 처지에서 헤어나다.
④ 맡은 일에서 놓여나다.

12

정답 ⑤

제시문의 '말'은 '일정한 주제나 줄거리를 가진 이야기'를 의미하므로 이와 같은 의미로 사용된 것은 ⑤이다.

오답분석

① 사람의 생각이나 느낌 따위를 표현하고 전달하는 데 쓰는 음성 기호
② 단어, 구, 문장 따위를 통틀어 이르는 말
③ 음성 기호로 생각이나 느낌을 표현하고 전달하는 행위. 또는 그런 결과물
④ 소문이나 풍문 따위를 이르는 말

13

정답 ②

②의 '고치다'는 '고장이 나거나 못 쓰게 된 물건을 손질하여 제대로 되게 하다.'라는 의미이고, 나머지 ①·③·④·⑤는 '잘못되거나 틀린 것을 바로 잡다.'라는 의미이다.

14

정답 ②

청명(淸明)은 봄에 속하는 절기로, 춘분과 곡우 사이에 들며, 4월 5 ~ 6일경이다.

오답분석

① 4월 20 ~ 21일경
③ 6월 5 ~ 6일경
④ 10월 8 ~ 9일경
⑤ 12월 22 ~ 23일경

15

정답 ④

'꾸러미'는 달걀 10개를 묶어 세는 단위이므로 달걀 한 꾸러미는 10개이다.

오답분석

① 굴비를 묶어 세는 단위인 '갓'은 '굴비 10마리'를 나타내므로 굴비 두 갓은 20마리이다.
② 일정한 길이로 말아 놓은 피륙을 세는 단위인 '필'의 길이는 40자에 해당되므로 명주 한 필은 40자이다.

③ '제'는 한약의 분량을 나타내는 단위로, 한 제는 탕약 스무
    첩을 나타내므로 탕약 세 제는 60첩이다.
⑤ '거리'는 오이나 가지 따위를 묶어 세는 단위로, 한 거리는
    오이나 가지 50개를 나타내므로 오이 한 거리는 50개이다.

16 　　　정답 ③

손은 생선 두 마리를 뜻한다.

오답분석

① 톳 : 김 100장
② 강다리 : 장작 100개비
④ 우리 : 기와 2천 장
⑤ 접 : 과일 100개

17 　　　정답 ③

미수(米壽)는 88세를 이르는 말이다. 80세를 의미하는 말은
'산수(傘壽)'이다.

18 　　　정답 ④

부인의 남동생의 아내를 '처남댁'이라고 부른다.

19 　　　정답 ④

공식적인 자리에서 다수의 청자에게 이야기할 때 '해요체'를
사용한다면 부자연스러울 수 있다. '합쇼체'를 사용하는 것이
청자를 정중히 예우하는 높임법이다.

20 　　　정답 ④

오답분석

① 공간 : 아무것도 없는 빈 곳
② 광장 : 많은 사람이 모일 수 있게 거리에 만들어 놓은 넓
    은 빈터
③ 백발 : 하얗게 센 머리털
⑤ 역전 : 역의 앞쪽

21 　　　정답 ④

'물, 가스 따위가 흘러나오지 않도록 차단하다.' 등의 뜻을 가
진 동사는 '잠그다'이다. '잠구다'는 '잠그다'의 잘못된 표현으
로 '잠구다'의 활용형인 '잠궈' 역시 틀린 표기이다. '잠그다'
의 올바른 활용형은 '잠가'이다.
따라서 '사용 후 수도꼭지는 꼭 잠가 주세요.'가 옳다.

22 　　　정답 ⑤

'뇌졸중(腦卒中)'은 뇌에 혈액 공급이 제대로 되지 않아 손발
의 마비, 언어 장애 등을 일으키는 증상을 일컬으며, '뇌졸증'
은 '뇌졸중'의 잘못된 표현이다.
'꺼림칙하다'와 '꺼림직하다' 중 기존에는 '꺼림칙하다'만 표
준어로 인정되었으나, 2018년 표준국어대사전이 수정됨에
따라 '꺼림직하다'도 표준어로 인정되었다. 따라서 '꺼림칙하
다', '꺼림직하다' 모두 사용할 수 있다.

23 　　　정답 ③

• 웬지 → 왠지
• 어떡게 → 어떻게
• 말씀드리던지 → 말씀드리든지
• 바램 → 바람

24 　　　정답 ①

'본받다'는 '본을 받다'에서 목적격 조사가 생략되고, 명사 '본'
과 동사 '받다'가 결합한 합성어이다.
따라서 하나의 단어로 '본받는'이 옳은 표기이다.

25 　　　정답 ⑤

• 내로라하다 : '어떤 분야를 대표할 만하다.'는 뜻으로 한 단
    어이다.
• 그러다 보니 : 보조용언 '보다'가 앞 단어와 연결 어미로 이
    어지는 '-다 보다'의 구성으로 쓰이면 앞말과 띄어 쓴다.

오답분석

① 창문밖에 → 창문 밖에 / 너 밖에 → 너밖에
    • 창문 밖에 : 바깥(外)의 의미를 지니고 있으면 명사이므
        로 앞 말과 띄어 쓴다.
    • 너밖에 : 한정의 의미를 지니고 있으면 조사이므로 앞
        말과 붙여 쓴다.
② 두가지를 → 두 가지를 / 조화시키느냐하는 → 조화시키
    느냐 하는
    • 두 가지를 : 수 관형사는 뒤에 오는 명사 또는 의존 명사
        와 띄어 쓴다.
    • 조화시키느냐 하는 : 어미 다음에 오는 말은 띄어 쓴다.
③ 심사하는만큼 → 심사하는 만큼 / 한 달 간 → 한 달간
    • 심사하는 만큼 : 뒤에 나오는 내용의 원인, 근거를 의미
        하는 의존 명사로 띄어 쓴다.
    • 한 달간 : '동안'을 의미하는 접미사로 붙여 쓴다.
④ 무엇 보다 → 무엇보다 / 인식해야 만 → 인식해야만
    • 무엇보다 : 앞말이 부사어임을 나타내는 조사로 붙여
        쓴다.
    • 인식해야만 : '만'은 한정, 강조를 의미하는 보조사로 붙
        여 쓴다.

26
정답 ③

제시된 단어는 전체와 부분의 관계이다.
'촉'은 '화살'을 구성하는 일부이고, '씨'는 '포도'를 구성하는 일부이다.

27
정답 ②

제시된 단어는 전체와 부분의 관계이다. '더듬이'는 '나비'의 한 부분이고, '렌즈'는 '안경'의 한 부분이다.

28
정답 ①

제시된 단어는 상위어와 하위어의 관계이다. '피아노'는 '건반 악기' 중 하나이고, '소설'은 '문학'의 유형 중 하나이다.

29
정답 ⑤

제시된 단어는 상위어와 하위어의 관계이다. '수성'은 '태양계'의 행성 중 하나이고, '돼지'는 '포유류'의 동물 중 하나이다.

30
정답 ④

제시된 단어는 나이와 그 나이를 나타내는 한자어의 관계이다. '불혹'은 '40세'를 의미하고, '고희'는 '70세'를 의미한다.

31
정답 ③

제시된 단어는 한자어와 고유어의 관계이다. '보유하다'의 고유어는 '갖다'이고, '조성하다'의 고유어는 '만들다'이다.

32
정답 ⑤

제시된 단어는 유의 관계이다.
'겨냥하다'는 '목표물을 겨누다.'는 뜻으로 '목표나 기준에 맞고 안 맞음을 헤아려 보다.'라는 뜻인 '가늠하다'와 유의 관계이다. 따라서 '기초나 터전 따위를 굳고 튼튼하게 하다.'는 뜻을 가진 '다지다'와 유의 관계인 단어는 '세력이나 힘을 더 강하고 튼튼하게 하다.'라는 뜻인 '강화하다'이다.

오답분석
① 진거하다 : 앞으로 나아가다.
② 겉잡다 : 겉으로 보고 대강 짐작하여 헤아리다.
③ 요량하다 : 앞일을 잘 헤아려 생각하다.
④ 약화하다 : 세력이나 힘이 약해지다.

33
정답 ⑤

제시된 단어는 유의 관계이다.
'변변하다'는 '지체나 살림살이가 남보다 떨어지지 아니하다.'는 뜻으로 '살림살이가 모자라지 않고 여유가 있다.'라는 뜻인 '넉넉하다'와 유의 관계이다. 따라서 '여럿이 떠들썩하게 들고 일어나다.'는 뜻을 가진 '소요(騷擾)하다'와 유의 관계인 단어는 '시끄럽고 어수선하다.'라는 뜻인 '소란하다'이다.

오답분석
① 치유하다 : 치료하여 병을 낫게 하다.
② 한적하다 : 한가하고 고요하다.
③ 공겸하다 : 삼가는 태도로 겸손하게 자기를 낮추다.
④ 소유하다 : 가지고 있다.

34
정답 ⑤

제시된 단어는 유의 관계이다.
'공시하다'는 '일정한 내용을 공개적으로 게시하여 일반에게 널리 알리다.'는 뜻으로 '세상에 널리 퍼뜨려 모두 알게 하다.'라는 뜻인 '반포하다'와 유의 관계이다. 따라서 '서로 이기려고 다투며 덤벼들다.'는 뜻을 가진 '각축하다'와 유의 관계인 단어는 '같은 목적에 대하여 이기거나 앞서려고 서로 겨루다.'라는 뜻인 '경쟁하다'이다.

오답분석
① 공들이다 : 어떤 일을 이루는 데 정성과 노력을 많이 들이다.
② 통고하다 : 서면(書面)이나 말로 소식을 전하여 알리다.
③ 독점하다 : 혼자서 모두 차지하다.
④ 상면하다 : 서로 만나서 얼굴을 마주 보다.

35
정답 ⑤

제시된 단어는 반의 관계이다.
'미비'는 아직 다 갖추지 못한 상태에 있음을 나타내고, '완구'는 빠짐없이 완전히 갖춤을 나타내므로 반의 관계이다. '진취'는 적극적으로 나아가서 일을 이룩함을 뜻하고, '퇴영'은 활기나 진취적 기상이 없음을 뜻하므로 반의 관계이다.

오답분석
① 완비 : 빠짐없이 완전히 갖춤
② 퇴각 : 뒤로 물러감. 또는 금품 등을 물리침
③ 퇴출 : 물러나서 나감
④ 퇴로 : 뒤로 물러날 길

36
정답 ④

제시된 단어는 유의 관계이다.
'만족'과 '흡족'은 모자란 것 없이 충분하고 넉넉함을 뜻하는 단어로 유의 관계이다. 따라서 요구되는 기준이나 양에 미치지 못해 충분하지 않음을 뜻하는 '부족'의 유의어로는 있어야 하는 것이 모자라거나 없음을 뜻하는 '결핍'이 적절하다.

① 미미 : 보잘것없이 매우 작음
② 곤궁 : 가난하여 살림이 구차하고 딱함
③ 궁핍 : 몹시 가난함
⑤ 가난 : 살림살이가 부족함

37
정답 ④

제시된 단어는 유의 관계이다.
'중요'는 '귀중하고 요긴함'의 뜻으로 '요긴'과 유의 관계이다.
• 특성 : 일정한 사물에만 있는 특수한 성질
• 특질 : 특별한 기질이나 성질

① 성질 : 사람이 지닌 마음의 본바탕
② 특별 : 보통과 구별되게 다름
③ 특이 : 보통 것이나 보통 상태에 비하여 두드러지게 다름
⑤ 특수 : 특별히 다른 것

38
정답 ③

제시된 단어는 반의 관계이다.
'세입'은 '국가나 지방 자치 단체의 한 회계 연도에 있어서의 모든 지출'이라는 뜻으로, '행정 국가나 지방 자치 단체의 한 회계 연도에 있어서의 모든 지출'을 뜻하는 '세출'과 반의 관계이다.
• 할인 : 일정한 값에서 얼마를 뺌
• 할증 : 일정한 값에 얼마를 더함

① 상승 : 낮은 데서 위로 올라감
② 인상 : 물건 따위를 끌어 올림
④ 감소 : 양이나 수치가 줆. 또는 양이나 수치를 줄임
⑤ 인하 : 물건 따위를 끌어내림

39
정답 ③

제시된 단어는 상하 관계이다.
'독백'은 '연극'의 하위어이고, '추임새'는 '판소리'의 하위어이다.
• 독백(獨白) : 배우가 상대역 없이 혼자 말하는 행위
• 연극(演劇) : 배우가 각본에 따라 어떤 사건이나 인물을 말과 동작으로 관객에게 보여 주는 무대 예술
• 추임새 : 판소리에서 장단을 짚는 고수(鼓手)가 창(唱)의 사이사이에 흥을 돋우기 위하여 삽입하는 소리
• 판소리 : 광대 한 사람이 고수(鼓手)의 북장단에 맞추어 서사적(敍事的)인 이야기를 소리와 아니리로 엮어 발림을 곁들이며 구연(口演)하는 우리 고유의 민속악

① 탈춤 : 탈을 쓰고 추는 춤
② 시조 : 고려 말기부터 발달하여 온 우리나라 고유의 정형시
④ 농악 : 농촌에서 농부들 사이에 행하여지는 우리나라 고유의 음악
⑤ 시나위 : 정악에 상대한 향악. 또는 굿거리, 살풀이 따위의 무속 음악

40
정답 ②

제시된 단어는 직업과 일의 관계이다.
'타짜꾼'은 '노름을 하는 것'을 업으로 삼는 사람이고, '갖바치'는 '가죽신을 만드는 일'을 업으로 삼는 사람이다.

① 마름 : 지주를 대리하여 소작권을 관리하는 사람
③ 쇠재비 : 풍물놀이에서 꽹과리, 징을 맡는 사람
④ 모도리 : 빈틈없이 야무진 사람
⑤ 대장공 : 대장장이

41
정답 ①

제시된 단어는 유의 관계이다.
'창조'의 유의어는 '창출'이며, '개선'의 유의어는 '수정'이다.

42
정답 ⑤

제시문은 상하 관계이다.
'대중교통'의 하위어는 '전철'이며, '집'의 하위어는 '아파트'이다.

43
정답 ①

제시된 단어는 상하 관계이다.
'서적'의 하위어는 '양서'이며, '냉장고'의 상위어는 '가전'이다.
• 서적(書籍) : 일정한 목적, 내용, 체재에 맞추어 사상, 감정, 지식 따위를 글이나 그림으로 표현하여 적거나 인쇄하여 묶어 놓은 것≒책
• 양서(良書) : 내용이 교훈적이거나 건전한 책

44
정답 ①

제시된 단어는 목적어와 서술어 관계이다.
'시간을 보내다.', '차례를 지내다.'

45
정답 ③

제시된 단어는 직업과 일의 관계이다.
'목수'는 '건축'을 하고, '운동선수'는 '운동'을 한다.

46
정답 ②

제시된 단어는 반의 관계이다.
'왜소하다'의 반의어는 '거대하다'이며, '증진하다'의 반의어는 '감퇴하다'이다.

47
정답 ②

제시된 단어는 유의 관계이다.
'강냉이'는 '옥수수'의 열매이며, '샛별'은 '금성'을 일상적으로 이르는 말이다.

48
정답 ③

제시된 단어는 도구와 결과물의 관계이다.
'선풍기'로 '바람'을 만들고, '제빙기'로 '얼음'을 만든다.

49
정답 ⑤

제시된 단어는 부분 관계이다.
'흑연'은 '탄소'로 이루어져 있으며, '단백질'은 '아미노산'으로 이루어져 있다.

50
정답 ②

제시된 단어는 유의 관계이다.
'피곤하다'의 유의어는 '곤하다'이며, '심심하다'의 유의어는 '밍밍하다'이다.

51
정답 ⑤

수갑, 검거, 수사를 통해 '형사'를 연상할 수 있다.

52
정답 ①

빙하, 곰, 툰드라를 통해 '북극'을 연상할 수 있다.

53
정답 ②

인권, 사생활, 침범하다를 통해 '침해'를 연상할 수 있다.

54
정답 ②

까치, 스승, 각골난망을 통해 '은혜'를 연상할 수 있다.

55
정답 ④

손오공, 잔나비, 조삼모사를 통해 '원숭이'를 연상할 수 있다.

56
정답 ③

수출, 규정, 제한을 통해 '규제'를 연상할 수 있다.

57
정답 ④

비, 돌연, 황순원을 통해 '소나기'를 연상할 수 있다.

58
정답 ①

강도, 약탈, 바다를 통해 '해적'을 연상할 수 있다.

59
정답 ⑤

동네, 대장, 길을 통해 '골목'을 연상할 수 있다.

60
정답 ②

목마, 지구, 팽이를 통해 '회전'을 연상할 수 있다.

61
정답 ②

'용호상박'은 용과 호랑이가 서로 치고 받는다는 의미이고, '12지'에는 용이 속하며, '여의주'는 용이 가지고 있는 구슬이므로 '용'을 연상할 수 있다.

62
정답 ①

'소프라노'는 성악에서 가장 높은 음역을, '하이힐'은 굽이 높은 여자용 구두를, '고혈압'은 혈압이 정상보다 높은 수치의 증상을 의미하므로 '높다'를 연상할 수 있다.

63
정답 ④

사슴을 가리켜 말이라 한다는 뜻의 '지록위마'는 거짓말로 윗사람을 농락하는 행동을 일컫는 사자성어이며, '사기꾼'은 습관적으로 거짓말을 하여 이득을 꾀하는 사람을 의미한다. 또한 '거짓말 탐지기'를 통해 거짓말을 구별할 수 있으므로 '거짓말'을 연상할 수 있다.

64
정답 ④

'독립' 운동, 운동하는 시설의 '헬스클럽', 운동 '선수'를 통해 '운동'을 연상할 수 있다.

65

정답 ④

전염병을 막기 위한 '방역', '코로나' 바이러스, '바이러스(감염성 입자)'를 통해 '전염병'을 연상할 수 있다.

66

정답 ④

'조선왕조실록'은 역사가 기록되었고, '서울역'은 역사(역으로 쓰는 건물)이며, '역도'는 뛰어나게 힘이 센 역사들이 하는 운동이므로 '역사'를 연상할 수 있다.

67

정답 ④

로맨스 '영화', 로맨스의 '설렘', 로맨스 '소설'을 통해 '로맨스'를 연상할 수 있다.

68

정답 ②

비상 '경보', '하늘'을 높이 날아오르는 비상, 비상한 '천재'를 통해 '비상'을 연상할 수 있다.

69

정답 ④

원수를 갚으려고 온갖 괴로움을 참고 견딤을 뜻하는 '와신상담'과 '군인'의 최고 계급인 원수, '국가' 원수를 통해 '원수'를 연상할 수 있다.

70

정답 ②

세종'특별자치시', 세종대왕이 창제한 '한글', 세종대왕이 그려진 '만 원'권을 통해 '세종'을 연상할 수 있다.

01	02	03	04	05	06	07	08	09	10
③	②	①	①	②	①	③	①	②	①
11	12	13	14	15	16	17	18	19	20
③	②	③	①	②	④	④	⑤	④	⑤
21	22	23	24	25	26	27	28	29	30
③	②	④	⑤	②	①	④	④	③	②
31	32	33	34	35	36	37	38	39	40
③	②	⑤	④	⑤	⑤	④	⑤	①	③
41	42	43	44	45	46	47	48	49	50
⑤	④	①	⑤	⑤	③	②	⑤	②	①
51	52	53	54	55	56	57	58	59	60
④	③	⑤	④	⑤	⑤	⑤	⑤	④	⑤
61	62	63	64						
③	⑤	⑤	④						

01
정답 ③

효진이는 화분을 수진이보다는 많이 샀지만 지은이보다는 적게 샀으므로 효진이는 3 ~ 5개를 샀을 것이다. 그러나 주어진 제시문만으로는 몇 개의 화분을 샀는지 정확히 알 수 없다.

02
정답 ②

D보다 등급이 높은 사람은 2명 이상이므로 D는 3등급 또는 4등급을 받을 수 있다. 그러나 D는 B보다 한 등급이 높아야 하므로 3등급만 가능하며, B는 4등급이 된다. 나머지 1, 2등급에서는 C보다 한 등급 높은 A가 1등급이 되며, C는 2등급이 된다.
따라서 'C는 수리 영역에서 3등급을 받았다.'는 거짓이다.

03
정답 ①

주어진 명제를 정리하면 다음과 같다.
• a : 바이올린을 연주할 수 있는 사람
• b : 피아노를 연주할 수 있는 사람
• c : 플루트를 연주할 수 있는 사람
• d : 트럼펫을 연주할 수 있는 사람
a → b, c → d, ~b → ~d로 ~b → ~d의 대우는 d → b이므

로 c → d → b에 따라 c → b가 성립한다.
따라서 '플루트를 연주할 수 있는 사람은 피아노를 연주할 수 있다.'는 참이 된다.

04
정답 ①

B는 A보다 위층에 살고 있고, C와 D가 이웃한 층에 살고 있으려면 3 ~ 5층 중에 두 층을 차지해야 하므로 1층에 사는 것은 E이다.

05
정답 ②

B가 4층에 살면 C와 D가 이웃한 층에 살 수 없다. 따라서 B는 4층에 살 수 없다.

06
정답 ①

D가 4등일 경우에는 C − E − A − D − F − B 순서로 들어오게 된다.

07
정답 ③

D가 4등이라는 조건이 있다면 C가 1등이 되지만, 주어진 제시문으로는 C가 1등 또는 4등이기 때문에 알 수 없다.

08
정답 ①

중국의 1인당 GDP는 1,209달러로 세계 111위에 해당되고, 인도의 1인당 GDP는 512달러로 141위이다.

09
정답 ②

제시문에서 경제성장률을 결정해 주는 것은 경제규모인 총 국민소득이 아니라 1인당 국민소득 수준이라고 하였다.

10
정답 ①

경제규모를 반영하는 국내총생산(GDP)의 경우 세계 180개국 중 한국은 12위였고 인도는 13위로, 한국의 총 국민소득이 인도보다 많다.

11

정답 ③

제시문에는 일본인과 관련한 내용이 나타나 있지 않다.

12

정답 ②

제시문에 우주정거장 건설 사업에는 건설과 운영에 소요되는 비용이 100조 원에 이를 것으로 예상된다고 나와 있다.

13

정답 ③

제시문에는 미국, 유럽, 러시아, 일본 등 16개국이 참여하고 있다고만 나와 있을 뿐, 한국에 대한 언급은 없으므로 알 수 없다.

14

정답 ①

A고등학교 학생은 봉사활동을 해야 졸업한다. 즉, A고등학교 졸업생 중에는 봉사활동을 하지 않은 학생이 없다.

15

정답 ②

제시된 조건을 나열하면 '효주>지영', '효주>채원'임을 알 수 있다.
따라서 지영이와 채원이의 나이는 알 수 없지만 효주의 나이가 가장 많다는 것을 알 수 있다.

16

정답 ④

• 내구성을 따지지 않는 사람 → 속도에 관심이 없는 사람 → 디자인에 관심 없는 사람
• 연비를 중시하는 사람 → 내구성을 따지는 사람
따라서 내구성을 따지지 않는 사람은 디자인에도 관심이 없다.

17

정답 ④

재호의 월별 관리비를 지출액이 적은 순으로 나열하면 '2월 − 4월 − 3월'이므로 2월에 가장 적은 관리비를 낸 것을 알 수 있다.

18

정답 ⑤

정현 > 재현(1997)으로 정현이가 1997년 이전에 태어났음을 알 수 있으나, 제시된 사실만으로는 민현이와 정현이의 출생 순서를 알 수 없다.

19

정답 ④

탄수화물은 영양소이고, 영양소는 체내에서 에너지원 역할을

한다. 따라서 탄수화물은 체내에서 에너지원 역할을 한다.

20

정답 ⑤

첫 번째 명제의 대우 명제는 '팀플레이가 안 되면 패배한다.'이다. 삼단논법이 성립하려면 '팀플레이가 된다면 패스했다는 것이다.'라는 명제가 필요하므로 적절한 것은 ⑤이다.

21

정답 ③

삼단논법이 성립하려면 '호감을 못 얻으면 타인에게 잘 대하지 않는 것이다.'라는 명제가 필요한데 명제의 대우는 항상 참이므로 적절한 것은 ③이다.

22

정답 ②

돼지꿈을 꾼 다음 날 복권을 사는 사람들은 모두가 미신을 따르는 사람들이고, 미신을 따르는 사람 중 과학자는 없다. 즉, 돼지꿈을 꾼 다음 날 복권을 사는 사람이라면 과학자가 아니다.

23

정답 ④

'모든 무신론자가 운명론을 거부하는 것은 아니다.'를 바꿔서 표현하면 '무신론자 중에는 운명론을 믿는 사람이 있다.'이다.

24

정답 ⑤

딜레마 논법에 해당하며, 논리적으로 타당하다.

오답분석
① 관습적 행위에 해당한다.
② 후건 긍정의 오류에 해당한다.
③ 선언지 긍정의 오류에 해당한다.
④ 전건 부정의 오류에 해당한다.

25

정답 ②

상대방의 잘못을 들추어 서로 낫고 못함이 없다고 주장하여 자신의 잘못을 정당화하는 오류인 피장파장의 오류에 해당한다.

오답분석
① 성급한 일반화의 오류 : 제한된 증거를 기반으로 성급하게 어떤 결론을 도출하는 오류
③ 군중에 호소하는 오류 : 군중 심리를 자극하여 논지를 받아들이게 하는 오류
④ 인신공격의 오류 : 주장하는 사람의 인품·직업·과거 정황을 트집 잡아 비판하는 오류
⑤ 흑백사고의 오류 : 세상의 모든 일을 흑 또는 백이라는 이분법적 사고로 바라보는 오류

26

정답 ①

갑은 자신과 상관없이 이루어지는 사건을 자신과 연결시켜 생각하는 '개인화의 오류'를 범하고 있다.

[오답분석]
② 예언자적 사고에 대한 설명이다.
③ 독심술적 사고에 대한 설명이다.
④ 과잉 일반화에 대한 설명이다.
⑤ 정신적 여과에 대한 설명이다.

27

정답 ④

ⓒ·ⓔ 서로 다른 범주에 속하는 것을 같은 범주의 것으로 혼동하는 데서 생기는 '범주의 오류'에 해당한다.

[오답분석]
㉠ 애매어의 오류 : 두 가지 이상의 의미를 가진 말을 동일한 의미의 말인 것처럼 애매하게 사용함으로써 생기는 오류
ⓒ 자가당착의 오류 : 앞뒤의 주장이나 전제와 결론 사이에 모순이 발생함으로써 일관된 논점을 갖지 못하는 오류

28

정답 ④

제시된 오류는 많은 사람이 그렇게 행동하거나 생각한다는 것을 내세워 군중심리를 자극하는 '대중에 호소하는 오류'에 해당한다. 이와 동일한 오류를 범하고 있는 것은 ④이다.

[오답분석]
① 피장파장의 오류 : 자신이 비판받는 바가 상대방에게도 역시 적용될 수 있음을 내세워 공격함으로써 벗어나는 오류
② 성급한 일반화의 오류 : 제한된 정보, 부적합한 증거, 대표성을 결여한 사례를 근거로 전부가 그런 것처럼 일반화하는 오류
③ 원천 봉쇄의 오류 : 자신의 주장에 반론의 가능성이 있는 요소를 비난하여 반론 자체를 원천적으로 봉쇄하는 오류
⑤ 동정에 호소하는 오류 : 상대방의 동정, 연민 등의 감정에 호소하여 자신의 주장을 정당화하려는 오류

29

정답 ③

을과 정은 상반된 이야기를 하고 있다. 만일 을이 참이고 정이 거짓이라면 합격자는 병, 정이 되는데 합격자는 한 명이어야 하므로 모순이다. 따라서 을이 거짓이고, 합격자는 병이다.

30

정답 ②

A ~ E의 진술에 따르면 C와 E는 반드시 동시에 참 또는 거짓이 되어야 하며, B와 C는 동시에 참이나 거짓이 될 수 없다.

- A와 B가 거짓일 경우 : B의 진술이 거짓이 되므로 이번 주 수요일 당직은 B이다. 그러나 D의 진술에 따르면 B는 목요일 당직이므로 이는 성립하지 않는다.
- B와 D가 거짓인 경우 : B의 진술이 거짓이 되므로 이번 주 수요일 당직은 B이다. 또한 A, E의 진술에 따르면 E는 월요일, A는 화요일에 각각 당직을 선다. 이때 C는 수요일과 금요일에 당직을 서지 않으므로 목요일 당직이 되며, 남은 금요일 당직은 자연스럽게 D가 된다.
- C와 E가 거짓인 경우 : A, B, D의 진술에 따르면 A는 화요일, D는 수요일, B는 목요일, C는 금요일 당직이 되어 남은 월요일 당직은 E가 된다. 이때 E의 진술이 참이 되므로 이는 성립하지 않는다.

31

정답 ③

B의 진술에 따르면 A가 참이면 B도 참이므로, A와 B는 모두 참을 말하거나 모두 거짓을 말한다. 또한 C와 E의 진술은 서로 모순되므로 둘 중 한 명의 진술은 참이고, 다른 한 명의 진술은 거짓이 된다. 만약 A와 B의 진술이 모두 거짓일 경우 A, B, E 3명의 진술이 거짓이 되므로 2명의 학생이 거짓을 말한다는 조건에 맞지 않는다. 따라서 A와 B, E의 진술은 모두 참이다. E의 진술에 따라 C가 범인이다.

32

정답 ②

만약 민정이가 진실을 말한다면 영재가 거짓, 세희가 진실, 준수가 거짓, 성은이의 '민정이와 영재 중 한 명만 진실만을 말한다.'가 진실이 되면서 모든 조건이 성립한다. 반면, 만약 민정이가 거짓을 말한다면 영재가 진실, 세희가 거짓, 준수가 진실, 성은이의 '민정이와 영재 중 한 명만 진실만을 말한다.'가 거짓이 되면서 모순이 생긴다.
따라서 거짓을 말한 사람은 영재와 준수이다.

33

정답 ⑤

A와 C의 성적 순위에 대한 B와 E의 진술이 서로 엇갈리고 있으므로, B의 진술이 참인 경우와 E의 진술이 참인 경우로 나누어 생각해 본다.
- B의 진술이 거짓이고 E의 진술이 참인 경우 : B가 거짓을 말한 것이 되어야 하므로 'B는 E보다 성적이 낮다.'도 거짓이 되어야 하는데, 만약 B가 E보다 성적이 높다면 A의 진술 중 'E는 1등이다.' 역시 거짓이 되어야 하므로 거짓이 2명 이상이 되어 모순이다. 따라서 B의 진술이 참이어야 한다.
- B의 진술이 참이고 E의 진술이 거짓인 경우 : 1등은 E, 2등은 B, 3등은 D, 4등은 C, 5등은 A가 되므로 모든 조건이 성립한다.

34
정답 ④

제시문은 우리나라의 인구감소 시대 진입으로 인해 늘어나는 복지수요와 그에 따른 공공재원 확보를 위한 방안에 대해 설명하는 글이다. 따라서 (나) 우리나라의 인구감소 시대의 진입 가능성으로 인한 복지수요 증가 예상 – (라) 어려워지는 공공재원의 확보 및 확충으로 인해 효율적 재원의 활용이 요구됨 – (가) 효율적 공공재원의 활용을 위해 사회 생산성 기여를 위한 공간정책의 필요성 대두 – (다) 인구감소 시대 대비 방안에 대한 지속적 논의 필요 순으로 나열하는 것이 적절하다.

35
정답 ⑤

먼저 귀납에 대해 설명하고 있는 (나) 문단이 오는 것이 적절하다. 다음으로 (라) 귀납의 특성으로 인한 논리적 한계가 나타남 – (다) 이러한 한계에 대한 흄의 의견 – (가) 구체적인 흄의 주장과 이에 따른 귀납의 정당화 문제 순으로 나열하는 것이 적절하다.

36
정답 ⑤

제시문은 시집과 철학책이 이해하기 어려운 이유와 그들이 지닌 의의에 대하여 설명하고 있다. 따라서 (마) 다른 글보다 이해하기 어려운 시집과 철학책 – (나) 시와 철학책이 이해하기 어려운 이유 – (라) 시와 철학책이 이해하기 힘든 추상적 용어를 사용하는 이유 – (가) 시와 철학이 낯선 표현 방식을 사용함으로써 얻을 수 있는 효과 – (다) 낯선 세계를 우리의 친숙한 삶으로 불러들이는 시와 철학의 의의의 순서로 나열하는 것이 적절하다.

37
정답 ④

(라)의 앞부분에서는 위기 상황을 제시하고, 뒷부분에서는 인류의 각성을 촉구하는 내용을 다루고 있다. 각성의 당위성을 이끌어내는 내용인 보기가 (라)에 들어가면 앞뒤의 내용을 논리적으로 연결할 수 있다.

38
정답 ⑤

보기는 관심사가 하나뿐인 사람을 1차원 그래프로 표시할 수 있다는 내용이다. 이는 제시문의 1차원적 인간에 대한 구체적인 예시에 해당하므로 (마)에 들어가는 것이 가장 적절하다.

39
정답 ①

- 첫 번째 빈칸 : 빈칸 앞의 '원체는 ~ 과학적 방식에 의거하여 설득하려는 정치·과학적 글쓰기라고 할 수 있다.'라는 내용을 통해 빈칸에는 다산이 이러한 원체의 정치·과학적 힘을 인식하여 『원정(原政)』이라는 글을 남겼다는 ㉠이 적절함을 알 수 있다.
- 두 번째 빈칸 : 빈칸 뒤에서는 다산의 원체와 비슷한 예로 당시 새롭게 등장한 미술 사조인 시각의 정식화를 통해 만들어진 진경 화법을 들고 있다. 따라서 빈칸에는 다산이 원체를 개인적인 차원에서 선택한 것이 아니라 당대의 문화적 추세를 반영한 것이라는 내용의 ㉡이 적절함을 알 수 있다.
- 세 번째 빈칸 : 빈칸 뒤 문장의 다산의 『원정』은 '정치에 관한 새로운 관점을 정식화하여 제시한 것'이라는 내용을 통해 빈칸에는 '새로운 기법'의 진경 화법과 '새로운 관점'의 원체를 공통점으로 도출하는 ㉢이 적절함을 알 수 있다.

40
정답 ③

차로 유지기능을 작동했을 때 운전자가 직접 운전을 해야 했던 '레벨 2'와 달리 '레벨 3'은 운전자가 직접 운전하지 않아도 긴급 상황에 대응할 수 있는 자동 차로 유지기능이 탑재되어 있다. '레벨 3' 안전기준이 도입된다면, 지정된 영역 내에서 운전자가 직접 운전하지 않고도 주행이 가능해질 것이다.
따라서 빈칸에 들어갈 내용으로 운전자가 운전대에서 손을 떼고도 자율주행이 가능해진다는 ③이 가장 적절하다.

<u>오답분석</u>
① 레벨 3 부분자율주행차는 운전자 탑승이 확인된 후에만 작동할 수 있다.
② · ④ 제시문에서는 레벨 3 부분자율주행차의 자동 차로 유지기능에 대해 이야기하고 있으며, 자동 속도 조절이나 차량 간 거리 유지기능에 대해서는 제시문을 통해 알 수 없다.
⑤ 레벨 2에 대한 설명이다. 레벨 3 부분자율주행차의 자동 차로 유지기능은 운전자가 직접 운전하지 않아도 차선을 유지하고, 긴급 상황에 대응할 수 있다.

41
정답 ⑤

제시문은 '전통 단절론의 오류와 전통 탐구의 현대적 의의'에 대해 말하고 있다. 글쓴이는 '전통'의 의미를 '상당히 이질적인 것이 교차하여 곁고 튼 끝에 이루어진 것', '어느 것이나 우리화시켜 받아들인 것'으로 규정하고, '전통의 혼미란 곧 주체의식의 혼미란 뜻에 지나지 않는다.'라는 주장을 펴고 있다.
따라서 이러한 의미를 담고 있는 ⑤가 빈칸에 들어가는 것이 적절하다.

42 정답 ④

제시문은 '멋'은 파격이면서 동시에 보편적이고 일반적인 기준을 벗어나지 않아야 하는 것임을 강조하고 있다. 따라서 멋은 사회적인 관계에서 생겨나는 것이라는 결론을 얻을 수 있다.

43 정답 ①

제시문은 '발전'에 대한 개념을 설명하고 있다. 빈칸 앞에는 '발전'에 대해 '모든 형태의 변화가 전부 발전에 해당하는 것은 아니다.'라고 하면서 '교통신호등'을 예로 들고, 빈칸 뒤에는 '사태의 진전 과정에서 나중에 나타나는 것은 적어도 그 이전 단계에 내재적으로나마 존재했던 것의 전개에 해당한다는 것이다.'라고 상술하고 있다. 여기에 첫 번째 문장까지 고려한다면, ①이 빈칸에 들어가는 것이 적절하다.

44 정답 ⑤

얼렌 증후군 환자들은 사물이 흐릿해지면서 두세 개로 보이는 것과 같은 시각적 왜곡을 경험한다. 이들은 어두운 곳에서 책을 보고 싶어 하는 경우가 많다고 한 내용을 보아 밝은 곳에서 난독증 증상이 더 심해진다는 것을 알아낼 수 있다.

오답분석
① 난독증은 지능에는 문제가 없으며, 단지 언어활동에만 문제가 있는 질환이기 때문에 지능에 문제가 있는 사람에게서 주로 나타난다고 보기 어렵다.
② 문자열을 전체로는 처리하지 못하고 하나씩 취급하여 전체 문맥을 이해하지 못하는 것 역시 난독증의 증상 중 하나이다.
③ 지능과 시각, 청각이 모두 정상임에도 난독증을 경험하는 경우가 있는 것으로 밝혀졌다.
④ 난독증의 원인 중 하나인 얼렌 증후군은 시신경 세포가 정상인보다 적은 경우에 발견되는데, 보통 유전의 영향을 많이 받는다.

45 정답 ⑤

제시문을 통해 언어가 시대를 넘어 문명을 전수하는 역할을 한다는 걸 알 수 있다. 언어를 통해 전해진 선인들의 훌륭한 문화유산이나 정신 자산은 당대의 문화나 정신을 살찌우는 밑거름이 되었으며, 이러한 언어가 없었다면 인류 사회는 앞선 시대와 단절되어서 이상의 발전을 기대할 수 없었을 것이다. 이는 문명의 발달은 언어와 더불어 이루어져 왔음을 의미한다.

46 정답 ③

임마누엘 칸트는 단순히 이 세상의 행복을 얻으려는 욕심의 지배를 받아 이를 실천의 원리로 삼는 것을 악으로 규정했을 뿐, 행복 그 자체를 악으로 판단하진 않았다.

47 정답 ②

청색기술의 대상이 되는 동식물은 오랫동안 진화를 거듭하여 자연에 적응한 동식물이다.

48 정답 ⑤

오답분석
①과 ④는 마지막 문장, ②은 두 번째 문장, ③는 제시문의 흐름에서 확인할 수 있다.

49 정답 ②

제시문은 '분노'에 대한 것으로, 사람의 경우와 동물의 경우를 나누어 분노가 어떻게 공격과 복수의 행동을 유발하는지에 대해 서술하고 있다.

오답분석
① 분노에 대한 공격과 복수 행동만 서술할 뿐 공격을 유발하는 원인에 대한 언급은 없다.
③ 탈리오 법칙에 대한 언급은 했으나, 이에 대한 실제 사례 등 구체적인 서술은 없다.
④ 동물과 인간이 가지는 분노에 대한 감정 차이보다는, '분노했을 때의 행동'에 대한 공통점에 주안점을 두고 서술하였다.
⑤ 분노 감정의 처리는 제시문의 도입부에 탈리오 법칙으로 설명될 뿐, 전체 주제로 볼 수 없다.

50 정답 ①

제시문의 첫 번째 문단은 도입부라 볼 수 있으며, 두 번째 문단의 첫 문장이 제시문의 주제문이며, 이에 이어서 서구와의 비교를 통해 연고주의의 장점을 강화하고 있다.

51 정답 ④

제시문은 아리스토텔레스의 '카타르시스'와 니체가 말한 비극의 기능을 제시하며 비극을 즐기는 이유를 설명하고 있다.

52
정답 ③

제시문은 고령화 시대에 발생하는 노인 주거 문제에 대한 일본의 정책을 제시하여 우리나라의 부족한 대처방안을 문제 삼고 있으며, 이러한 문제를 해결하기 위해 공동 주택인 아파트의 공유 공간을 활용하자는 방안을 제시하고 있다. 따라서 노인 주거 문제를 공유를 통해 해결하자는 ③이 제목으로 가장 적절하다.

오답분석
① 고령화 속도에 대한 내용은 제시문에 나타나 있지 않다.
② 일본의 정책으로 '유니버설 디자인'의 노인 친화적 주택을 언급하고 있으나, 일부에 해당하는 내용이므로 글의 제목으로 적절하지 않다.
④ 제시문에서 주로 문제 삼고 있는 것은 사회 복지 비용의 증가가 아닌 부족한 노인 주거 정책이며, 그에 대한 해결방안을 제시하고 있다.
⑤ 제시문은 일본의 노인 주거 정책에 비해 우리나라의 부족한 대처방안을 문제 삼고 있을 뿐, 전체 내용을 일본과 한국의 정책 비교로 보기는 어렵다.

53
정답 ⑤

제시문에서는 우리 민족과 함께해 온 김치의 역사를 비롯하여 김치의 특징과 다양성 등을 함께 이야기하고 있으며, 복합 산업으로 발전하면서 규모가 성장하고 있는 김치 산업에 대해서도 이야기하고 있다. 따라서 전체의 내용을 아우를 수 있는 제목으로 가장 적절한 것은 ⑤이다.

오답분석
①·④ 첫 번째 문단이나 두 번째 문단의 소제목은 될 수 있으나, 제시문 전체 내용을 나타내는 제목으로는 적절하지 않다.
② 세 번째 문단에서 김치산업에 대한 내용을 언급하고 있지만, 이는 현재 김치산업의 시장 규모에 대한 내용일 뿐이므로 산업의 활성화 방안과는 거리가 멀다.

54
정답 ④

제시문에서는 자기 공명 방식이 상용화되기 위해서는 현재 사용되는 코일 크기로는 일반 가전제품에 적용할 수 없으므로 코일을 소형화해야 할 필요가 있다고 언급하였다.

오답분석
① 자기 유도 방식의 2차 코일은 교류 전류 방식이다.
② 자기 공명 방식에서 2차 코일은 공진 주파수를 전달받으며, 1차 코일에서 공진 주파수를 만든다.
③ 자기 유도 방식은 유도 전력을 이용하지만, 무선 전력 전송을 하기 때문에 철심을 이용하지 않는다.
⑤ 자기 유도 방식은 전력 전송 효율이 높으나 1차 코일에 해당하는 송신부와 2차 코일에 해당하는 수신부가 수 센티미터 이상 떨어지거나 송신부와 수신부의 중심이 일치하지 않게 되면 전력 전송 효율이 급격히 저하된다.

55
정답 ⑤

무게 중심이 지지점과 연직 방향에서 벗어난다면, 중력에 의한 회전력을 받게 되어 지지점을 중심으로 회전하며 넘어지게 된다.

56
정답 ⑤

제시문에서는 영리병원 도입으로 중장기적 고용 창출 효과가 있을 것이라고 주장하고 있다.

57
정답 ⑤

두 번째 문단을 통해 '셉테드'는 건축물 설계 과정에서부터 범죄를 예방·차단하기 위해 공간을 구성하는 것임을 알 수 있다. ⑤는 각 가정에 방범창을 설치하는 것으로 셉테드와는 관련이 없다.

58
정답 ⑤

직장에서의 프라이버시 침해 위협에 대해 우려하는 것이 제시문의 논지이므로 ⑤는 이에 대한 반응으로 적절하지 않다.

59
정답 ④

제시문은 서구화된 우리 문화의 현실 속에서 민족 문화의 전통을 계승하자는 논의가 결코 보수적인 것이 아님을 밝히고 구체적인 사례를 검토하면서 전통의 본질적 의미와 그것의 올바른 계승 방법을 모색한 논설문이다. 글쓴이는 전통이란 과거의 것 중에서 현재의 문화 창조에 이바지하는 것이라고 보고 우리 스스로 전통을 찾고 창조해야 한다고 주장하였으므로, ④의 관점이 적절하다.

60
정답 ⑤

제시문은 전통이 과거에서 이어와 현재의 문화 창조에 이바지할 수 있다고 생각되는 것이라고 설명하였다.

61
정답 ③

제시문은 철도 발달로 인한 세계 표준시 정립의 필요성, 세계 표준시 정립에 기여한 샌퍼드 플레밍과 본초자오선 회의 등의 언급을 통해 세계 표준시가 등장하게 된 배경을 구체적으로 소개하고 있으므로 ③이 가장 적절하다.

62

정답 ⑤

우리나라에 세계 표준시가 도입된 대한제국 때에는 동경 127.5도 기준으로 세계 표준시의 기준인 영국보다 8시간 30분(127.5/15=8.5)이 빨랐다. 그러나 현재 우리나라의 표준시는 동경 135도 기준으로 변경되었기 때문에 영국보다 9시간(135/15=9)이 빠르다. 따라서 현재 우리나라의 시간은 대한제국 때 지정한 시각보다 30분 빠르다.

63

정답 ⑤

지원자의 직무 능력을 가릴 수 있는 요소들을 배제하는 것은 기존의 채용 방식이 아닌 블라인드 채용 방식으로 이를 통해 직무 능력만으로 인재를 평가할 수 있다. 따라서 ⑤는 블라인드 채용의 등장 배경으로 적절하지 않다.

64

정답 ④

블라인드 면접의 경우 자료 없이 면접을 진행하는 무자료 면접 방식과 면접관의 인지적 편향을 유발할 수 있는 항목을 제거한 자료를 기반으로 면접을 진행하는 방식이 있다.

오답분석
① 무서류 전형은 최소한의 정보만을 포함한 입사지원서를 접수하되 이를 선발 기준으로 활용하지 않는 방식이다.
② 블라인드 처리되어야 할 정보를 수집할 경우, 온라인 지원서 상 개인정보를 암호화하여 채용담당자는 이를 볼 수 없도록 기술적으로 처리한다.
③ 무자료 면접 방식은 입사지원서, 인·적성검사 결과 등의 자료 없이 면접을 진행한다.
⑤ 기존에 쌓아온 능력·지식 등은 서류 전형이 아닌 필기 및 면접 전형을 통해 검증된다.

01	02	03	04	05	06	07	08	09	10
②	②	①	③	⑤	②	③	②	②	④
11	12	13	14	15	16	17	18	19	20
③	④	①	③	⑤	①	④	④	②	③
21	22	23	24	25	26	27	28	29	30
②	⑤	③	⑤	②	①	④	②	④	②
31	32	33	34	35	36	37	38	39	40
①	②	①	③	②	①	②	②	③	①
41	42	43	44	45	46	47	48	49	50
②	④	④	②	④	②	⑤	④	①	⑤

01 　　　　　정답 ②

$87-85 \div 5+7$
$=87-17+7=77$

02 　　　　　정답 ②

$21 \times 3+44 \times 8$
$=63+352=415$

03 　　　　　정답 ①

$454 \times 4-56 \times 4$
$=1,816-224=1,592$

04 　　　　　정답 ③

$78+54-87 \div 3$
$=132-29=103$

05 　　　　　정답 ⑤

$123 \times 8+567 \times 4$
$=984+2,268=3,252$

06 　　　　　정답 ②

배의 속력을 시속 $x$km라고 하면, 강물을 거슬러 올라갈 때의 속력은 시속 $(x-3)$km이다.
$(x-3) \times 1=9$이므로, 배의 속력은 시속 12km이다.
그러므로 강물을 따라 내려올 때의 속력은 시속 $12+3=15$km 이고, 걸린 시간을 y라고 하면 $15 \times y=9 \rightarrow y=\dfrac{9}{15}$ 시간이다.
따라서 강물을 따라 내려올 때 걸리는 시간은 36분이다.

07 　　　　　정답 ③

• 20분 동안 30m/min의 속력으로 간 거리 : $20 \times 30=600$m
• 20분 후 남은 거리 : $2,000-600=1,400$m
• 1시간 중 남은 시간 : $60-20=40$분
따라서 20분 후 속력은 $1,400 \div 40=35$m/min이므로, 이후에는 35m/min의 속력으로 가야 한다.

08 　　　　　정답 ②

기차의 길이와 속력을 각각 xm, ym/min라고 하자.
$1 \times y=(700+x) \cdots (\text{i})$
$2 \times y=(1,500+x) \cdots (\text{ii})$
$(\text{ii})-(\text{i})$을 하여 식을 정리하면
$\therefore x=100$
따라서 기차의 길이는 100m이다.

09 　　　　　정답 ②

서울에서 부산까지 무정차로 걸리는 시간을 x시간이라고 하자.
$x=\dfrac{400}{120}=\dfrac{10}{3} \rightarrow$ 3시간 20분
9시에 출발해 13시 10분에 도착했으므로 걸린 시간은 4시간 10분이다. 즉, 무정차 시간과 비교하면 50분이 더 걸렸고, 역마다 정차하는 시간은 10분이다
따라서 정차한 역의 수는 $50 \div 10=5$개이다.

10 　　　　　정답 ④

집에서 역까지의 거리를 xm라고 하자.
$\dfrac{x}{50}+\dfrac{x}{60}=22$

$$\rightarrow 11x=6,600$$
$$\therefore x=600$$

따라서 역에서 집까지 돌아올 때 걸린 시간은 $\dfrac{600}{60}=10$분이다.

11
정답 ③

딸의 나이 범위에서 8의 배수를 찾아보면 32, 40, 48살이 가능하다. 이 중 5로 나누어 3이 남는 나이는 48살이다.
따라서 딸의 나이는 48살, 아버지의 나이는 84살이 되므로 두 사람의 나이 차는 84-48=36살이다.

12
정답 ④

아버지, 은서, 지은이의 나이를 각각 x세, $\dfrac{1}{2}x$세, $\dfrac{1}{7}x$세라고 하자.
$$\dfrac{1}{2}x-\dfrac{1}{7}x=15$$
$$\rightarrow 7x-2x=210$$
$$\therefore x=42$$
따라서 아버지의 나이는 42세이다.

13
정답 ①

현재 아버지의 나이를 x세, 아들의 나이를 y세라 하자.
$$x-y=25 \cdots \text{㉠}$$
$$x+3=2(y+3)+7$$
$$\rightarrow x-2y=10 \cdots \text{㉡}$$
㉠과 ㉡을 연립하면 $x=40$, $y=15$이다.
따라서 현재 아버지의 나이는 40세이다.

14
정답 ③

팀장의 나이를 x세라고 했을 때, 과장의 나이는 $(x-4)$세, 대리는 31세, 사원은 25세이다. 과장과 팀장의 나이 합이 사원과 대리의 나이 합의 2배이므로 다음 식이 성립한다.
$$x+(x-4)=2\times(31+25)$$
$$\rightarrow 2x-4=112$$
$$\therefore x=58$$
따라서 팀장의 나이는 58세이다.

15
정답 ⑤

동생의 나이를 x살이라 하면 수영이의 나이는 $(x+5)$살, 언니의 나이는 $2(2x+5)$살이다.
세 자매의 나이의 합이 39이므로 다음 식이 성립한다.
$$x+(x+5)+2(2x+5)=39$$
$$\therefore x=4$$

따라서 현재 언니의 나이는 26살이고, 3년 뒤 언니의 나이는 29살이다.

16
정답 ①

상품의 원가를 x원이라 하면 처음 판매가격은 $1.23x$원이다. 여기서 1,300원을 할인하여 판매했을 때 얻은 이익은 원가의 10%이므로 다음과 같은 식이 성립한다.
$$(1.23x-1,300)-x=0.1x$$
$$\rightarrow 0.13x=1,300$$
$$\therefore x=10,000$$
따라서 상품의 원가는 10,000원이다.

17
정답 ④

원가를 x원이라고 하자. 좌변에는 원가에 이윤을 붙인 정가에 할인율을 적용한 것을, 우변에는 원가 대비 이윤을 나타내면 다음과 같은 식이 성립한다.
$$1.2x\times 0.9=x+2,000$$
$$\rightarrow 1.08x=x+2,000$$
$$\therefore x=25,000$$
따라서 이 제품의 원가는 25,000원이다.

18
정답 ④

김대리가 작년에 낸 세금은 $(4,000-2,000)\times 0.3=600$만 원이다. 올해의 총소득은 20% 증가한 $4,000\times 1.2=4,800$만 원이고, 소득 공제 금액은 40% 증가한 $2,000\times 1.4=2,800$만 원이다. 올해의 세액은 작년보다 10%p 증가한 세율 40%를 적용한 $(4,800-2,800)\times 0.4=800$만 원이다.
따라서 작년과 올해의 세액의 차이는 800-600=200만 원이다.

19
정답 ②

처음 정가를 x라 하자.
$$2(0.7x-1,000)=x$$
$$\rightarrow 1.4x-2,000=x$$
$$\therefore x=5,000$$
따라서 처음 정가는 5,000원이다.

20
정답 ③

어린이, 어른의 식권을 각각 x원, $1.5x$원이라 하면
$$6x+8\times 1.5x=72,000 \rightarrow x=4,000$$
따라서 어른의 식권 가격은 $1.5\times 4,000=6,000$원이다.

21

정답 ②

고객설문조사 업무량을 1이라고 가정하면 갑, 을, 병사원이 하루에 할 수 있는 업무량은 각각 $\frac{1}{12}$, $\frac{1}{18}$, $\frac{1}{36}$ 이다.

3명이 함께 일할 경우 하루에 끝내는 업무량은

$\frac{1}{12}+\frac{1}{18}+\frac{1}{36}=\frac{3+2+1}{36}=\frac{6}{36}=\frac{1}{6}$ 이다.

따라서 3명의 사원이 함께 업무를 진행한다고 할 때 업무를 끝내는 데 걸리는 기간은 6일이다.

22

정답 ⑤

15−12＝3L이므로 1분에 3L만큼의 물을 퍼내는 것과 동일하다. 따라서 25분 후에 수조에 남아있는 물의 양은 100−3×25＝25L이다.

23

정답 ③

A, B수도가 1분 동안 채울 수 있는 물의 양은 각각 $\frac{1}{15}$ L, $\frac{1}{20}$ L이다. A, B수도를 동시에 틀어 놓을 경우 1분 동안 채울 수 있는 물의 양은 $\frac{1}{15}+\frac{1}{20}=\frac{7}{60}$ L이므로, 30분 동안 $\frac{7}{60}\times30$ ＝3.5L의 물을 받을 수 있다.

따라서 30분 동안 물통 3개를 가득 채울 수 있다.

24

정답 ⑤

자료를 다운받는 데 걸리는 시간을 x초라고 하자.

자료를 다운받는 데 걸리는 시간이 사이트에 접속하는 데 걸리는 시간의 4배라고 하였으므로

사이트에 접속하는 데 걸리는 시간은 $\frac{1}{4}x$초이다.

$x+\frac{1}{4}x=75$

$\rightarrow 5x=300$

$\therefore x=60$

따라서 600KB의 자료를 다운받는 데 1초가 걸리므로 A씨가 다운받은 자료의 용량은 600×60＝36,000KB이다.

25

정답 ②

54와 78의 최소공배수 : 702

$\therefore 702\div78=9$

따라서 다시 처음으로 같은 톱니끼리 맞물리는 것은 B톱니바퀴가 9회전한 후이다.

26

정답 ①

졸업하기 위해 평균점수가 8점 이상이 되려면 총점은 24점 이상이 되어야 한다.

따라서 24−(7.5+6.5)＝24−14＝10점 이상을 받아야 한다.

27

정답 ④

4명의 평균점수가 80점으로 총점은 80×4＝320점이다.

따라서 B의 점수는 320−(85+69+77)＝89점이다.

28

정답 ②

최우수상을 받기 위해서는 4과목의 평균이 85점 이상이어야 하므로 총점은 340점 이상이 돼야 한다.

따라서 340−(70+85+90)＝95점 이상을 받아야 한다.

29

정답 ④

$\frac{10\times2+30\times5+20\times3.5}{10+30+20}=\frac{240}{60}=4$

따라서 A, B, C사이트의 전체 평균 평점은 4점이다.

30

정답 ②

7회 말까지 B팀이 얻은 점수를 x점이라 가정하면 8, 9회에서는 A팀이 얻은 점수는 $(12-x)$점, B팀은 $(9-x)$점이다. 조건에 맞는 방정식을 세우면 $2(9-x)=12-x \rightarrow x=6$이 나온다.

따라서 8, 9회에서 B팀은 9−6＝3점을 획득하였다

31

정답 ①

더 넣은 소금의 양을 xg이라 하면 소금의 양에 대한 식은 다음과 같다.

$500\times\frac{8}{100}+x=(500+x)\times\frac{12}{100}$

$\rightarrow 4,000+100x=6,000+12x$

$\rightarrow 88x=2,000$

$\therefore x=\frac{250}{11}$

따라서 더 넣은 소금의 양은 $\frac{250}{11}$ g이다.

32

정답 ②

코코아의 농도가 25%이고, 코코아 분말이 녹아있는 코코아 용액은 700mL이라 한다면 (코코아 분말의 양)$=700\times0.25$ $=175$g이다.

따라서 코코아 분말은 175g이 들어있음을 알 수 있다.

33

정답 ②

퍼낸 소금물의 양을 xg, 농도 2% 소금물의 양을 yg이라고 하자.

$200-x+x+y=320$

$\therefore y=120$

소금물을 퍼내고 같은 양의 물을 부으면 농도 8%의 소금물에 있는 소금의 양은 같으므로 다음과 같은 식이 성립한다.

$\frac{8}{100}(200-x)+\frac{2}{100}\times120=\frac{3}{100}\times320$

$\rightarrow 1,600-8x+240=960$

$\rightarrow 8x=880$

$\therefore x=110$

따라서 퍼낸 소금물의 양은 110g이다.

34

정답 ③

농도 5%의 소금물 200g에 들어있는 소금의 양은

$200\times\frac{5}{100}=10$g이다.

처음 300g의 소금물에 들어있는 소금의 양을 xg이라고 하면,

$\frac{x+10}{300+200}\times100=9$

$\rightarrow x+10=45$

$\therefore x=35$

따라서 처음 300g의 소금물에 들어있는 소금의 양은 35g이다.

35

정답 ②

증발시키기 전과 후의 소금의 양은 같으므로 증발시키는 물의 양을 xg이라고 하면,

$300\times\frac{10}{100}=(300-x)\times\frac{15}{100}$

$\rightarrow 3,000=4,500-15x$

$\rightarrow 15x=1,500$

$\therefore x=100$

따라서 농도 10%의 소금물 300g을 농도 15%로 만들기 위해 100g의 물을 증발시켜야 한다.

36

정답 ①

입구와 출구가 같고, 둘레의 길이가 456m인 타원 모양의 호수 둘레를 따라 4m 간격으로 일정하게 심겨 있는 가로수는 $456\div4=114$그루이다.

입구에 심겨 있는 가로수를 기준으로 6m 간격으로 가로수를 옮겨 심으려고 할 때, 4m와 6m의 최소공배수인 12m 간격의 가로수 $456\div12=38$그루는 그 자리를 유지하게 된다.

이때 호수 둘레를 따라 6m 간격으로 일정하게 가로수를 심으면, 필요한 가로수는 $456\div6=76$그루이고 그대로 두는 가로수는 38그루이다.

따라서 옮겨 심어야 하는 가로수는 $76-38=38$그루이다.

37

정답 ①

감자와 당근의 봉지 개수에서 남는 봉지 개수를 제외하면 각각 52봉지, 91봉지가 되며, 이 두 수의 최대공약수는 13이다.

따라서 감자와 당근을 받을 수 있는 최대 인원은 13명이다.

38

정답 ②

큰 정사각형의 한 변의 길이는 40과 16의 최소공배수인 80cm이므로 가로에는 $80\div40=2$개, 세로에는 $80\div16=5$개를 둘 수 있다.

따라서 돗자리는 최소 10개가 필요하다.

39

정답 ③

불만족을 선택한 고객을 x명, 만족을 선택한 고객을 $100-x$명이라 한다. 고객관리 점수가 80점 이상이 되려면 x의 최댓값을 다음과 같은 식을 세워 구한다.

$3\times(100-x)-4x\geq80 \rightarrow 300-80\geq7x$

$\therefore x\leq31.4$

따라서 최대 31명의 고객에게 불만족을 받아야 한다.

40

정답 ①

프린터를 x개월 사용한다고 할 때, 구매 시에 드는 비용이 대여료만 낼 경우보다 저렴해야 한다.

이를 부등식으로 나타내면

$200,000+15,000x<22,000x$

$\rightarrow 200,000<7,000x$

$\therefore x>28.57\cdots$

따라서 최소 29개월 이상 사용해야 프린터를 대여하는 것보다 구매하는 것이 더 이득이다.

41

정답 ②

5명 중에서 3명을 순서와 관계없이 뽑을 수 있는 경우의 수는
$_5C_3 = \dfrac{5 \times 4 \times 3}{3 \times 2 \times 1} = 10$가지이다.

42

정답 ④

돈을 낼 수 있는 경우의 수는 다음 5가지이다.
(10,000×2, 1,000×3), (10,000×1, 5,000×2, 1,000×3), (10,000×1, 5,000×1, 1,000×8), (5,000×4, 1,000×3), (5,000×3, 1,000×8)

43

정답 ④

ⅰ) 4개의 숟가락 중 파랑 숟가락은 2개이므로 $\dfrac{4!}{2!} = 12$가지

ⅱ) 4개의 젓가락 중 빨강 젓가락과 초록 젓가락은 2번 겹치므로 $\dfrac{4!}{2! \times 2!} = 6$가지

따라서 숟가락과 젓가락으로 4개 세트를 만드는 경우의 수는 12×6=72가지이다.

44

정답 ②

주사위 세 개를 던졌을 때 나오는 눈의 합이 4가 되는 경우를 순서쌍으로 나타내면
(1, 1, 2), (1, 2, 1), (2, 1, 1)
따라서 나오는 눈의 합이 4가 되는 경우의 수는 3가지이다.

45

정답 ④

1부터 9까지 자연수 중 합이 9가 되는 두 수의 쌍은 (1, 8), (2, 7), (3, 6), (4, 5)이다.
이 4개의 쌍 중 하나를 택하고 9개의 숫자 중 이미 택한 2개의 숫자를 제외한 7개의 숫자 중 하나를 택하여 3개의 숫자를 얻는다.
이렇게 얻은 3개의 숫자를 일렬로 배열하는 경우의 수는 4×7×(3×2×1)=168가지이다.
한편, 1부터 9까지 자연수 중 3개의 숫자를 택하는 경우의 수는 9×8×7=504가지이다.
따라서 조건을 만족시키는 세 자리 자연수의 개수는 504−168=336개이다.

46

정답 ②

두 수를 더하여 짝수가 되는 경우는 두 장 모두 짝수를 고르거나 홀수를 고른 경우이다.
2~8의 숫자 카드 중 짝수 카드는 2, 4, 6, 8이므로 모두 4장이고 홀수 카드는 3, 5, 7이므로 모두 3장이다.

• 2장 모두 짝수 카드를 고를 확률 : $\dfrac{_4C_2}{_7C_2}$

• 2장 모두 홀수 카드를 고를 확률 : $\dfrac{_3C_2}{_7C_2}$

따라서 구하고자 하는 확률은 $\dfrac{_4C_2 + _3C_2}{_7C_2} = \dfrac{6+3}{21} = \dfrac{3}{7}$이다.

47

정답 ⑤

주사위를 던졌을 때 4보다 큰 수인 5와 6이 나올 확률은 $\dfrac{1}{3}$, 동전의 앞면이 나올 확률은 $\dfrac{1}{2}$이다.

따라서 구하고자 하는 확률은 $\dfrac{1}{3} \times \dfrac{1}{2} = \dfrac{1}{6}$이다.

48

정답 ④

적어도 한 번은 앞면이 나올 확률은 1에서 모두 뒷면이 나올 확률을 뺀 값이다.
모두 뒷면이 나올 확률은 $\left(\dfrac{1}{2}\right)^5 = \dfrac{1}{32}$이다.

따라서 구하고자 하는 확률은 $1 - \left(\dfrac{1}{2}\right)^5 = \dfrac{31}{32}$이다.

49

정답 ①

ⅰ) 3명이 안타를 칠 확률
$\left(\dfrac{5}{6} \times \dfrac{1}{8} \times \dfrac{1}{4} \times \dfrac{1}{5}\right) + \left(\dfrac{1}{6} \times \dfrac{7}{8} \times \dfrac{1}{4} \times \dfrac{1}{5}\right) + \left(\dfrac{1}{6} \times \dfrac{1}{8} \times \dfrac{3}{4} \times \dfrac{1}{5}\right) + \left(\dfrac{1}{6} \times \dfrac{1}{8} \times \dfrac{1}{4} \times \dfrac{4}{5}\right) =$
$\dfrac{(5+7+3+4)}{960} = \dfrac{19}{960}$

ⅱ) 4명이 안타를 칠 확률
$\dfrac{1}{6} \times \dfrac{1}{8} \times \dfrac{1}{4} \times \dfrac{1}{5} = \dfrac{1}{960}$

∴ $\dfrac{19}{960} + \dfrac{1}{960} = \dfrac{20}{960} = \dfrac{1}{48}$

따라서 구하고자 하는 확률은 $\dfrac{1}{48}$이다.

50

- 전체 5명에서 두 명을 뽑는 방법

$$_5C_2 = \frac{5 \times 4}{2 \times 1} = 10\text{가지}$$

- 여자 3명 중에서 2명이 뽑히는 경우

$$_3C_2 = \frac{3 \times 2}{2 \times 1} = 3\text{가지}$$

따라서 대표가 모두 여자가 뽑힐 확률은 $\frac{3}{10} \times 100 = 30\%$이다.

CHAPTER 04 자료해석 적중예상문제

01	02	03	04	05	06	07	08	09	10	11	12	13	14	15	16	17	18	19	20
②	④	①	①	④	②	④	②	②	④	②	②	①	①	④	⑤	④	①	⑤	⑤

01

정답 ②

A초등학교 입학생 수는 매년 14명씩 감소하고 있다.
2019년으로부터 n년 후 입학생 수를 a_n명이라 하면 $a_n=(196-14n)$명이다.
따라서 2029년은 2019년으로부터 10년 후이므로, 2029년의 A초등학교 입학생 수는 $196-(14\times10)=56$명이다.

02

정답 ④

E과제에 대한 전문가 3의 점수는 $70\times5-(100+40+70+80)=60$점이고, A~E과제의 평균점수와 최종점수를 구하면 다음과 같다.

기호	평균점수	최종점수
A	$\dfrac{100+70+60+50+80}{5}=72$점	$\dfrac{70+60+80}{3}=70$점
B	$\dfrac{80+60+40+60+60}{5}=60$점	$\dfrac{60+60+60}{3}=60$점
C	$\dfrac{60+50+100+90+60}{5}=72$점	$\dfrac{60+90+60}{3}=70$점
D	$\dfrac{80+100+90+70+40}{5}=76$점	$\dfrac{80+90+70}{3}=80$점
E	70점	$\dfrac{60+70+80}{3}=70$점

따라서 평균점수와 최종점수가 같은 과제는 B, E이다.

03

정답 ①

전년 대비 매출액이 증가한 해는 2018년, 2020년, 2022년, 2023년이고, 2018년에는 전년 대비 100%의 증가율을 기록했으므로 증가율이 가장 컸다.

04

정답 ①

실업률 증감은 다음과 같다.
$$\frac{(11월\ 실업률)-(2월\ 실업률)}{(2월\ 실업률)}\times100=\frac{3.1-4.9}{4.9}\times100≒-37\%$$

05
정답 ④

2022년 전년 대비 각 시설의 증가량은 축구장 60개소, 체육관 58개소, 간이운동장 789개소, 테니스장 62개소로 가장 적게 늘어난 곳은 체육관이며, 가장 많이 늘어난 곳은 간이운동장이다. 따라서 639+11,458=12,097이다.

06
정답 ②

$$\frac{529}{467+529+9,531+428+1,387} \times 100 = 4.3\%$$

07
정답 ④

전체 학생의 월간 총교육비 대비 초등학생의 월간 총교육비의 비율은 다음과 같다.

$$\frac{800 \times 0.253}{1,500 \times 0.272} \times 100 \rightarrow \frac{202.4}{408} \times 100 = 49.6\%$$

따라서 구하는 값은 49.6%이다.

08
정답 ②

$$\frac{600 \times 0.4 \times 0.448}{600 \times 0.312} \times 100 \rightarrow \frac{0.4 \times 0.448}{0.312} \times 100 = 57.4\%$$

따라서 구하는 값은 57.4%이다.

09
정답 ②

A씨의 전체 영어 평균점수는 $\frac{315+320+335+390+400+370}{6}=\frac{2,130}{6}=355$점이다.

따라서 355점보다 높았던 달은 9월, 10월, 11월에 봤던 시험으로 총 3번임을 알 수 있다.

10
정답 ④

• A : 300×0.01=3억 원   • B : 2,000×20,000=4천만 원
• C : 500×80,000=4천만 원
따라서 전체 지급금액은 3억 원+4천만 원+4천만 원=3억 8천만 원이다.

11
정답 ②

㉠ 근로자가 총 90명이고 전체에게 지급된 임금의 총액이 2억 원이므로 근로자당 평균 월 급여액은 $\frac{2억 \ 원}{90명}=222$만 원이다.

   따라서 평균 월 급여액은 230만 원 이하이다.
㉡ 월 210만 원 이상 급여를 받는 근로자 수는 26+12+8+4=50명이다. 따라서 총 90명의 절반인 45명보다 많으므로 옳은 설명이다.

[오답분석]
㉢ 월 180만 원 미만의 급여를 받는 근로자 수는 6+4=10명이다. 따라서 전체에서 $\frac{10}{90} \times 100 = 11\%$의 비율을 차지하고 있으므로 옳지 않은 설명이다.
㉣ '월 240만 원 이상 ~ 270만 원 미만'의 구간에서 월 250만 원 이상 받는 근로자의 수는 주어진 자료만으로는 확인할 수 없다. 따라서 옳지 않은 설명이다.

12

2023년 소포우편 분야의 2019년 대비 매출액 증가율은 $\frac{42-30}{30}\times100=40\%$이므로 옳지 않은 설명이다.

오답분석

① 매년 매출액이 가장 높은 분야는 일반통상 분야인 것을 확인할 수 있다.

③ 2022년에는 일반통상 분야의 매출액이 전체의 $\frac{104}{200}\times100=52\%$이므로 옳은 설명이다.

④ 일반통상 분야의 매출액은 2020년, 2021년, 2023년에, 특수통상 분야의 매출액은 2022년, 2023년에 감소했고, 소포우편 분야는 매년 매출액이 증가했다.

⑤ 2023년 1분기 매출액에서 특수통상 분야의 매출액이 차지하는 비중은 $\frac{12}{50}\times100=24\%$이므로 20% 이상이다.

13

2020년부터 2022년까지 경기 수가 증가하는 스포츠는 배구와 축구 2종목이다.

오답분석

②·⑤ 2021년부터 2022년까지의 종목별 평균 경기 수는 다음과 같다.

- 농구 : $\frac{410+400}{2}=405$회
- 야구 : $\frac{478+474}{2}=476$회
- 배구 : $\frac{228+230}{2}=229$회
- 축구 : $\frac{236+240}{2}=238$회

2023년 경기 수가 2021년부터 2022년까지의 종목별 평균 경기 수보다 많은 스포츠는 야구 1종목이며, 야구 평균 경기 수는 축구 평균 경기 수의 $\frac{476}{238}=2$배이다.

③ 2019년 농구와 배구의 경기 수 차이는 $400-220=180$회이고, 야구와 축구의 경기 수 차이는 $470-230=240$회이다. 따라서 농구와 배구의 경기 수 차이는 야구와 축구 경기 수 차이의 $\frac{180}{240}\times100=75\%$이므로 70% 이상이다.

④ 농구의 2020년 전년 대비 경기 수 증가율은 $\frac{408-400}{400}\times100=2\%$이며, 2023년 전년 대비 경기 수 증가율은 $\frac{404-400}{400}\times100=1\%$이다. 따라서 2020년 전년 대비 경기 수 증가율이 더 높다.

14

남성의 골다공증 진료율이 가장 높은 연령대는 진료 인원이 가장 많은 70대이고, 여성의 골다공증 진료율이 가장 높은 연령대는 진료 인원이 가장 많은 60대로, 남성과 여성이 다르다.

오답분석

② 전체 골다공증 진료 인원 중 40대 이하가 차지하는 비율은 $\frac{3+7+34}{880}\times100=5\%$이다.

③ 골다공증 발병이 진료로 이어진다면 여성의 진료 인원이 남성보다 많으므로 여성의 발병률이 남성보다 높음을 추론할 수 있다.

④ 자료를 통해 쉽게 알 수 있다.

⑤ 전체 골다공증 진료 인원 중 진료 인원이 가장 많은 연령대는 60대이며, 그 비율은 $\frac{264}{880}\times100=30\%$이다.

15

전체 기업 47개 중에서 존속성 기술을 개발하는 기업은 $3+8+5+7=23$개, 와해성 기술을 개발하는 기업은 $7+9+5+3=24$개로 존속성 기술을 개발하는 기업의 비율이 와해성 기술을 개발하는 기업의 비율보다 낮다.

오답분석

① 와해성 기술을 개발하는 기업 중 벤처기업은 $7+5=12$개, 대기업은 $9+3=12$개로 동일하므로 와해성 기술을 개발하는 기업 중에는 벤처기업의 비율과 대기업의 비율이 동일하다.

② 대기업 중 시장 견인 전략을 취하는 기업은 $8+9=17$개, 기술 추동 전략을 취하는 기업은 $7+3=10$개로 시장 견인 전략을 취하는 기업의 비율이 기술 추동 전략을 취하는 기업의 비율보다 높다.

③ 벤처기업 중 기술 추동 전략을 취하는 기업은 $5+5=10$개, 시장 견인 전략을 취하는 기업은 $3+7=10$개로 동일하므로 기술 추동 전략을 취하는 기업의 비율은 시장 견인 전략을 취하는 기업의 비율과 동일하다.

⑤ 기술 추동 전략을 취하는 기업 중 존속성 기술을 개발하는 기업은 $5+7=12$개, 와해성 기술을 개발하는 기업은 $5+3=8$개로 기술 추동 전략을 취하는 기업 중에는 존속성 기술을 개발하는 기업의 비율이 와해성 기술을 개발하는 기업의 비율보다 높다.

16

영업부서에 지급되는 S등급과 A등급의 상여금의 합은 $(500 \times 1)+(420 \times 3)=1,760$만 원이고, B등급과 C등급의 상여금의 합은 $(300 \times 4)+(200 \times 2)=1,600$만 원으로 S등급과 A등급의 상여금의 합은 B등급과 C등급의 상여금의 합보다 많다.

오답분석

① 마케팅부서 20명에게 지급되는 총 상여금은 $(500 \times 2)+(420 \times 6)+(300 \times 8)+(200 \times 4)=6,720$만 원이다.

② A등급의 1인당 상여금은 B등급의 1인당 상여금보다 $\frac{420-300}{300} \times 100=40\%$ 많다.

③ · ④ 마케팅부서와 영업부서의 등급별 배정인원은 다음과 같다.

구분	S등급	A등급	B등급	C등급
마케팅부서	2	6	8	4
영업부서	1	3	4	2

17

• 2021년 전년 대비 감소율 : $\frac{20-15}{20} \times 100=25\%$

• 2022년 전년 대비 감소율 : $\frac{15-12}{15} \times 100=20\%$

따라서 2021년과 2022년의 경제 분야 투자규모의 전년 대비 감소율의 차이는 5%p이다.

오답분석

① 2023년 총지출을 a억 원이라고 가정하면, $a \times 0.05=16$억 원 $\rightarrow a=\frac{16}{0.05}=320$, 총지출은 320억 원이므로 300억 원 이상이다.

② 2020년 경제 분야 투자규모의 2019년 대비 증가율은 $\frac{20-16}{16} \times 100=25\%$이다.

③ 2019 ~ 2023년 동안 경제 분야에 투자한 금액은 $16+20+15+12+16=79$억 원이다.

⑤ 2020 ~ 2023년 동안 경제 분야 투자규모의 전년 대비 증감추이는 '증가 – 감소 – 감소 – 증가'이고, 총지출 대비 경제 분야 투자규모 비중의 경우 '증가 – 증가 – 감소 – 감소'이다.

18

ㄱ. 해외연수 경험이 있는 지원자의 합격률은 $\dfrac{95}{95+400+5}\times100=\dfrac{95}{500}\times100=19\%$로, 해외연수 경험이 없는 지원자의 합격

률인

$$\dfrac{25+15}{25+80+15+130}\times100=\dfrac{40}{250}\times100=16\%$$보다 높다.

ㄴ. 인턴 경험이 있는 지원자의 합격률은 $\dfrac{95+25}{95+400+25+80}\times100=\dfrac{120}{600}\times100=20\%$로, 인턴 경험이 없는 지원자의 합격률인

$$\dfrac{15}{5+15+130}\times100=\dfrac{15}{150}\times100=10\%$$보다 높다.

오답분석

ㄷ. 인턴 경험과 해외연수 경험이 모두 있는 지원자 합격률(19.2%)은 인턴 경험만 있는 지원자 합격률(23.8%)보다 낮다.

ㄹ. 인턴 경험과 해외연수 경험이 모두 없는 지원자와 인턴 경험만 있는 지원자 간 합격률 차이는 23.8－10.3＝13.5%p이다.

19

사고 전·후 이용 가구 수의 차이가 가장 큰 것은 생수이며, 가구 수의 차이는 170－100＝70가구이다.

오답분석

① 사고 전에 식수 조달원으로 수돗물을 이용하는 가구 수가 140가구로 가장 많다.

② 사고 전에 비해 사고 후에 이용 가구 수가 감소한 식수 조달은 수돗물과 약수로 2개이다.

③ 사고 전·후 식수 조달원을 변경한 가구 수는 30＋20＋30＋10＋10＋30＋20＋10＋40＋10＋10＋10＝230가구는 전체 가구

수 230＋60＋80＋20＋70＝460가구의 $\dfrac{230}{460}\times100=50\%$이다.

④ 사고 전에 정수를 이용하던 가구 수는 130가구이며, 사고 후에도 정수를 이용하는 가구 수는 80가구이다. 나머지 50가구는 사고

후 다른 식수 조달원을 이용한다.

20

3호선과 4호선의 7월 승차인원은 같으므로 1 ~ 6월 승차인원을 비교하면 다음과 같다.

- 1월 : 1,692－1,664＝28만 명
- 2월 : 1,497－1,475＝22만 명
- 3월 : 1,899－1,807＝92만 명
- 4월 : 1,828－1,752＝76만 명
- 5월 : 1,886－1,802＝84만 명
- 6월 : 1,751－1,686＝65만 명

따라서 3호선과 4호선의 승차인원 차이는 3월에 가장 컸다.

오답분석

①·② 제시된 자료를 통해 확인할 수 있다.

③ 8호선 7월 승차인원의 1월 대비 증가율은 $\dfrac{572-550}{550}\times100=4\%$로, 3% 이상이다.

④ 2 ~ 7월 동안 2호선과 8호선의 전월 대비 증감 추이는 '감소 － 증가 － 감소 － 증가 － 감소 － 증가'로 같다.

PART

2

최종점검
모의고사

제1회 최종점검 모의고사

01 언어표현

01	02	03	04	05	06	07	08	09	10
②	②	①	①	①	④	⑤	③	④	②
11	12	13	14	15	16	17	18	19	20
④	②	②	①	②	②	④	④	①	③
21	22	23	24	25	26	27	28	29	30
②	②	①	⑤	④	②	②	③	①	③

01 정답 ②
• 무구하다 : 꾸미지 않은 자연 그대로 순박하다.
• 소박하다 : 꾸밈이나 거짓 없이 수수하다.

오답분석
① 유장하다 : 1. 길고, 오래되다. 2. 급하지 않고 느긋하다.
③ 무한하다 : 수(數)나 양(量), 공간, 시간 등과 관련하여 제한이나 한계가 없다.
④ 다복하다 : 1. 풀이나 나무가 소복하다. 2. 복이 많다.
⑤ 화려하다 : 환하게 빛나며 곱고 아름답다.

02 정답 ②
• 저속(低俗) : 품위가 낮고 속됨
• 저급(低級) : 내용, 성질, 품질 따위의 정도가 낮음

오답분석
① 소박(素朴) : 꾸밈이나 거짓이 없고 수수함
③ 가난 : 살림살이가 넉넉하지 못함. 또는 그런 상
④ 통쾌(痛快) : 아주 즐겁고 시원하여 유쾌함
⑤ 품위 : 직품(職品)과 직위를 아울러 이르는 말

03 정답 ①
• 완비 : 빠짐없이 완전히 갖춤
• 불비 : 제대로 다 갖추어져 있지 아니함

오답분석
② 우연 : 아무런 인과 관계가 없이 뜻하지 아니하게 일어난 일
③ 필연 : 사물의 관련이나 일의 결과가 반드시 그렇게 될 수밖에 없음

④ 습득 : 학문이나 기술 따위를 배워서 자기 것으로 함
⑤ 필시 : 아마도 틀림없이

04 정답 ①
• 영절스럽다 : 아주 그럴듯하다.

05 정답 ①
• 비번 : 당번을 설 차례가 아님
• 당번 : 어떤 일을 책임지고 돌보는 차례가 됨. 또는 그 차례가 된 사람을 뜻함

오답분석
② 비근 : 흔히 주위에서 보고 들을 수 있을 만큼 알기 쉽고 실생활에 가까움
③ 비견 : 앞서거나 뒤서지 않고 어깨를 나란히 한다는 뜻으로, 낫고 못할 것이 없이 정도가 서로 비슷하게 함
④ 번망 : 번거롭고 어수선하여 매우 바쁨
⑤ 야근 : 퇴근 시간이 지난 후 밤늦게까지 하는 근무

06 정답 ④
제시된 '받았다'는 '다른 사람이나 대상이 가하는 행동, 심리적인 작용 따위를 당하거나 입다.'라는 뜻으로 쓰였다.

오답분석
① 사람을 맞아들이다.
② 다른 사람의 어리광, 주정 따위에 무조건 응하다.
③ 점수나 학위 따위를 따다.
⑤ 색깔이나 모양이 어떤 것에 어울리다.

07 정답 ⑤
제시된 '쓰다'는 '얼굴에 어떤 물건을 걸거나 덮어쓰다.'라는 뜻으로 쓰였다.

오답분석
① 먼지나 가루 따위를 몸이나 물체 따위에 덮은 상태가 되다.
② 사람이 죄나 누명 따위를 가지거나 입게 되다.
③ 원서, 계약서 등과 같은 서류 따위를 작성하거나 일정한 양식을 갖춘 글을 쓰는 작업을 하다.
④ 몸이 좋지 않아서 입맛이 없다.

08 정답 ③

제시된 '멀다'는 '시간적으로 사이가 오래 걸리거나 길다.'라는 뜻으로 쓰였다.

오답분석

① 시력이나 청력 따위를 잃다.
② 거리가 많이 떨어져 있다.
④ 사람과 사람 사이가 서먹서먹하다.
⑤ (비유적으로) 어떤 생각에 빠져 판단력을 잃다.

09 정답 ④

제시된 '때'는 '좋은 기회나 알맞은 시기'라는 뜻으로 쓰였다.

오답분석

① 시간의 어떤 순간이나 부분
② 어떤 경우
③ 끼니 또는 식사 시간
⑤ 일정한 일이나 현상이 일어나는 시간

10 정답 ②

제시된 '벌다'는 '시간이나 돈을 안 쓰게 되어 여유가 생기다.'라는 뜻으로 쓰였다.

오답분석

① 일을 하여 돈 따위를 얻거나 모으다.
③ 서로의 사이가 버성기게 되다.
④ 못된 짓을 하여 벌 받을 일을 스스로 청하다.
⑤ 소작 따위로 농사를 짓다.

11 정답 ④

'중'과 같은 의존 명사는 반드시 관형어가 있어야 문장에 쓰일 수 있는 명사이지만, 다른 명사들과 마찬가지로 독립된 어절로 띄어쓰기를 해야 한다.

오답분석

① '지'는 '어떤 일이 있었던 때로부터 지금까지의 동안'을 나타내는 의존 명사이므로 띄어 쓴다.
② '-ㄴ데다가'는 '동시 연발'을 나타내는 어미이므로 붙여 쓴다.
③ '뿐'은 '다만 어떠하거나 어찌할 따름'이란 뜻의 의존 명사이므로 띄어 쓴다.
⑤ '커녕'은 '어떤 사실을 부정하는 것은 물론 그보다 덜하거나 못한 것까지 부정함'을 뜻하는 보조사이므로 붙여 쓴다.

12 정답 ②

'~만큼'은 조사로도 쓰이고 의존 명사로도 쓰이는 단어로, 조사는 붙여 쓰고 명사는 띄어 쓰는 것을 원칙으로 한다.

13 정답 ②

오답분석

① 숫사슴 → 수사슴
③ 양치물 → 양칫물
④ 전세집 → 전셋집
⑤ 등교길 → 등굣길

14 정답 ①

오답분석

② 으시시 → 으스스
③ 치루고 → 치르고
④ 잠궜다 → 잠갔다
⑤ 땅겼다 → 당겼다

15 정답 ②

오답분석

① 그 나라에 가기 전에 풍토병 예방 알약을 먹거나, 백신을 맞아야 한다.
③ 김 군은 심도 있는 철학책 독서를, 최 군은 운동을 열심히 해야 한다.
④ 나를 위해 시 낭송을 하거나 노래를 부르는 등 특별한 행사는 자제하는 게 좋겠네.
⑤ 조금 가시다가 우회전 하십시오.

16 정답 ②

제시된 단어는 유의 관계이다.
'개선'의 유의어는 '수정'이고, '긴요'의 유의어는 '중요'이다.

- 개선(改善) : 잘못된 것이나 부족한 것을 고쳐 더 좋게 만듦
- 수정(修正) : 바로잡아 고침
- 긴요(緊要) : 꼭 필요하고 중요함
- 중요(重要) : 귀중하고 요긴함

오답분석

① 긴밀(緊密) : 서로 관계가 매우 가까워 빈틈이 없음
③ 경중(輕重) : 가벼움과 무거움. 중요함과 중요하지 않음
④ 사소(些少) : 보잘것없이 작거나 적음
⑤ 간과(看過) : 큰 관심 없이 대강 보아 넘김

17 정답 ④

제시된 단어는 유의 관계이다.
'막상막하(莫上莫下)'의 유의어는 '난형난제(難兄難弟)'이고, '사필귀정(事必歸正)'의 유의어는 '인과응보(因果應報)'이다.

오답분석

① 과유불급(過猶不及) : 정도를 지나침은 미치지 못함과 같다는 뜻으로, 중용(中庸)이 중요함을 이르는 말
② 고장난명(孤掌難鳴) : 외손뼉만으로는 소리가 울리지 아니한다는 뜻으로, 혼자의 힘만으로 어떤 일을 이루기 어려움을 이르는 말
③ 다기망양(多岐亡羊) : 두루 섭렵하기만 하고 전공하는 바가 없어 끝내 성취하지 못함을 이르는 말
⑤ 교각살우(矯角殺牛) : 소의 뿔을 바로잡으려다가 소를 죽인다는 뜻으로, 잘못된 점을 고치려다가 그 방법이나 정도가 지나쳐 오히려 일을 그르침을 이르는 말

18 정답 ④

제시된 단어는 국가와 수도의 관계이다.
'영국'의 수도는 '런던'이고, '이탈리아'의 수도는 '로마'이다.

19 정답 ①

제시된 단어는 목적어와 서술어의 관계이다.
'비밀'을 '감추고', '약속'을 '지킨다'.

20 정답 ③

제시된 단어는 계절과 날씨의 관계이다.
'눈'은 '겨울'에 내리고, '장마'는 '여름'에 온다.

21 정답 ②

제시된 단어는 상하 관계이다.
'곤충'의 하위어는 '잠자리'이며, '운동'의 하위어는 '축구'이다.

22 정답 ②

제시된 단어는 상하 관계이다.
'명절'의 하위어는 '설날'이며, '양식'의 하위어는 '스테이크'이다.

23 정답 ①

외상, 채무, 부채를 통해 '빚'을 연상할 수 있다.

24 정답 ⑤

실수, 핑계, 구실을 통해 '변명'을 연상할 수 있다.

25 정답 ④

보험, 건물, 재무를 통해 '설계'를 연상할 수 있다.

26 정답 ②

운동, 식민지, 자유를 통해 '독립'을 연상할 수 있다.

27 정답 ②

'영웅', '급소', '뒤꿈치'를 통해 '아킬레우스'를 연상할 수 있다.
아킬레우스(Achilleus)는 그리스 신화에 등장하는 영웅으로 그의 어머니가 아들을 불사신으로 만들기 위해 스틱스 강에 그의 몸을 담갔을 때 발뒤꿈치만 물에 젖지 않아 치명적인 급소가 되었다.

28 정답 ③

'자리', '투정', '꿈'을 통해 '잠'을 연상할 수 있다.

• 자리 : 잠자리는 잠을 자기 위해 사용하는 이부자리나 침대보 따위를 통틀어 이르는 말이다.
• 투정 : 잠투정은 어린아이가 잠을 자려고 할 때나 잠이 깨었을 때 떼를 쓰며 우는 것을 의미한다.
• 꿈 : 꿈은 잠을 자는 동안에 깨어 있을 때와 마찬가지로 여러가지 사물을 보고 듣는 것을 의미한다.

29 정답 ①

'옥토버페스트', '소시지', '베를린'을 통해 '독일'을 연상할 수 있다.

• 옥토버페스트 : 독일에서 열리는 맥주 축제이다.
• 소시지 : 독일의 대표적인 음식으로, 독일은 높은 산보다 넓은 초원지대가 많아서 목장을 하기에 적합한 지형을 가지고 있어 목축업이 발달하였다.
• 베를린 : 베를린은 독일의 수도로, 독일 동부에 위치한 지역이다.

30 정답 ③

'카오스 이론(나비 효과)', '호접몽', '푸치니(나비 부인)'를 통해 '나비'를 연상할 수 있다.

02 언어이해

01	02	03	04	05	06	07	08	09	10
④	②	④	②	②	④	④	④	②	①
11	12	13	14	15	16	17	18	19	20
③	①	⑤	⑤	⑤	②	①	⑤	⑤	②

01
정답 ④

제시된 기사는 미세먼지 특별법 제정과 시행 내용에 대해 설명하고 있다. 따라서 ④가 기사의 제목으로 가장 적절하다.

02
정답 ②

(나) 문단의 핵심 주제로는 '삼복에 삼계탕을 먹는 이유'가 적절하다.

03
정답 ④

제시문은 교정 중 칫솔질에 대한 중요성과 칫솔질 방법 등을 안내하는 것으로, 교정 중 칫솔질에 대한 중요성을 설명하는 (나), 교정 중 교정장치의 세척도 중요하며 그 방법에 대해 설명하는 (가), 장치 때문에 잘 닦이지 않는 부위를 닦는 방법에 대해 이야기하는 (라), 마지막으로 칫솔질을 할 때 빠트려서는 안 될 부분을 설명하고 있는 (다) 순으로 나열하는 것이 가장 적절하다.

04
정답 ②

제시문은 우리가 먹는 채소 종자를 많은 부분 수입하고 있으며 이로 인한 문제가 발생할 수 있음을 설명하고 있다. 따라서 국내산 채소와 종자에 대한 화두를 꺼내는 (가)가 먼저 오고, '하지만'으로 연결되어 많은 종자들을 수입하고 있음을 설명하는 (다)가 나와야 한다. 다음으로 '심지어'라는 접속어로 설명을 보충하는 (나)와 이로 인해 발생할 수 있는 문제점에 대해서 설명한 (라) 순으로 나열하는 것이 가장 적절하다.

풀이 꿀팁

(가) 문장의 '~생각하기 쉽다.'를 통해 일반적인 통념이 제시되고 있음을 알 수 있으므로 (가) 문장 다음에는 이에 대한 반박이 이어질 것임을 예측할 수 있다. 따라서 역접의 접속어 '하지만'을 통해 일반적 통념을 반박하고 있는 (다) 문장이 (가) 문장 바로 뒤에 오는 것을 알 수 있다.

05
정답 ②

브이로거는 영상으로 기록한 자신의 일상을 다른 사람들과 공유하는 사람으로, 브이로거가 아닌 브이로그를 보는 사람들이 브이로거의 영상을 통해 공감과 대리만족을 느끼므로 ②는 적절하지 않다.

06
정답 ④

제시문에서는 비현금 결제의 편리성, 경제성, 사회의 공공 이익에 기여 등을 이유로 들어 비현금 결제를 지지하고 있으므로, 비현금 결제 방식이 경제적이지 않다는 논지로 반박하는 것이 가장 적절하다.

오답분석

① 제시문에서 빈익빈 부익부와 관련된 내용은 주장의 근거로 사용하고 있지 않으므로 적절하지 않다.
②·⑤ 제시문의 주장에 반박하는 것이 아니라 제시문의 주장을 강화하는 근거에 해당한다.
③ 개인의 선택의 자유가 확대된다고 해서 공공이익에 부정적 영향을 미치는 것은 아니며, 이는 글에서 제시한 근거와도 관련이 없으므로 적절하지 않다.

풀이 꿀팁

글쓴이의 주장과 근거를 파악한 후 근거를 가장 효과적으로 반박할 수 있는 선택지를 찾아야 한다. 글쓴이의 주장은 첫 문장에 나타난 '현금 없는 사회로의 이행은 바람직하다.'가 되며, '편리', '경제적', '공공이익' 등의 핵심어를 통해 근거를 함께 파악할 수 있다. 따라서 이 중 하나라도 반박할 수 있는 선택지가 답이 된다.

07
정답 ④

제시문에서는 변혁적 리더십과 거래적 리더십의 차이를 비교하여 변혁적 리더십의 특징을 효과적으로 설명하고 있으므로 ④가 가장 적절하다.

08
정답 ④

제시문에서는 오존층 파괴 시 나타나는 문제점에 대해 설명하고 있으며, 빈칸의 앞 문단에서는 극지방 성층권의 오존구멍은 줄었지만, 많은 인구가 거주하는 중위도 저층부에서는 오히려 오존층이 얇아졌다고 언급하고 있다.
따라서 많은 인구가 거주하는 중위도 저층부에서의 오존층 파괴는 극지방의 오존구멍보다 더 큰 피해를 가져올 것이라는 내용이 빈칸에 들어갈 내용으로 가장 적절하다.

① 극지방 성층권의 오존구멍보다 중위도 지방의 오존층이 얇아지는 것이 더욱 큰 문제이다.
② 제시문에서 오존층을 파괴하는 원인은 찾아볼 수 없으며, 인구가 많이 거주하는 지역일수록 오존층의 파괴에 따른 피해가 크다는 것이다.
③ 지표면이 아닌 성층권에서의 오존층의 역할 및 문제점에 대해 설명하고 있다.
⑤ 극지방이 아닌 중위도 지방에서의 얇아진 오존층이 사람들을 더 많은 자외선에 노출시키며, 오히려 극지방의 오존 구멍은 줄어들었다.

09 정답 ②

현대는 텔레비전이나 만화책을 보는 문화가 신문이나 두꺼운 책을 읽는 문화를 대체하고 있다. 이처럼 휴식이 따라오는 보는 놀이는 사람들의 머리를 비게 하여 생각 없는 사회로 치닫게 한다. 즉, 사람들은 텔레비전을 보는 동안 휴식을 취하며 생각을 하지 않으므로 텔레비전을 많이 볼수록 생각하는 시간이 적어짐을 추론할 수 있다. 따라서 ②가 가장 적절하다.

10 정답 ①

제시문에 따르면 복지국가 담론에 대한 회의 혹은 자본주의 시장 실패에 대한 대안이나 보완책으로 '사회적 경제'가 거론된다. 따라서 기존의 복지국가 담론은 사회적 경제가 등장하게 된 배경으로 볼 수 있으며, 이는 사회적 경제의 개념과 거리가 멀어 ①은 적절하지 않다.

[풀이] [꿀팁]
선택지를 먼저 확인했을 때, 성격이 다른 하나를 찾을 수 있다.
① 기존의 복지국가 담론
② 실패의 대안
③ 공식과 비공식의 경계
④ 사람 중심의 경계
⑤ 상호협력과 사회연대
이에 따라 ③・④・⑤의 선택지가 비슷한 성격을 갖는 것을 알 수 있고, ①과 ②가 서로 반대되는 느낌의 선택지임을 판단할 수 있다. 선택지에서 이만큼의 정보를 파악할 수 있다면 문제 풀이 시간을 단축시킬 수 있을 것이다.

11 정답 ③

'자차가 있다.'를 A, '대중교통을 이용한다.'를 B, '출퇴근 비용을 줄인다.'를 C라고 하면, 첫 번째 명제는 ~A → B, 마지막 명제는 ~A → C이다. 따라서 ~A → B → C가 성립하기 위해서 필요한 명제는 B → C이므로 '대중교통을 이용하면 출퇴근 비용이 줄어든다.'가 빈칸에 가장 적절하다.

12 정답 ①

'등산을 자주 한다.'를 A, '폐활량이 좋아진다.'를 B, '오래 달릴 수 있다.'를 C라고 하면, 첫 번째 명제는 A → B, 두 번째 명제는 B → C이므로 A → B → C가 성립한다.
따라서 A → C인 '등산을 자주 하면 오래 달릴 수 있다.'가 빈칸에 가장 적절하다.

13 정답 ⑤

삼단논법이 성립하기 위해서는 두 번째 명제에 '시험을 못 봤다면 성적이 나쁘게 나온다.'라는 명제가 필요하며, 이의 대우 명제인 '성적이 좋다면 시험을 잘 본 것이다.'가 가장 적절하다.

14 정답 ⑤

'회계팀 팀원'을 p, '회계 관련 자격증을 가지고 있다.'를 q, '돈 계산이 빠르다.'를 r이라고 하면, 첫 번째 명제는 $p →q$이며, 마지막 명제는 $\sim r → \sim p$이다. 이때, 마지막 명제의 대우는 $p → r$이므로 마지막 명제가 참이 되기 위해서는 $q → r$이 필요하다. 따라서 빈칸에 들어갈 명제는 $q → r$의 대우에 해당하는 ⑤가 가장 적절하다.

15 정답 ⑤

측정 결과를 토대로 정리하면 A별의 밝기 등급은 3등급 이하이며, C별의 경우 A, B, E별보다 어둡고 D별보다는 밝으므로 C별의 밝기 등급은 4등급이다. 따라서 A별의 밝기 등급은 3등급이며, D별은 5등급, 나머지 E별과 B별은 각각 1등급, 2등급이 된다.
그러므로 별의 밝기 등급에 따라 순서대로 나열하면 'E - B - A - C - D'이므로 ⑤가 참인 명제이다.

16 정답 ②

주어진 조건에 따라 머리가 긴 순서대로 나열하면 '슬기 - 민경 - 경애 - 정서 - 수영'이 된다.
따라서 슬기의 머리가 가장 긴 것을 알 수 있다. 또한 경애가 단발머리인지는 주어진 조건만으로 알 수 없다.

[풀이] [꿀팁]
순서나 길이, 높이 등의 비교를 나타내는 명제는 부등호를 사용하여 간단히 도식화할 수 있다.
• 슬기, 경애>수영
• 슬기>정서>수영
• 슬기>경애>정서
• ?>민경>경애
따라서 슬기>민경>경애>정서>수영 순서이다.

17

정답 ①

C의 진술이 참일 경우 D의 진술도 참이 되므로 1명만 진실을 말하고 있다는 조건이 성립하지 않는다. 따라서 C의 진술은 거짓이 되고, D의 진술도 거짓이 되므로 C와 B는 모두 주임으로 승진하지 않았음을 알 수 있다. 그러므로 B가 주임으로 승진하였다는 A의 진술도 거짓이 되고, 결국 A가 주임으로 승진하였다는 B의 진술이 참이 된다.
따라서 주임으로 승진한 사람은 A사원이다.

풀이 꿀팁

1명만 진실을 말한다는 조건(3명이 거짓)을 먼저 파악하면, C와 D의 진술은 모두 거짓이 된다. 이때, A의 진술 역시 거짓이 되므로 결국 B가 진실을 말하고 있으며, A가 승진한 것을 알 수 있다. 이와 같이 함께 연결되는 진술을 먼저 파악하면 경우의 수를 줄일 수 있다.

18

정답 ⑤

5명 중 단 1명만이 거짓말을 하고 있으므로 C와 D 중 1명은 반드시 거짓을 말하고 있다.
• C의 진술이 거짓일 경우
  C와 B의 말이 모두 거짓이 되므로 1명만 거짓말을 하고 있다는 조건이 성립하지 않는다.
• D의 진술이 거짓일 경우는 다음과 같다.

구분	A	B	C	D	E
출장지역	잠실		여의도	강남	

이때, B는 상암으로 출장을 가지 않는다는 A의 진술에 따라 상암으로 출장을 가는 사람은 E임을 알 수 있다.
따라서 'E는 상암으로 출장을 가지 않는다.'인 ⑤는 항상 거짓이 된다.

19

정답 ⑤

확진자가 C를 만난 경우와 E를 만난 경우를 나누어 볼 수 있다.
• C를 만난 경우
  A와 B를 만났으며, F도 만났음을 알 수 있다.
• E를 만난 경우
  F를 만났음을 알 수 있다.
따라서 확진자는 두 경우 모두 F를 만났으므로 항상 참이 되는 것은 ⑤이다.

20

정답 ②

(가) 작업을 수행하면 A − B − C − D 순으로 접시 탑이 쌓인다.
(나) 작업을 수행하면 철수는 D접시를 사용한다.
(다) 작업을 수행하면 A − B − C − E − F 순으로 접시 탑이 쌓인다.
(라) 작업을 수행하면 철수는 C, E, F접시를 사용한다.
따라서 B접시가 접시 탑의 맨 위에 있게 된다.

풀이 꿀팁

그림을 활용하면 쉽게 파악할 수 있다.

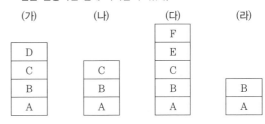

PART 2

03 창의수리

01	02	03	04	05	06	07	08	09	10
⑤	②	⑤	②	④	③	③	③	⑤	①
11	12	13	14	15	16	17	18	19	20
④	①	②	⑤	④	②	⑤	②	④	②
21	22	23	24	25	26	27	28	29	30
③	③	⑤	②	②	①	⑤	①	②	④

01

정답 ⑤

$543 + 34 \times 34 - 354$
$= 189 + 1,156$
$= 1,345$

02

정답 ②

$255 + 476 + 347 + 107$
$= 731 + 454$
$= 1,185$

03

정답 ⑤

$41 + 414 + 4,141 - 141$
$= 4,596 - 141$
$= 4,455$

04

정답 ②

$777 - 666 + 555 - 444$
$= 111 + 111$
$= 222$

05

정답 ④

$457 + 55 \times 429 \div 33$
$= 457 + 23,595 \div 33$
$= 457 + 715$
$= 1,172$

06

정답 ③

작은 톱니바퀴가 x바퀴 돌았다고 하면, 큰 톱니바퀴와 작은 톱니바퀴가 돈 길이는 같으므로
$27\pi \times 10 = 15\pi \times x$
$\therefore x = 18$
따라서 작은 톱니바퀴는 분당 18바퀴를 돌았다.

07

정답 ③

x년 후의 아버지, 아들의 나이는 각각 $35 + x$, $10 + x$이다.
$35 + x = 2(10 + x)$
$\therefore x = 15$
따라서 15년 후 아버지의 나이가 아들 나이의 2배가 된다.

08

정답 ③

제품의 원가를 x원이라고 하자.
제품의 정가는 $(1 + 0.2)x = 1.2x$원이고, 판매가는 $1.2x(1 - 0.15) = 1.02x$원이다.
50개를 판매한 금액이 127,500원이므로
$1.02x \times 50 = 127,500 \rightarrow 1.02x = 2,550$
$\therefore x = 2,500$
따라서 이 제품의 원가는 2,500원이다.

풀이 꿀팁

식을 세우지 않아도 1개당 최종 판매가가 $1.2x \times 0.85 = 1.02x = 2,550$원인 것까지는 머릿속으로 구할 수 있다. 메모장에는 중요한 식인 $1.02x = 2,550$ 정도만 기록하고 바로 계산한다.

09

정답 ⑤

서울과 부산 사이의 거리는 A와 B가 각각 이동한 거리의 합과 같다.
따라서 서울과 부산 사이의 거리는 $(80 \times 2) + (100 \times 2) = 360$km이다.

10

정답 ①

농도 9% 소금물의 양을 xg이라고 하면, 농도 6% 소금물의 양은 $(300 - x)$g이므로
$(300 - x) \times \frac{6}{100} + x \times \frac{9}{100} = 300 \times \frac{7}{100}$
$\rightarrow 1,800 - 6x + 9x = 2,100$
$\rightarrow 3x = 300$
$\therefore x = 100$
따라서 필요한 농도 9%의 소금물의 양은 100g이다.

11

정답 ④

A배가 3시간 동안 간 거리와 A배를 떠난 B배가 x시간 후에 A배를 향하여 출발하여 A배에 돌아왔을 때의 위치가 같다는 점을 이용한다. 이에 따라 A배가 3시간 동안 간 거리는 80×3이고, 3시간 후의 B배의 위치는 x시간 동안 앞으로 갔다가 $(3-x)$시간 동안 뒤로 이동하였으므로, $160x - 160(3-x)$km 이다.

$80 \times 3 = 160x - 160(3-x)$
$\rightarrow 320x = 720$
$\therefore x = \dfrac{9}{4} = 2\dfrac{1}{4} = 2\dfrac{15}{60}$

따라서 B배는 2시간 15분 후에 A배를 향하여 출발해야 한다.

12

정답 ①

• 두 개의 주사위를 던지는 경우의 수 : $6 \times 6 = 36$가지
• 나온 눈의 곱이 홀수인 경우(홀수×홀수)의 수 : $3 \times 3 = 9$가지

$\therefore$ 주사위의 눈의 곱이 홀수일 확률 : $\dfrac{9}{36} = \dfrac{1}{4}$

13

정답 ②

일의 양을 1이라고 하면 A, B가 하루에 할 수 있는 일의 양은 각각 $\dfrac{1}{4}$, $\dfrac{1}{6}$이다.

이때 B가 혼자 일한 기간을 x일이라고 하면 다음과 같이 구할 수 있다.

$\dfrac{1}{4} \times 2 + \dfrac{1}{6} \times x = 1$
$\therefore x = 3$

따라서 B가 혼자 일하는 기간은 3일이다.

풀이 꿀팁

일률을 구할 때, 처음부터 분모를 통일시켜서 계산하는 것도 좋은 방법이다. $\dfrac{1}{4}$과 $\dfrac{1}{6}$을 각각 $\dfrac{3}{12}$, $\dfrac{2}{12}$로 놓고 계산하면

$\dfrac{3}{12} + \dfrac{2}{12} \times x = 1$이다.

따라서 $x = 3$이다.

14

정답 ⑤

A, G를 제외한 5명 중 C, D, E가 이웃하여 서는 경우의 수는 $3! \times 3! = 36$가지이고, A와 G는 자리를 바꿀 수 있다.
따라서 $3! \times 3! \times 2 = 72$가지이다.

15

정답 ④

작년보다 제주도 숙박권은 20%, 여행용 파우치는 10%를 더 준비했다고 했으므로 제주도 숙박권은 $10 \times 0.2 = 2$명, 여행용 파우치는 $20 \times 0.1 = 2$명이 경품을 더 받는다.
따라서 작년보다 총 4명이 경품을 더 받을 수 있다.

16

정답 ②

사과의 개수를 x개라고 하자.
$300x + 500 \times 3 \le 10,000$
$\therefore x \le 28.333\cdots$
따라서 사과는 최대 28개를 살 수 있다.

17

정답 ⑤

• 7명의 학생이 원탁에 앉는 경우의 수 : $(7-1)! = 6!$가지
• 7명의 학생 중 여학생 3명이 원탁에 이웃해서 앉는 경우의 수 : $[(5-1)! \times 3!]$가지

따라서 7명의 학생 중 여학생 3명이 원탁에 이웃해서 앉는 확률은 $\dfrac{4! \times 3!}{6!} = \dfrac{1}{5}$이다.

18

정답 ②

일의 양을 1이라고 가정하면, P연구원과 K연구원이 하루에 할 수 있는 일의 양은 각각 $\dfrac{1}{8}$, $\dfrac{1}{14}$이다. 처음 이틀과 보고서 제출 전 이틀 총 4일은 같이 연구하고, 나머지는 K연구원 혼자 연구하였다. K연구원 혼자 연구하는 기간을 x일이라고 하자.

$4 \times \left(\dfrac{1}{8} + \dfrac{1}{14}\right) + \dfrac{x}{14} = 1 \rightarrow \dfrac{1}{2} + \dfrac{2}{7} + \dfrac{x}{14} = 1$
$\rightarrow 7 + 4 + x = 14$
$\therefore x = 3$

따라서 K연구원이 혼자 3일 동안 연구였으므로 보고서를 제출할 때까지 총 $3 + 4 = 7$일이 걸렸다.

19

정답 ④

현수가 처음 가진 소금물 200g의 농도를 x%라 하면 (소금의 양) $= \dfrac{x}{100} \times 200 = 2x$이다.

여기에 물 50g을 증발시키면 소금물은 150g이 되고, 다시 소금 5g을 더 녹이므로 소금물의 양은 155g, 소금의 양은 $(2x + 5)$g이다. 처음 농도의 3배가 된다고 하였으므로

$\dfrac{3x}{100} \times 155 = 2x + 5 \rightarrow 93x = 40x + 100 \rightarrow 53x = 100$

$\therefore x = \dfrac{100}{53} \doteqdot 1.9$

따라서 현수가 처음 가진 소금물의 농도는 약 1.9%이다.

20

정답 ②

아들의 나이를 x살이라고 하면, 어머니의 나이는 $3x$살이다.
$x+3x<62 \rightarrow x<15.5$
따라서 아들의 최대 나이는 15살이다.

21

정답 ③

등산 동아리가 예약한 숙소 방의 개수를 x개라고 하자.
$6x+12=7(x-3)+6$
$\rightarrow 6x+12=7x-21+6 \rightarrow x=12+15$
$\therefore x=27$
따라서 등산 동아리에서 예약한 방의 개수는 총 27개이다.

22

정답 ③

작년 남학생 수는 x명, 작년 여학생 수를 y명이라고 하자.
$x+y=500 \cdots \bigcirc$
$1.1x+0.8y=490 \cdots \bigcirc$
$\bigcirc$과 $\bigcirc$을 연립하면
$\therefore x=300, y=200$
따라서 올해 남학생 수는 $1.1x=1.1\times300=330$명이다.

23

정답 ⑤

구입한 볼펜의 개수를 x자루, 색연필 개수는 y자루라고 하자.
$x+y=12 \cdots \bigcirc$
$500x+700y+1,000=8,600 \rightarrow 5x+7y=76 \cdots \bigcirc$
두 방정식을 연립하면 $x=4$, $y=8$이므로 볼펜은 4자루, 색연필은 8자루를 구입했다.
따라서 S사원이 구입한 볼펜은 4자루이다.

풀이 꿀팁

만약 식을 연립방정식으로 세웠다면, 대입법을 활용해서 풀거나 소거법이 가능한지를 확인한다. 이 문제의 경우에는 $\bigcirc$을 $\bigcirc$에 대입해서 푸는 방법이 훨씬 빠르지만 소거법을 활용하는 것도 숫자가 복잡하지 않아서 좋은 방법이다.
$\bigcirc\times5=5x+5y=60$이고 이를 $\bigcirc$과 연립하면 $2y=16 \rightarrow y=8$이고, 이에 따라 $x=4$인 것을 알 수 있다. 만약 자신이 소거법에 익숙해져 있다면 간단한 계산은 암산을 하는 연습을 통해 식을 일일이 쓰지 않고도 계산할 수 있도록 연습한다.

24

정답 ②

가로의 길이를 $x$cm만큼 줄여서 직사각형의 넓이를 반으로 즉, $20\times15\div2=150\text{cm}^2$ 이하로 줄이려고 한다.
$(20-x)\times15\times150 \rightarrow 15x\geq150$
$\therefore x\geq10$
따라서 가로의 길이는 최소 10cm 이상 줄여야 한다.

25

정답 ②

2명씩 짝을 지어 한 그룹으로 보고 원탁에 앉는 방법은 원순열 공식 $(n-1)!$를 이용한다. 제시된 조건은 2명씩 3그룹이므로 $(3-1)!=2\times1=2$가지이다. 또한 그룹 내에서 2명이 자리를 바꿔 앉을 수 있는 경우는 2가지씩이다.
따라서 6명이 원탁에 앉을 수 있는 방법은 $2\times2\times2\times2=16$가지이다.

26

정답 ①

• 7권의 소설책 중 3권을 선택하는 경우의 수 :
$_7C_3=\dfrac{7\times6\times5}{3\times2\times1}=35$가지

• 5권의 시집 중 2권을 선택하는 경우의 수 : $_5C_2=\dfrac{5\times4}{2\times1}=10$가지

따라서 소설책 3권과 시집 2권을 선택하는 경우의 수는 $35\times10=350$가지이다.

27

정답 ⑤

한 제품이 불량품일 확률은 $\dfrac{1}{50}$이다.
따라서 임의의 제품 2개를 고를 때, 모두 불량품일 확률은 $\dfrac{1}{50}\times\dfrac{1}{50}=\dfrac{1}{2,500}$ 이다.

28

정답 ①

구입할 수 있는 컴퓨터를 x대라고 하자.
3대까지는 한 대당 100만 원을 지불해야 하므로 80만 원에 구입할 수 있는 컴퓨터는 $(x-3)$대이다.
$100\times3+80\times(x-3)\leq2,750 \rightarrow 80(x-3)\leq2,450$
$\rightarrow 80x\leq2,690$
$\therefore x\leq33.625$
따라서 컴퓨터는 최대 33대 구입 가능하다.

풀이 꿀팁

역으로 선택지에 값을 문제에 대입하여 구한다.
① $3\times100+30\times80=2,700$만 원
② $3\times100+31\times80=2,780$만 원
③ $3\times100+32\times80=2,860$만 원
④ $3\times100+33\times80=2,940$만 원
⑤ $3\times100+34\times80=3,020$만 원

29

정답 ②

소금물 A의 농도를 $x\%$, 소금물 B의 농도를 $y\%$라고 하면

• $\dfrac{x}{100} \times 100 + \dfrac{y}{100} \times 100 = \dfrac{10}{100} \times 200$ … ㉠

• $\dfrac{x}{100} \times 100 + \dfrac{y}{100} \times 300 = \dfrac{9}{100} \times 400$ … ㉡

㉠, ㉡을 정리하면

• $x + y = 20$

• $x + 3y = 36$

따라서 $x = 12$, $y = 8$이므로 소금물 A의 농도는 12%이다.

30

정답 ④

644와 476을 소인수분해하면 다음과 같다.

• $644 = 2^2 \times 7 \times 23$

• $476 = 2^2 \times 7 \times 17$

즉, 644와 476의 최대공약수는 $2^2 \times 7 = 28$이다. 이때 직사각형의 가로에 설치할 수 있는 조명의 개수는 $644 \div 28 + 1 = 23 + 1 = 24$개이고, 직사각형의 세로에 설치할 수 있는 조명의 개수는 $476 \div 28 + 1 = 17 + 1 = 18$개이다.

따라서 조명의 최소 설치 개수는 $(24 + 18) \times 2 - 4 = 84 - 4 = 80$개이다.

01	02	03	04	05	06	07	08	09	10	11	12	13	14	15	16	17	18	19	20
③	⑤	①	⑤	③	②	③	①	⑤	⑤	④	③	④	③	③	③	④	⑤	⑤	②

01

정답 ③

사이다의 용량 1mL에 대한 가격을 비교하면 다음과 같다.

• A업체 : $\dfrac{25,000}{340 \times 25} = 2.94$원/mL

• B업체 : $\dfrac{25,200}{345 \times 24} = 3.04$원/mL

• C업체 : $\dfrac{25,400}{350 \times 25} = 2.90$원/mL

• D업체 : $\dfrac{25,600}{355 \times 24} = 3.00$원/mL

• E업체 : $\dfrac{25,800}{360 \times 24} = 2.99$원/mL

따라서 1mL당 가격이 가장 저렴한 업체는 C업체이다.

02

정답 ⑤

경증 환자 수는 8＋14＋10＋18＝50명이므로 경증 환자 중 남성 환자의 비율은 $\dfrac{14+18}{50} \times 100 = \dfrac{32}{50} \times 100 = 64\%$이고, 중증 환자 수는 9＋9＋9＋23＝50명이므로 중증 환자 중 남성 환자의 비율은 $\dfrac{9+23}{50} \times 100 = \dfrac{32}{50} \times 100 = 64\%$로 같다.

오답분석

① 남성 환자 수는 14＋18＋9＋23＝64명, 여성 환자 수는 8＋10＋9＋9＝36명으로 차이는 64－36＝28명이다.

② 여성 환자 중 중증 환자의 비율은 $\dfrac{9+9}{8+10+9+9} \times 100 = \dfrac{18}{36} \times 100 = 50\%$이다.

③ 전체 당뇨병 환자 수는 8＋14＋9＋9＋10＋18＋9＋23＝100명이고, 중증 여성 환자 수는 9＋9＝18명이므로 전체 당뇨병 환자 중 중증 여성 환자의 비율은 $\dfrac{18}{100} \times 100 = 18\%$이다.

④ 50세 이상 환자 수는 10＋18＋9＋23＝60명이고, 50세 미만 환자 수는 8＋14＋9＋9＝40명이므로 $\dfrac{60}{40} = 1.5$배이다.

03

정답 ①

전 직원의 주 평균 야간근무 빈도는 직급별 사원 수를 알아야 구할 수 있다. 단순히 직급별 주 평균 야간근무 빈도를 모두 더하여 평균을 구하는 것은 옳지 않다.

오답분석

② 제시된 자료를 통해 알 수 있다.

③ 0.2시간은 60×0.2＝12분이다. 따라서 4.2시간은 4시간 12분이다.

④ 대리는 주 평균 1.8일, 6.3시간의 야간근무를 한다. 야간근무 1회 시 평균 6.3÷1.8＝3.5시간 근무로 가장 긴 시간 동안 일한다.

⑤ 과장은 60×4.8＝288분(4시간 48분) 야간근무를 하는데, 60분의 3분의 2(40분) 이상 채울 시 1시간으로 야간 근무 수당을 계산한다. 즉, 5시간으로 계산하여 50,000원을 받는다.

풀이 꿀팁

문제에 작게 추가적으로 붙어 있는 설명은 대체로 선택지로 출제된다. 따라서 항상 먼저 확인하는 습관을 들인다. 이 문제의 경우에는 추가 설명에서 한 번 더 계산해야 할 내용이 있다. 항상 확인하고 문제를 풀이하며, 참고로 60분의 $\frac{2}{3}$ 는 40분이다.

② 평균에 관한 문제가 출제되는 경우는 실제 계산 문제이거나, 계산이 가능한지의 여부를 묻는 문제로 나눌 수 있다. 때문에 판단과 정이 필요하다. 해당 문제의 경우 직원 수가 제시되지 않았으므로, 평균값을 알 수 없다.

④ 전체를 다 계산할 것 없이 (시간)÷(빈도)를 했을 때, 약 3배 이상인 대리와 사원만 어림값을 잡아 확인한다.
- 대리 : $6.3÷2>3$
- 사원 : $4.2÷1.4=3$

따라서 대리가 1회 야간근무 시 가장 긴 시간을 일한다.

⑤ 4.8시간 전체를 계산하지 말고, 0.8시간만 계산하면 $60×0.8=48$분이다. 따라서 40분이 넘어가므로 만 원을 받는다.

04

정답 ⑤

세 지역 모두 핵가족 가구 비중이 더 높으므로, 핵가족 수가 더 많다.

오답분석

① 핵가족 가구의 비중이 가장 높은 곳은 71%인 B지역이다.
② 1인 가구는 기타 가구의 일부이므로, 1인 가구만의 비중은 알 수 없다.
③ 확대가족 가구의 비중이 가장 높은 곳은 C지역이지만, 이 수치는 비중이므로 가구 수는 알 수가 없다.
④ 부부 가구의 구성비는 B지역이 가장 높다.

05

정답 ③

2018년부터 공정자산총액과 부채총액의 차를 순서대로 나열하면 952, 1,067, 1,383, 1,127, 1,864, 1,908억 원이다.

오답분석

① 2021년에는 자본총액이 전년 대비 감소했다.
② 총액 규모가 가장 큰 것은 공정자산총액이다.
④ 2018 ~ 2021년의 자본총액 중 자본금이 차지하는 비율은 다음과 같다.

- 2018년 : $\frac{464}{952}×100≒48.7\%$
- 2019년 : $\frac{481}{1,067}×100≒45.1\%$
- 2020년 : $\frac{660}{1,383}×100≒47.7\%$
- 2021년 : $\frac{700}{1,127}×100≒62.1\%$

따라서 2018년보다 2019년에 감소하였다.

⑤ 직전 해에 비해 당기순이익이 가장 많이 증가한 해는 2022년이다.

풀이 꿀팁

③ 눈으로 계산했을 때, 가장 크게 차이나는 2022년과 2023년만 정확하게 계산한다.
④ 계산해야 하는 선택지가 많은 경우에는 반례 하나만 찾는 것이 훨씬 빠르다. 2019년에 전년 대비 자본총액이 100억 원 이상 증가한 것에 비해 자본금은 약 20억 원만 증가했으므로, 이 둘의 비중만 어림값을 활용하여 구한다.

- 2018년 : $\frac{464}{952}≒\frac{5}{9}$
- 2019년 : $\frac{481}{1,067}≒\frac{5}{110}$

분자가 같으므로 분모가 더 큰 2019년의 비중은 감소했다.

⑤ 전년에 −이익을 기록했고, 당기순이익 중 가장 큰 값을 갖는다. 따라서 다음 해에 이익이 가장 많이 증가했을 것이다.

06

정답 ②

2021년 출생아 수는 그 해 사망자 수의 $\frac{438,420}{275,895} ≒ 1.59$배이므로, 1.7배 이상이라는 설명은 옳지 않다.

오답분석

① 출생아 수가 가장 많았던 해는 2021년이므로 옳은 설명이다.

③ 2020년 출생아 수는 2023년의 출생아 수보다 $\frac{435,435 - 357,771}{357,771} \times 100 ≒ 22\%$ 더 많으므로 옳은 설명이다.

④ 사망자 수가 2020년부터 2023년까지 매년 전년 대비 증가하고 있음을 알 수 있다.

⑤ 사망자 수가 가장 많은 2023년은 사망자 수가 285,534명이고, 가장 적은 2019년은 사망자 수가 266,257명이다. 두 연도의 사망자 수 차이는 285,534 - 266,257 = 19,277명으로 15,000명 이상이다.

07

정답 ③

2017년 대비 2023년에 발생률이 증가한 암은 폐암, 대장암, 유방암인 것을 확인할 수 있다.

오답분석

① 위암의 발생률은 점차 감소하다가 2022년부터 다시 증가하는 것을 확인할 수 있다.

② 제시된 자료를 통해 알 수 있다.

④ 2023년에 위암으로 죽은 사망자 수를 알 수 없으므로 옳지 않은 설명이다.

⑤ 전년 대비 2023년 암 발생률의 증가폭은 다음과 같다.

• 위암 : 24.3 - 24.0 = 0.3%p
• 간암 : 21.3 - 20.7 = 0.6%p
• 폐암 : 24.4 - 22.1 = 2.3%p
• 대장암 : 8.9 - 7.9 = 1.0%p
• 유방암 : 4.9 - 2.4 = 2.5%p
• 자궁암 : 5.6 - 5.6 = 0%p

폐암의 발생률은 계속적으로 증가하고 있지만, 전년 대비 2023년 암 발생률 증가폭은 유방암의 증가폭이 더 크므로 옳지 않은 설명이다.

08

정답 ①

제시된 자료를 분석하면 다음과 같다.

생산량(개)	0	1	2	3	4	5
총 판매수입(만 원)	0	7	14	21	28	35
총 생산비용(만 원)	5	9	12	17	24	33
이윤(만 원)	-5	-2	+2	+4	+4	+2

ㄱ. 2개와 5개를 생산할 때의 이윤은 +2로 동일하다.

ㄴ. 이윤은 생산량 3개와 4개에서 +4로 가장 크지만, 최대 생산량을 묻고 있으므로, 극대화할 수 있는 최대 생산량은 4개이다.

오답분석

ㄷ. 생산량을 4개에서 5개로 늘리면 이윤은 4만 원에서 2만 원으로 감소한다.

ㄹ. 1개를 생산하면 -2만 원이지만, 생산하지 않을 때는 -5만 원이다.

09

정답 ⑤

여성 조사인구가 매년 500명일 때, 2022년의 매우 노력함을 택한 인원은 500×0.168=84명이고, 2023년은 500×0.199=99.5명으로 2023년도는 전년 대비 15.5명이 더 늘어났다.

오답분석

① 2023년에 모든 연령대에서 노력 안함의 비율이 가장 낮은 연령대는 40대이다.
② 남성과 여성 모두 정확한 조사대상 인원이 제시되어 있지 않아서 알 수 없다.
③ 2022년 대비 2023년에 연령대별 매우 노력함을 선택한 비율이 50대와 60대 이상은 감소했다.
④ 2023년의 60대 이상 조금 노력함의 비율은 전년 대비 감소했다.

10

정답 ⑤

병준이가 추가되면 총 인원은 7명으로 전체 1대1 대화방 수는 $\dfrac{n(n-1)}{2}=\dfrac{7\times6}{2}=21$개이고, n명의 1대1 대화방 수는 2개가 추가 되어 7+2=9개이다.

따라서 밀도는 $\dfrac{9}{21}=\dfrac{3}{7}$이 되어 기존 밀도인 $\dfrac{7}{15}$보다 낮아진다.

오답분석

① 모두 SNS에 참여할 때 전체 1대1 대화방 수는 첫 번째 조건에 대입하면 $\dfrac{n(n-1)}{2}=\dfrac{6\times5}{2}=15$개이다.

② 영희와 수민이가 동민이와 각각 1대1 대화를 추가할 때 2개의 방이 더 생기므로 밀도는 $\dfrac{7+2}{15}=\dfrac{9}{15}=\dfrac{3}{5}$이다.

③ 5명이 참여한 전체 1대1 대화방의 수는 $\dfrac{5\times4}{2}=10$개이지만, (철수, 영희), (영희, 철수)처럼 중복된 인원 2사람이 발생한다.
　따라서 1대1 대화방 수는 5개이다.

④ 6명의 SNS 1대1 대화방 밀도는 $\dfrac{7}{15}$로 $\dfrac{1}{2}\left(=\dfrac{7.5}{15}\right)$ 미만이다.

풀이 꿀팁

대각선 모양을 기준으로 자료가 제시되는 경우에는 항상 중복되는 경우의 수를 생각해야 한다. 실제 문제에서도 이를 혼동하여 출제하는 경우가 있다.
이 문제의 조건에서 전체 대화방의 개수는 중복되지 않고, 1사람당 1번씩 대화하는 모든 경우의 수와 같다. 이에 따라 n명의 1대1 대화방 수는 중복되는 경우의 수를 빼고 계산해야 한다.

11

정답 ④

ㄴ. 2023년 포르투갈의 이산화탄소 배출총량의 전년 대비 증가율은 $\dfrac{50.8-46.4}{46.4}\times100≒9.5\%$이고, 한국의 이산화탄소 배출 총량의 증가율은 $\dfrac{600-589.2}{589.2}\times100≒1.8\%$이다.
　따라서 포르투갈의 이산화탄소 배출총량 증가율은 한국의 이산화탄소 배출총량 증가율의 6배인 1.8×6=10.8%보다 낮다.

ㄷ. 2021년 아시아 국가의 1인당 이산화탄소 배출량의 평균은 $\dfrac{11.4+6.6+9.1}{3}≒9$톤으로, 2022년 북아메리카 국가의 1인당 이산화탄소 배출량의 평균인 $\dfrac{15.2+14.9}{2}≒15.1$톤보다 적다.

오답분석

ㄱ. 2021년 이산화탄소 배출총량이 1,000백만 톤 이상인 국가는 '중국, 일본, 미국'이고, 이 중 2023년 전년 대비 이산화탄소 배출총량이 감소한 국가는 일본과 미국, 두 곳이다.
ㄹ. 베네수엘라의 2022년 대비 2023년 1인당 이산화탄소 배출량은 4−3.6=0.4톤으로 가장 많이 감소하였다.

12

③

2022년 화재건수 대비 사망자 수는 경기도의 경우 $\frac{70}{10,147} \fallingdotseq 0.007$명/건으로 $\frac{20}{2,315} \fallingdotseq 0.009$명/건인 강원도보다 작다.

오답분석

① 대구광역시의 2023년 화재건수는 1,612건으로 경상북도의 50%인 $2,817 \times 0.5 = 1,408.5$건 이상이므로 옳은 설명이다.

② 화재건수가 가장 많은 지역은 2022년과 2023년에 모두 경기도이므로 옳은 설명이다.

④ 2023년 화재로 인한 부상자 수는 충청남도가 30명으로 107명인 충청북도의 $\frac{30}{107} \times 100 \fallingdotseq 28$%이므로 30% 미만이므로 옳은 설명이다.

⑤ 부산광역시의 경우, 화재로 인한 부상자 수가 2023년에 102명, 2022년에 128명으로 전년 대비 감소율은 $\frac{128-102}{128} \times 100 \fallingdotseq 20.3$%이므로 옳은 설명이다.

풀이 꿀팁

③ 분자와 분모를 보니 소수점 아래 자릿수가 많을 것으로 보이므로 분수 자체로 비교하는 것이 편할 것이다. 분자를 비교하면 경기도의 사망자 수는 강원도의 약 3배인데, 분모를 비교하면 경기도의 화재건수가 강원도의 4배를 초과한다. 강원도에 비해 경기도의 분모 증가율이 분자 증가율보다 크다는 것을 알 수 있으므로 구체적인 계산 없이도 경기도의 화재건수 대비 사망자 수가 강원도보다 작을 것임을 알 수 있다.

④ 2023년의 화재로 인한 부상자 수는 충청남도가 30명이고 충청북도가 107명이다. 이를 정확하게 계산하지 않아도 30%는 $\frac{30}{100}$이므로 분자는 같고, 분모가 큰 107명인 경우에 30%보다 작은 것을 알 수 있다.

13

정답 ④

• 기본요금 : 1,600원
• 전력량요금
  − 처음 200kWh까지 : $200 \times 93.3 = 18,660$원
  − 다음 200kWh까지 : $200 \times 187.9 = 37,580$원
따라서 부가가치세는 총요금의 10%이므로 전기요금은 $(1,600+18,660+37,580) \times 1.1 \fallingdotseq 63,620$원(∵ 10원 미만 절사)이다.

14

정답 ③

주문할 달력의 수를 x권이라 하면 업체별 비용은 다음과 같다.
• A업체의 비용 : $(1,650x+3,000)$원
• B업체의 비용 : $1,800x$원
A업체에서 주문하는 것이 B업체에서 주문하는 것보다 유리해야 하므로 다음의 식을 만족해야 한다.
$1,650x+3,000 < 1,800x \rightarrow x > 20$
따라서 달력을 21권 이상 주문한다면, A업체에서 주문하는 것이 더 유리하다.

15

정답 ③

주어진 자료를 바탕으로 매장 수를 정리하면 다음과 같다. 증감표의 부호를 반대로 하여 2024년 매장 수에 대입하면 쉽게 계산이 가능하다.

구분	2021년 매장 수	2022년 매장 수	2023년 매장 수	2024년 매장 수
서울	15	17	19	17
경기	13	15	16	14
인천	14	13	15	10
부산	13	11	7	10

2021년 매장 수가 두 번째로 많은 지역은 인천이며, 매장 수는 14개이다.

16

㉠ 초등학생에서 중학생, 고등학생으로 올라갈수록 스마트폰(7.2% → 5.5% → 3.1%)과 PC(42.5% → 37.8% → 30.2%)의 이용률은 감소하고, 태블릿PC(15.9% → 19.9% → 28.5%)와 노트북(34.4% → 36.8% → 38.2%)의 이용률은 증가하고 있다.

㉢ 태블릿PC와 노트북의 남학생·여학생 이용률의 차이는 다음과 같다.
- 태블릿PC : $28.1-11.7=16.4$%p
- 노트북 : $39.1-30.9=8.2$%p

따라서 태블릿PC의 남학생·여학생 이용률은 노트북의 $16.4÷8.2=2$배이다.

[오답분석]

㉡ 초·중·고등학생의 노트북과 PC의 이용률의 차이는 다음과 같다.
- 초등학생 : $42.5-34.4=8.1$%p
- 중학생 : $37.8-36.8=1$%p
- 고등학생 : $38.2-30.2=8$%p

따라서 중학생의 노트북과 PC의 이용률 차이가 가장 작다.

17

합격자 중 남성의 비율은 $\dfrac{120}{120+80}\times100=\dfrac{120}{200}\times100=60$%이므로 ④는 옳지 않은 설명이다.

[오답분석]

① 남성 합격자 수는 여성 합격자 수의 $\dfrac{120}{80}=1.5$배이다.

② 총 입사지원자 중 합격률은 $\dfrac{200}{680+320}\times100=\dfrac{200}{1,000}\times100=20$%이다.

③ 여성 지원자의 합격률은 $\dfrac{80}{320}\times100=25$%이다.

⑤ 총 입사지원자 중 여성 입사지원자의 비율은 $\dfrac{320}{680+320}\times100=\dfrac{320}{1,000}\times100=32$%이므로 30% 이상이다.

18

이온음료는 7월에서 8월로 넘어가면서 판매량이 줄어드는 모습을 보이고 있다.

[오답분석]

① 맥주의 판매량은 매월 커피 판매량의 2배 이상임을 알 수 있다.
② 3~5월 판매 현황과 6~8월 판매 현황을 비교해 볼 때, 모든 캔 음료는 봄보다 여름에 더 잘 팔린다.
③ 3~5월 판매 현황을 볼 때, 이온음료는 탄산음료보다 더 잘 팔리는 것을 알 수 있다.
④ 맥주가 매월 다른 캔 음료보다 많은 판매량을 보이고 있음을 볼 때, 가장 많은 판매 비중을 보임을 알 수 있다.

19

- 지연 중 A/C 정비가 차지하는 비율 : $\dfrac{150}{2,880}\times100≒5$%
- 결항 중 기상이 차지하는 비율 : $\dfrac{14}{70}\times100=20$%

따라서 항공기 지연 중 A/C 정비가 차지하는 비율은 결항 중 기상이 차지하는 비율의 $\dfrac{5}{20}=\dfrac{1}{4}$이다.

① 기상으로 지연된 항공편 수는 기상으로 결항된 항공편 수의 $\frac{98}{14}=7$배이다.

② 기타를 제외하고 지연이 발생한 원인 중 가장 높은 비중을 차지하고 있는 것은 A/C 접속이며, 결항이 발생한 원인 중 가장 높은 비중을 차지하고 있는 것은 기상이다.

③ 9월 동안 운항된 전체 비행기 수를 알 수 없으므로 구할 수 없다.

④ A/C 정비로 인해 결항된 항공편 수는 A/C 정비로 인해 지연된 항공편 수의 $\frac{12}{150}\times100=8\%$이다.

20

 정답 ②

㉠ 서울과 경기의 인구수 차이는 2017년에 $10,463-10,173=290$천 명, 2023년에 $11,787-10,312=1,475$천 명으로 2023년에 차이가 더 커졌다.

㉢ 광주는 2023년에 22천 명 증가하여 가장 많이 증가했다.

㉡ 인구가 감소한 지역은 부산, 대구이다.

㉣ 대구는 전년 대비 2020년부터 인구가 감소하다가 2023년에 다시 증가했다.

제2회 최종점검 모의고사

01 언어표현

01	02	03	04	05	06	07	08	09	10
①	①	②	②	①	①	④	⑤	③	③
11	12	13	14	15	16	17	18	19	20
①	④	③	⑤	④	②	③	③	②	①
21	22	23	24	25	26	27	28	29	30
③	④	①	③	②	②	①	②	②	③

01
정답 ①

• 긴축 : 재정의 기초를 다지기 위하여 지출을 줄임
• 절약 : 함부로 쓰지 아니하고 꼭 필요한 데에만 써서 아낌

오답분석
② 긴장 : 마음을 조이고 정신을 바짝 차림
③ 수축 : 근육 따위가 오그라듦
④ 수렴 : 의견이나 사상 따위가 여럿으로 나뉘어 있는 것을 하나로 모아 정리함
⑤ 이완 : 바짝 조였던 정신이 풀려 늦추어짐

02
정답 ①

• 기대 : 어떤 일이 원하는 대로 이루어지기를 바라면서 기다림
• 소망 : 어떤 일을 바람 또는 그 바라는 것

오답분석
② 부귀 : 재산이 많고 지위가 높음
③ 관망 : 한발 물러나서 어떤 일이 되어 가는 형편을 바라봄
④ 기부 : 자선 사업이나 공공사업을 돕기 위하여 돈이나 물건 따위를 대가 없이 내놓음
⑤ 갈망 : 어떤 일을 감당하여 수습하고 처리함

03
정답 ②

• 풍만하다 : 풍족하여 그득하다. 또는 몸에 살이 탐스럽게 많다.
• 궁핍하다 : 몹시 가난하다.

오답분석
① 납신하다 : 윗몸을 가볍고 빠르게 구부리다. 또는 입을 빠르고 경망스럽게 놀려 말하다.
③ 농단하다 : 이익이나 권리를 독차지하다.
④ 몽매하다 : 어리석고 사리에 어둡다.
⑤ 내외하다 : 남의 남녀 사이에 서로 얼굴을 마주 대하지 않고 피하다.

04
정답 ②

• 손방 : 아주 할 줄 모르는 솜씨
• 난든집 : 손에 익어서 생긴 재주

오답분석
① 손바람 : 손을 흔들어서 내는 바람. 또는 일을 치러 내는 솜씨나 힘
③ 잡을손 : 일을 다잡아 해내는 솜씨
④ 매무시 : 옷을 입을 때 매고 여미는 따위의 뒷단속
⑤ 너울가지 : 남과 잘 사귀는 솜씨

05
정답 ①

• 타의 : 다른 사람의 생각이나 의견
• 자의 : 자기의 생각이나 의견

오답분석
② 고의 : 일부러 하는 생각이나 태도
③ 과실 : 부주의나 태만에서 비롯된 잘못이나 허물
④ 임의 : 일정한 기준이나 원칙 없이 하고 싶은 대로 함
⑤ 죄과 : 죄가 될 만한 허물

06
정답 ①

제시된 '지니다'는 '몸에 간직하여 가지다.'라는 뜻으로 쓰였다.

오답분석
② 기억하여 잊지 않고 새겨 두다.
③ 본래의 모양을 그대로 간직하다.
④ 바탕으로 갖추고 있다.
⑤ 어떠한 일 따위를 맡아 가지다.

07

정답 ④

제시된 '끓다'는 '어떠한 감정이 강하게 솟아나다.'라는 뜻으로 쓰였다.

오답분석

① 액체가 몹시 뜨거워져서 소리를 내면서 거품이 솟아오르다.
② 지나치게 뜨거워지다.
③ 소화가 안 되거나 아파 배 속에서 소리가 나다.
⑤ 많이 모여 우글거리다.

08

정답 ⑤

제시된 '치다'는 '속이는 짓이나 짓궂은 짓, 또는 좋지 못한 행동을 하다.'라는 뜻으로 쓰였다.

오답분석

① 날개나 꼬리 따위를 세차게 흔들다.
② 날이 있는 물체를 이용하여 물체를 자르다.
③ 몸이나 몸체를 부르르 떨거나 움직이다.
④ 점괘로 길흉을 알아보다.

09

정답 ③

제시된 '마르다'는 '물기가 다 날아가서 없어지다.'라는 뜻으로 쓰였다.

오답분석

① 살이 빠져 야위다.
② 입이나 목구멍에 물기가 적어져 갈증이 나다.
④ 강이나 우물 따위의 물이 줄어 없어지다.
⑤ 감정이나 열정 따위가 없어지다.

10

정답 ③

제시된 '먹다'는 '바르는 물질이 배어들거나 고루 퍼지다.'라는 뜻으로 쓰였다.

오답분석

① 벌레, 균 따위가 파 들어가거나 퍼지다.
② 물이나 습기 따위를 빨아들이다.
④ 겁, 충격 따위를 느끼게 되다.
⑤ 어떤 마음이나 감정을 품다.

11

정답 ①

• 어떻게 : '어떠하다'가 줄어든 '어떻다'에 어미 '-게'의 결합
• 어떡해 : '어떻게 해'가 줄어든 말

오답분석

②・④・⑤ 어떡해 → 어떻게
'의견, 성질, 형편, 상태가 어찌되어 있다.'라는 의미로, '어떻게'가 옳은 표현이다.
③ 어떻게 → 어떡해

12

정답 ④

'-는커녕'은 앞말을 지정하여 어떤 사실을 부정하는 뜻을 강조하는 보조사로 한 단어이다. '대답을 하기는커녕'과 같이 붙여 써야 한다.

13

정답 ③

'만큼'은 주로 어미 뒤에 붙어 앞의 내용에 상당하는 수량이나 정도임을 나타내는 의존 명사 '만큼'과 체언 뒤에 붙어 앞말과 비슷한 정도나 한도임을 나타내는 격조사 '-만큼'으로 구분할 수 있다. 한글 맞춤법에 따라 의존 명사 '만큼'은 앞말과 띄어 써야 하고, 격조사 '-만큼'은 붙여 써야 한다.
따라서 ③은 체언 '생각'과 결합하는 격조사이므로 '생각만큼'으로 붙여 써야 한다.

14

정답 ⑤

한글 맞춤법에 따르면 '덮치다'는 '덮다'에 사동 접미사 '-치-'가 결합한 형태로 그 어간을 밝혀 적어야 한다.
따라서 ⑤의 '덥쳤던'은 '덮쳤던'이 올바른 표기이다.

15

정답 ④

'신기롭다'와 '신기스럽다' 중 '신기롭다'만을 표준어로 인정한다.

오답분석

한글 맞춤법에 따르면 똑같은 형태의 의미가 몇 가지 있을 경우, 그중 어느 하나가 압도적으로 널리 쓰이면 그 단어만을 표준어로 삼는다.
① '-지만서도'는 방언형일 가능성이 높다고 보아 표준어에서 제외되었으며, '-지만'이 표준어이다.
② '길잡이', '길라잡이'가 표준어이다.
③ '쏜살같이'가 표준어이다.
⑤ '빠뜨리다', '빠트리다'가 표준어이다.

16

정답 ②

'부채'와 '선풍기'는 같은 기능을 가지고, '인두'와 '다리미'도 같은 기능을 가진다.

17 정답 ③

'가랑비'에 '옷' 젖는 줄 모른다는 속담에 '낙숫물'이 '댓돌' 뚫
는다는 속담이 대응한다.

18 정답 ③

'바퀴'는 '자동차'가 이동하는 데 쓰이고, '다리'는 '사람'이 이
동하기 위한 신체의 일부분이다.

19 정답 ②

'승강기'는 '도르래'의 원리를 이용하고, '정수기'는 '삼투압'의
원리를 이용한다.

20 정답 ①

제시된 단어는 상하 관계이다.
'한옥'은 '건물'의 하위어이고, '김치'는 '음식'의 하위어이다.

21 정답 ③

제시된 단어는 반의 관계이다.
'근면'은 부지런히 일하며 힘쓰는 것이고, '태만'은 열심히 하려
는 마음이 없고 게으른 것으로 서로 반의 관계이다. '좌천'의 반
의어는 '영전'이다.
• 좌천 : 낮은 관직이나 지위로 떨어지거나 외직으로 전근됨
• 영전 : 전보다 더 좋은 자리나 직위로 옮김

오답분석
① 강등 : 등급이나 계급 따위가 낮아짐
② 강직 : 직위가 낮아짐
④ 좌강 : 관등을 낮춤
⑤ 천적 : 죄를 지은 탓으로 관위(官位)를 내리고 외진 곳으로
　　　　 쫓아 보내거나 쫓겨남

22 정답 ④

제시된 단어는 유의 관계이다.
'마수걸이'의 유의어는 '개시'이고, '뚜렷하다'의 유의어는 '분
명하다'이다.
• 마수걸이 : 맨 처음으로 물건을 파는 일. 또는 거기서 얻은 소득
• 개시 : 시장을 처음 열어 물건의 매매를 시작함
• 뚜렷하다 : 엉클어지거나 흐리지 않고 아주 분명하다.
• 분명하다 : 모습이나 소리 따위가 흐릿함이 없이 똑똑하고
　　　　　　 뚜렷하다.

오답분석
① 흐릿하다 : 조금 흐린 듯하다.
② 복잡하다 : 1. 일이나 감정 따위가 갈피를 잡기 어려울 만
　　　　　　　 큼 여러 가지가 얽혀 있다.
　　　　　　 2. 복작거리어 혼잡스럽다.
③ 깔끔하다 : 1. 생김새 따위가 매끈하고 깨끗하다.
　　　　　　 2. 솜씨가 야물고 알뜰하다.
⑤ 산뜻하다 : 1. 기분이나 느낌이 깨끗하고 시원하다.
　　　　　　 2. 보기에 시원스럽고 말쑥하다.

23 정답 ①

'방풍막'은 '바람'을 막고, '요새'는 '적군'을 막는다.
• 방풍막 : 바람을 막으려고 둘러치는 막
• 요새 : 군사적으로 중요한 곳에 튼튼하게 만들어 놓은 방어
　　　　 시설. 또는 그런 시설을 한 곳

오답분석
② 기지 : 군대, 탐험대 따위의 활동 기점이 되는 근거지
③ 전투 : 두 편의 군대가 조직적으로 무장하여 싸움
④ 아군 : 우리 편 군대
⑤ 전쟁 : 국가와 국가, 또는 교전 단체 사이에 무력을 사용하
　　　　 여 싸움

24 정답 ③

사진, 내용, 근거를 통해 '증명'을 연상할 수 있다.

25 정답 ②

억압, 먹이, 고리를 통해 '사슬'을 연상할 수 있다.

26 정답 ②

퇴짜, 상처, 벌금을 통해 '딱지'를 연상할 수 있다.

27 정답 ①

'고등어', '지방', '소'를 통해 '간'을 연상할 수 있다.
• 고등어 : 간고등어는 소금에 절인 고등어를 의미한다.
• 지방 : 지방간은 간에 중성 지방이 비정상적으로 축적된 상
　　　　 태를 의미한다.
• 소간 : 소간은 소의 간을 의미한다. 풍부한 철분을 함유하여
　　　　 빈혈에 도움이 된다.

28

정답 ②

'튀르키예', '라이트', '그림'을 통해 '형제'를 연상할 수 있다.
- 튀르키예 : 튀르키예는 형제의 나라로 알려져 있다.
- 라이트 : 라이트 형제는 미국의 비행기 제작자이자 항공계의 개척자 형제이다.
- 그림 : 그림 형제는 독일의 형제 작가이다.

29

정답 ②

'빵', '화초', '사군자'를 통해 '난'을 연상할 수 있다.
- 빵 : 난은 밀가루 반죽을 화덕에 구워서 만든 인도의 전통 빵이다.
- 화초 : 난이란 난초과의 식물을 통틀어 이르는 말로 뿌리가 굵고 잎은 홑잎인 화초이다.
- 사군자 : 사군자란 동양화에서 매화·난초·국화·대나무를 그린 그림을 의미한다.

30

정답 ③

'색', '조류', '다람쥐'를 통해 '하늘'을 연상할 수 있다.
- 색 : 하늘색은 맑은 하늘의 빛깔 같은 연한 파랑을 의미한다.
- 조류 : 조류 중 새는 몸에 깃털이 있고 다리가 둘이며, 하늘을 자유로이 날 수 있는 짐승을 통틀어 이르는 말이다.
- 다람쥐 : 하늘다람쥐는 다람쥣과의 하나로 야행성이며, 나무에서 나무로 날아다닌다.

02　언어이해

01	02	03	04	05	06	07	08	09	10
⑤	③	②	④	④	④	③	⑤	②	⑤
11	12	13	14	15	16	17	18	19	20
④	③	⑤	④	③	①	⑤	①	①	⑤

01

정답 ⑤

제시문에서는 현대사회의 소비 패턴이 '보이지 않는 손' 아래의 합리적 소비에서 벗어나 과시 소비가 중심이 되었으며, 그 이면에는 소비를 통해 자신의 물질적 부를 표현함으로써 신분을 과시하려는 욕구가 있다고 설명하고 있다. 따라서 ⑤가 글의 제목으로 가장 적절하다.

02

정답 ③

제시문은 대중문화가 대중을 사회 문제로부터 도피하게 하거나 사회 질서에 순응하게 하는 역기능을 수행하여 혁명을 불가능하게 만든다는 내용이다. 따라서 이 주장에 대한 반박은 대중문화가 순기능을 한다는 태도여야 한다. 그런데 ③은 현대 대중문화의 질적 수준에 대한 평가에 관한 내용이므로 연관성이 없다.

03

정답 ②

제시문은 크게 '피자의 시작과 본토 – 한국의 피자 도입과 확산'으로 나눌 수 있다. 따라서 이탈리아에서 나타난 현대적 의미의 피자의 시작을 논하는 것으로 글이 시작되었으므로 그 후에는 이탈리아의 피자 상황을 나타내는 (다)와 (가)가 차례대로 이어져야 하며 한국의 '경우'라고 쓰여 있는 것을 보아 그 뒤에는 (라), 이어서 (나)의 순으로 나열하는 것이 가장 적절하다.

04

정답 ④

제시문은 글쓴이가 글을 쓸 때 전략이 있어야 함을 밝히며 구체적인 예를 들어 설명하고, 이에 따라 독자 역시 글을 읽을 때 글쓴이의 의도를 파악해야 함을 구체적인 예를 들어 설명하는 글이다. 따라서 (나) 글쓴이가 글을 쓰는 목적에 따라 달라지는 글쓰기 전략 – (다) 글을 쓰는 목적에 따른 글쓰기 전략의 예 – (라) 독자가 글을 읽는 방법 – (가) 독자가 글을 읽는 방법에 대한 구체적인 예시 순으로 나열하는 것이 가장 적절하다.

05

정답 ④

제시문은 특허권을 둘러싼 양국의 분쟁에 대한 글이다. 따라서 (라) 특허권 분쟁의 시작 – (가) 미국의 세부적인 요구사항 – (다) 이에 대한 칠레의 대처 방안 – (나) 의약품 특허권이 지적 재산권 협정을 예고 순으로 나열하는 것이 가장 적절하다.

06

정답 ④

제시문의 첫 번째 문장을 통해 알 수 있다.

오답분석
① 팔은 눈에 띄지 않을 만큼 작다.
② 빌렌도르프 지역에서 발견되었다.
③ 모델에 대해서는 밝혀진 것이 없다.
⑤ 출산, 다산의 상징이라는 의견이 지배적이다.

07

정답 ③

제시문의 두 번째 문단에서 전통의 유지와 변화에 대한 견해 차이는 보수주의와 진보주의의 차이로 이해될 성질의 것이 아니며, 한국 사회의 근대화는 앞으로도 계속되어야 할 광범하고 심대한 '사회 구조적 변동'이라고 하였다. 또한 마지막 문단에서 '근대화라고 하는 사회 구조적 변동이 문화변화를 결정지을 것이기 때문'이라고 하였으므로 전통문화의 변화 문제를 사회 변동의 시각에서 다루는 것이 가장 적절하다.

풀이 꿀팁

빈칸의 바로 앞에서 '사회 구조적 변동이 문화변화를 결정지을 것'이라는 내용을 통해 빈칸에는 사회 구조적 변동과 관련된 내용이 들어가야 함을 알 수 있다. 빈칸 추론 유형에서는 주로 빈칸의 바로 앞뒤 문장에서 실마리를 찾을 수 있으므로 이를 먼저 읽어 보는 것이 좋다.

08

정답 ⑤

제시문의 첫 번째 문단에서 비만을 질병으로 분류하고 각종 암을 유발하는 주요 요인인 점을 제시하여 비만의 문제점을 제시하고 있으며, 이에 대한 해결 방안으로 고열량ㆍ저열량ㆍ고카페인 함유 식품의 판매 제한 모니터링 강화, 과음과 폭식 등 비만을 조장ㆍ유발하는 문화와 환경 개선, 운동의 권장과 같은 방안들을 제시하고 있음을 알 수 있다.

09

정답 ②

제시문은 베토벤의 9번 교향곡에 대해 설명하고 있으며, 보기는 9번 교향곡이 '합창 교향곡'이라는 명칭이 붙은 이유에 대해 말하고 있다. 세 번째 문장까지는 교향곡에 대해 설명을 하고 있으며, 네 번째 문장부터는 교향곡에 대한 현대의 평가 및 가치에 대해 설명을 하고 있다. 따라서 보기는 교향곡에 대한 설명과 교향곡에 성악이 도입되었다는 설명을 한 다음 문장인 ⓒ에 들어가는 것이 가장 적절하다.

풀이 꿀팁

보기의 '4악장에 나오는 합창'은 ⓒ 바로 앞 문장의 '4악장에 합창 및 독창'과 연결되므로 문장의 위치를 쉽게 찾을 수 있다.

10

정답 ⑤

제시문에서는 저맥락 문화는 멤버 간에 공유하고 있는 맥락의 비율이 낮고 개인주의와 다양성이 발달했고, 미국은 이러한 저맥락 문화의 대표국가로 선악의 확실한 구분과 수많은 말풍선을 사용한 스토리 전개 등이 특징이라고 하였으므로 ⑤는 적절하지 않다. 또한 다채로운 성격의 캐릭터 등장은 일본 만화의 특징이다.

11

정답 ④

첫 번째 명제는 '~스누피 → 제리'이고, 결론은 '~제리 → 니모'이다. 어떤 명제가 참이면 그 대우 또한 참이므로 '~제리 → 스누피'가 성립하고, 삼단논법이 성립하기 위해서는 빈칸에 '스누피 → 니모'가 들어가야 '~제리 → 스누피 → 니모'가 되어 세 번째 명제가 참이 된다.
따라서 빈칸에는 '스누피 → 니모'의 대우인 ④가 가장 적절하다.

12

정답 ③

'땅이 산성이다.'를 A, '빨간 꽃이 핀다.'를 B, '하얀 꽃이 핀다.'를 C라고 하면 ~C → A → B가 성립한다.
따라서 빈칸에는 ~C → B 또는 ~B → C가 가장 적절하다.

13

정답 ⑤

첫 번째와 세 번째 명제에 의해 족구를 잘하는 사람은 펜싱을 잘하고, 펜싱을 잘하는 사람은 검도를 잘한다.
따라서 빈칸에는 ⑤가 가장 적절하다.

14

정답 ④

음악을 좋아하는 사람은 미술을 잘하고, 미술을 잘하는 사람은 노래를 잘하므로 음악을 좋아하는 사람은 노래를 잘한다.
따라서 빈칸에는 ④가 가장 적절하다.

PART 2

15

정답 ③

영수와 재호의 시력을 비교할 수 없으므로 시력이 높은 순서대로 나열하면 '정수 – 영호 – 영수 – 재호 – 경호' 또는 '정수 – 영호 – 재호 – 영수 – 경호'가 된다.
따라서 어느 경우라도 정수의 시력이 가장 높은 것을 알 수 있으므로 ③이 가장 적절하다.

풀이 꿀팁

- 정수(1.2)
- 정수(1.2)>영수(1.2−0.5=0.7)
- 정수(1.2)>영호>영수(0.7)
- 영호>재호(0.6~0.8)
- 경호(0.6 미만)

따라서 정수(1.2)>영호>영수(0.7), 재호(0.6~0.8)>경호(0.6 미만)이다.

16

정답 ①

영희가 전체 평균 1등을 했으므로 총점이 가장 높으므로 ①이 가장 적절하다.

오답분석

②·③·④·⑤ 등수는 알 수 있지만 각 점수는 알 수 없기 때문에 점수 간 비교는 불가능하다.

17

정답 ⑤

첫 번째 조건과 네 번째 조건에서 여학생 X와 남학생 B가 동점이 아니므로, 여학생 X와 남학생 C가 동점이다. 세 번째 조건에서 여학생 Z와 남학생 A가 동점임을 알 수 있고, 두 번째 조건에서 여학생 Y와 남학생 B가 동점임을 알 수 있다.
따라서 여학생 W와 남학생 D는 동점이다.

18

정답 ①

- ㄱ의 경우
 B, C의 진술이 모두 참이거나 거짓일 때 영업팀과 홍보팀이 같은 층에서 회의를 할 수 있다. 그러나 B, C의 진술은 동시에 참이 될 수 없으므로, A·B·C 진술 모두 거짓이 되어야 한다. 따라서 기획팀은 5층, 영업팀과 홍보팀은 3층에서 회의를 진행하고, E는 5층에서 회의를 하는 기획팀에 속하게 되므로 ㄱ은 항상 참이 된다.
- ㄴ의 경우
 기획팀이 3층에서 회의를 한다면 A의 진술은 항상 참이 되어야 한다. 이때 B와 C의 진술은 동시에 거짓이 될 수 없으므로, 둘 중 하나는 반드시 참이어야 한다. 또한 2명만 진실을 말하므로 D와 E의 진술은 거짓이 된다. 따라서 D와 E는 같은 팀이 될 수 없으므로 ㄴ은 참이 될 수 없다.

- ㄷ의 경우
 ⅰ) 두 팀이 5층에서 회의를 하는 경우 : (A·B 거짓, C 참), (A·C 거짓, B 참)
 ⅱ) 두 팀이 3층에서 회의를 하는 경우 : (A·B 참, C 거짓), (A·C 참, B 거짓), (A·B·C 거짓)
 두 팀이 5층보다 3층에서 회의를 하는 경우가 더 많으므로 ㄷ은 참이 될 수 없다.
따라서 항상 참이 되는 것은 ㄱ이다.

19

정답 ①

아메리카노를 A, 카페라테를 B, 유자차를 C, 레모네이드를 D, 녹차를 E, 스무디를 F로 변환하여 각각의 조건을 비교해 보면 A>B, D>C, E>B>D, F>E>A가 된다. 이를 연립하면 F>E>A>B>D>C가 되므로 가장 많이 팔리는 음료는 F, 즉 스무디이다.

풀이 꿀팁

주어진 조건에서 해당 단어의 앞 글자가 서로 다를 때는 단어의 앞 글자 하나로 표기할 수 있으며, 비교를 나타내는 명제는 부등호를 사용하여 간단히 도식화할 수 있다.
따라서 스>녹>아>카>레>유이다.

20

정답 ⑤

주어진 조건에 따르면 과장은 회색 코트를 입고, 연구팀 직원은 갈색 코트를 입었으므로 가장 낮은 직급인 기획팀의 C사원은 검은색 코트를 입었음을 알 수 있다. 이때 과장이 속한 팀은 디자인팀이며, 연구팀 직원의 직급은 대리임을 알 수 있지만, 각각 디자인팀의 과장과 연구팀의 대리가 A, B 중 누구인지는 알 수 없다.
따라서 항상 옳은 것은 ⑤이다.

03 창의수리

01	02	03	04	05	06	07	08	09	10
②	④	⑤	③	⑤	①	④	③	②	③
11	12	13	14	15	16	17	18	19	20
④	③	②	②	④	⑤	④	②	③	①
21	22	23	24	25	26	27	28	29	30
②	⑤	③	⑤	②	①	①	②	③	⑤

01 　　　　　정답 ②

$321 \times 7 - 5 \times 64$
$= 2,247 - 320$
$= 1,927$

02 　　　　　정답 ④

$454 - 56 \div 8 - 445$
$= 9 - 7$
$= 2$

03 　　　　　정답 ⑤

$32 \times 4 + 34 \times 4$
$= 128 + 136$
$= 264$

04 　　　　　정답 ③

$87 \times 8 - 9 \times 77$
$= 696 - 693$
$= 3$

05 　　　　　정답 ⑤

$12,052 + 12,025 + 10,252$
$= 24,077 + 10,252$
$= 34,329$

06 　　　　　정답 ①

현재 현식이의 나이를 x세라고 하면, 아버지의 나이는 $(x+18)$세이다.
$3(x+4) = x + 18 + 4$
$\therefore x = 5$
따라서 현식이의 2년 전 나이는 3세이다.

07 　　　　　정답 ④

- 팀장 한 명을 뽑는 경우의 수 : $_{10}C_1 = 10$
- 회계 담당 2명을 뽑는 경우의 수 : $_9C_2 = \dfrac{9 \times 8}{2!} = 36$

따라서 $10 \times 36 = 360$가지이다.

08 　　　　　정답 ③

농도 10% 소금물에 들어있는 소금의 양은 $500 \times \dfrac{10}{100} = 50$g
이다. 더 넣는 생수의 양을 xL라고 하면 다음과 같은 식이 성립한다.

$\dfrac{50}{500 + x} \times 100 = 5$
$\rightarrow 5,000 = 2,500 + 5x$
$\rightarrow 2,500 = 5x$
$\therefore x = 500$
따라서 500L의 생수를 더 넣어야 한다.

09 　　　　　정답 ②

A반 남자 수학 평균 점수를 X점이라 가정하고 인원 비율을 이용해 방정식을 세우면 다음과 같다.

$\dfrac{60 \times 3 + X \times 2}{5} = 49$
$\rightarrow 2X = 49 \times 5 - 60 \times 3$
$\rightarrow 2X = 65$
$\therefore X = 32.5$
따라서 A반 남자 수학 평균 점수는 32.5점이다.

10 　　　　　정답 ③

톱니바퀴가 회전하여 다시 처음의 위치로 돌아오려면 적어도 두 톱니 수의 최소공배수만큼 회전해야 한다.
25와 35의 최소공배수를 구하면 $25 = 5^2$, $35 = 5 \times 7$이므로 $5^2 \times 7 = 175$이다.
따라서 A는 최소 $175 \div 25 = 7$바퀴를 회전해야 한다.

11

정답 ④

총 경비를 x만 원이라고 하자.

• 숙박비와 항공권 비용 : $\frac{2}{3}x$만 원

• 교통비 : $\left(\frac{1}{3}x \times \frac{1}{6}\right)$

• 교통비까지 쓰고 남은 경비 : $\left(\frac{1}{3}x \times \frac{5}{6}\right)$

$\frac{1}{3}x \times \frac{5}{6} = 40$

$\therefore x = 144$

따라서 총 경비는 144만 원이다.

12

정답 ③

사탕을 x개 산다고 하면 초콜릿은 $(14-x)$개 살 수 있으므로
$235 \le 15x + 20(14-x) \le 250$
$\rightarrow 6 \le x \le 9$
따라서 사탕을 최대 9개까지 살 수 있다.

13

정답 ②

ㄱ, ㄴ, ㄷ, ㄹ 순으로 칠한다면 가장 면적이 넓은 ㄱ에 4가지를 칠할 수 있고, ㄴ은 ㄱ과 달라야 하므로 3가지, ㄷ은 ㄱ, ㄴ과 달라야 하므로 2가지, ㄹ은 ㄱ, ㄷ과 달라야 하므로 2가지를 칠할 수 있다.
$\therefore 4 \times 3 \times 2 \times 2 = 48$가지
따라서 색칠하는 전체 경우의 수는 48가지이다.

14

정답 ②

(1, 2, 3이 적힌 카드 중 하나 이상을 뽑을 확률)=1-(세 번 모두 4~10이 적힌 카드를 뽑을 확률)
• 세 번 모두 4~10이 적힌 카드를 뽑을 확률 :
$\frac{7}{10} \times \frac{6}{9} \times \frac{5}{8} = \frac{7}{24}$
따라서 1, 2, 3이 적힌 카드 중 하나 이상을 뽑을 확률은
$1 - \frac{7}{24} = \frac{17}{24}$이다.

15

정답 ④

창고를 모두 가득 채웠을 때 보관 가능한 컨테이너의 수는
$10 \times 10 = 100$개이다.
• 9개 창고에 10개씩, 1개 창고에 8개를 보관하는 경우의 수
(=10개의 창고 중 8개를 보관할 1개의 창고를 고르는 경우의 수) : $_{10}C_1 = 10$가지

• 8개 창고에 10개씩, 2개 창고에 9개씩 보관하는 경우의 수
(=10개의 창고 중 9개씩 보관할 2개의 창고를 고르는 경우의 수) : $_{10}C_2 = \frac{10 \times 9}{2!} = 45$가지
따라서 전체 경우의 수는 $10 + 45 = 55$가지이다.

16

정답 ⑤

8, 10, 6 세 수의 최소공배수는 120이다. 따라서 세 벽돌의 쌓아 올린 높이는 120cm이므로 필요한 벽돌의 수는 모두
$\frac{120}{8} + \frac{120}{10} + \frac{120}{6} = 15 + 12 + 20 = 47$개이다.

17

정답 ④

1월과 6월의 전기요금을 각각 $5k$, $2k$라고 하자(단, $k>0$).
1월 전기요금에서 6만 원을 빼면 비율이 3:2이므로
$(5k - 60,000):2k = 3:2$
$\rightarrow 10k - 120,000 = 6k$
$\rightarrow 4k = 120,000$
$\therefore k = 30,000$
따라서 1월의 전기요금은 $5k = 5 \times 30,000 = 150,000$원이다.

18

정답 ②

민준이의 나이를 x세, 영희의 나이를 y세라고 하자.
$x = y + 7 \cdots$ ㉠
$3y = 2x - 2 \cdots$ ㉡
㉡에 ㉠을 대입하면
$3y = 2(y+7) - 2$
$y = 12 \rightarrow x = 12 + 7 = 19$
따라서 민준이의 나이는 19세이고 영희의 나이는 12세이므로 두 사람의 나이의 합은 31세이다.

19

정답 ③

두 지점 A, B 사이의 거리를 $x$km라고 하면 다음과 같다.
$\frac{x}{60} - \frac{x}{80} = \frac{1}{2}$
$\therefore x = 120$
따라서 두 지점 A, B 사이의 거리는 120km이다.

20

나무를 최소로 심으려면 432와 720의 최대공약수만큼의 간격으로 나무를 심어야 한다. 432와 720를 최대공약수인 144로 나누면 각각 3과 5이다.

이 수는 시작 지점의 귀퉁이는 제외하고 끝나는 지점의 귀퉁이는 포함하므로, 4개의 귀퉁이를 제외하고 계산하면 가로와 세로에 각각 2그루와 4그루씩 심을 수 있다.

따라서 $(2 \times 2) + (4 \times 2) + 4 = 16$그루를 심을 수 있다.

21

• 전체 구슬의 개수 : $3 + 4 + 5 = 12$개

• 빨간색 구슬 2개를 꺼낼 확률 : $\dfrac{_3C_2}{_{12}C_2} = \dfrac{1}{22}$

• 초록색 구슬 2개를 꺼낼 확률 : $\dfrac{_4C_2}{_{12}C_2} = \dfrac{1}{11}$

• 파란색 구슬 2개를 꺼낼 확률 : $\dfrac{_5C_2}{_{12}C_2} = \dfrac{5}{33}$

따라서 구슬 2개를 꺼낼 때, 모두 빨간색이거나 모두 초록색이거나 모두 파란색일 확률은 $\dfrac{1}{22} + \dfrac{1}{11} + \dfrac{5}{33} = \dfrac{19}{66}$ 이다.

22

• 남학생 5명 중 2명을 선택하는 경우의 수 : $_5C_2$

• 여학생 3명 중 2명을 선택하는 경우의 수 : $_3C_2$

• 4명을 한 줄로 세우는 경우의 수 : $4!$

$_5C_2 \times _3C_2 \times 4! = 10 \times 3 \times 24 = 720$가지

따라서 남학생 중 2명을 뽑고, 여학생 중 2명을 뽑아 한 줄로 세우는 경우의 수는 720가지이다.

23

OECD 전체 평균 학업능력 점수를 구하는 식은 다음과 같다.

$0.2 \times 77 + 0.8 \times 40 = 15.4 + 32 = 47.4$

따라서 OECD 전체 평균 학업능력 점수는 47.4점이다.

24

• 영훈 · 성준이는 합격, 홍은이는 탈락할 확률 :

$(1 - \dfrac{6}{7}) \times \dfrac{3}{5} \times \dfrac{1}{2} = \dfrac{1}{7} \times \dfrac{3}{5} \times \dfrac{1}{2} = \dfrac{3}{70}$

• 홍은 · 성준이는 합격, 영훈이는 탈락할 확률 :

$\dfrac{6}{7} \times (1 - \dfrac{3}{5}) \times \dfrac{1}{2} = \dfrac{6}{7} \times \dfrac{2}{5} \times \dfrac{1}{2} = \dfrac{12}{70}$

• 홍은 · 영훈이는 합격, 성준이는 탈락할 확률 :

$\dfrac{6}{7} \times \dfrac{3}{5} \times (1 - \dfrac{1}{2}) = \dfrac{6}{7} \times \dfrac{3}{5} \times \dfrac{1}{2} = \dfrac{18}{70}$

세 사람 중 두 사람이 합격할 확률은 $\dfrac{3}{70} + \dfrac{12}{70} + \dfrac{18}{70} = \dfrac{33}{70}$ 이고, $a = 70$, $b = 33$이다.

따라서 $a + b = 103$이다.

25

$x\%$의 소금물이 된다고 하면 다음과 같은 식이 성립한다.

$\dfrac{10}{100} \times 100 + \dfrac{25}{100} \times 200 = \dfrac{x}{100} \times (100 + 200)$

$\therefore x = 20$

따라서 20%의 소금물이 된다.

26

막내의 나이를 x살, 서로 나이가 같은 3명의 멤버 중 한 명의 나이를 y살이라고 하면 다음과 같다.

$y = 105 \div 5 = 21 (\because y = 5$명의 평균 나이$)$

$24 + 3y + x = 105 \rightarrow x + 3 \times 21 = 81$

$\therefore x = 18$

따라서 막내의 나이는 18살이다.

27

감자를 x박스 산다고 하자.

• A가게에서 드는 비용 : $10,000x$원

• B가게에서 드는 비용 : $(8,000x + 3,000)$원

$10,000x > 8,000x + 3,000$

$\therefore x > 1.5$

따라서 감자를 최소한 2박스를 사야 B가게에서 사는 것이 A가게에서 사는 것보다 저렴하다.

28

• 2의 배수를 뽑는 경우의 수 : 5가지

• 3의 배수를 뽑는 경우의 수 : 3가지

뽑은 공은 다시 넣으므로 첫 번째에 2의 배수를 뽑는 확률은 $\dfrac{5}{10} = \dfrac{1}{2}$, 두 번째에 3의 배수를 뽑는 확률은 $\dfrac{3}{10}$ 이다.

따라서 구하는 확률은 $\dfrac{1}{2} \times \dfrac{3}{10} = \dfrac{3}{20}$ 이다.

29

정답 ③

A의 속도를 xm/분이라 하면 B의 속도는 $1.5x$m/분이다.
A, B가 12분 동안 이동한 거리는 각각 $12x$m, $12 \times 1.5x = 18x$m이고, 두 사람이 이동한 거리의 합은 1,200m이다.
$12x + 18x = 1,200$
$\therefore x = 40$
따라서 A의 속도는 40m/분이다.

30

정답 ⑤

원가를 x원이라고 하자. 정가는 $(x+3,000)$원이다.
정가에 20%를 할인하여 5개 팔았을 때 순이익과 조각 케이크 1개당 정가에서 2,000원씩 할인하여 4개를 팔았을 때의 매출액은 같다.
$5\{0.8 \times (x+3,000) - x\} = 4(x+3,000-2,000)$
$\rightarrow 5(-0.2x + 2,400) = 4x + 4,000$
$\rightarrow 5x = 8,000$
$\therefore x = 1,600$
따라서 정가는 $1,600 + 3,000 = 4,600$원이다.

04 자료해석

01	02	03	04	05	06	07	08	09	10	11	12	13	14	15	16	17	18	19	20
②	②	①	④	③	①	④	③	⑤	②	④	②	③	②	④	⑤	③	⑤	④	②

01
정답 ②

제시된 자료에 의하면 수도권은 서울과 인천·경기를 합한 지역을 의미한다.
따라서 전체 마약류 단속 건수 중 수도권의 마약류 단속 건수의 비중은 22.1+35.8=57.9%이므로 50% 이상이다.

오답분석
① • 대마 단속 전체 건수 : 167건
   • 코카인 단속 전체 건수 : 65건
   따라서 65×3=195>167이므로 옳지 않은 설명이다.
③ 코카인 단속 건수가 없는 지역은 강원, 충북, 제주로 3곳이다.
④ • 대구·경북 지역의 향정신성의약품 단속 건수 : 138건
   • 광주·전남 지역의 향정신성의약품 단속 건수 : 38건
   따라서 38×4=152>138이므로 옳지 않은 설명이다.
⑤ • 강원 지역의 향정신성의약품 단속 건수 : 35건
   • 강원 지역의 대마 단속 건수 : 13건
   따라서 13×3=39>35이므로 옳지 않은 설명이다.

02
정답 ②

ㄱ. 주화공급량이 주화종류별로 각각 20십만 개씩 증가한다면, 이 지역의 평균 주화공급량은 $\dfrac{1,000+20\times4}{4}=\dfrac{1,080}{4}=270$십만 개이다.

ㄷ. • 평균 주화공급량 : $\dfrac{1,000}{4}=250$십만 개
   • 주화공급량 증가량 : $340\times0.1+215\times0.2+265\times0.2+180\times0.1=148$십만 개
   • 증가한 평균 주화공급량 : $\dfrac{1,000+148}{4}=287$십만 개
   따라서 250×1.15=287.5>287이므로, 증가율은 15% 이하이다.

오답분석
ㄴ. • 10원 주화의 공급기관당 공급량 : $\dfrac{340}{170}=2$십만 개
   • 500원 주화의 공급기관당 공급량 : $\dfrac{180}{120}=1.5$십만 개
   따라서 주화종류별 공급기관당 공급량은 10원 주화가 500원 주화보다 많다.
ㄹ. 주화공급액은 (주화공급량)×(액면가)이고, 액면가는 변하지 않으므로 총 주화공급액의 규모가 증가할 경우 주화공급량의 규모도 증가한다.

03
정답 ①

2020년 인구성장률은 0.63%, 2023년 인구성장률은 0.39%이다. 2023년 인구성장률은 2020년 인구성장률에서 40% 감소한 값인 0.63×(1-0.4)=0.378%보다 값이 크므로 40% 미만으로 감소하였다.

오답분석
② 제시된 자료에서 2020년 이후 인구성장률이 매년 감소하고 있으므로 옳은 설명이다.

③ 2018년부터 2023년까지 인구성장률이 가장 낮았던 해는 2023년이며, 합계출산율도 2023년에 가장 낮았다.

④ 인구성장률과 합계출산율은 모두 2019년에는 전년 대비 감소하고, 2020년에는 전년 대비 증가하였으므로 옳은 설명이다.

⑤ 인구성장률이 높은 순서로 나열하면 2020년 – 2018년·2021년 – 2019년 – 2022년 – 2023년이고, 합계출산율이 높은 순서로 나열하면 2018년 – 2021년 – 2020년 – 2019년 – 2022년 – 2023년이다. 따라서 인구성장률과 합계출산율이 두 번째로 높은 해는 2021년이다.

04

정답 ④

1인당 평균 보수액에서 성과급이 차지하는 비중을 구하면 다음과 같다.

• 2020년 : $\dfrac{1,264}{55,722} \times 100 ≒ 2.27\%$

• 2022년 : $\dfrac{862}{56,214} \times 100 ≒ 1.53\%$

따라서 2020년도가 2022년보다 높으므로 옳지 않은 설명이다.

오답분석

① 자료에서 2020년부터 2022년까지 기본급은 전년 대비 계속 증가하는 것을 알 수 있다.

② 기타 상여금이 가장 높은 연도는 2021년이며, 이때 1인당 평균 보수액은 복리후생비의 $\dfrac{56,209}{985} ≒ 57$배이다.

③ 2019 ~ 2022년 동안 고정수당의 증감 추이는 '감소 – 감소 – 감소'로 이와 증감추이가 같은 항목은 없다.

⑤ 2023년 성과급의 전년 대비 증가율이 실적수당의 전년 대비 증가율인 $\dfrac{2,168-2,129}{2,129} \times 100 ≒ 1.8\%$와 같을 때, 성과급 금액은 $862 \times 1.018 = 877.52$천 원으로 900천 원 미만이다.

풀이 꿀팁

② 2021년 1인당 평균 보수액에 복리후생비의 구체적인 수치로 나누지 않고 어림값을 활용하면 $\dfrac{985}{56,209} ≒ \dfrac{1,000}{56,000} = \dfrac{1}{56}$이다. 따라서 50배 이상인 것을 알 수 있다.

③ 여러 개의 증감 추이를 비교해야 하는 경우 하나의 반례라도 있으면 바로 소거하고 넘어간다. 이런 방법으로 모든 선택지가 전년 대비 2020년부터 소거된다.

④ 2020년과 2022년에 1인당 평균 보수액에서 성과급이 차지하는 비중은 각각 $\dfrac{1,264}{55,722}$, $\dfrac{862}{56,214}$이다. 이 둘을 비교하면 2022년의 분모는 더 크고, 분자는 더 작다. 따라서 2022년의 비중이 더 낮다.

05

정답 ③

ㄴ. 기계 장비 부문의 상대수준은 일본이다.

ㄷ. 한국의 전자 부문 투자액은 301.6억 달러이고, 전자 외 부문 투자액의 총합은 $3.4+4.9+32.4+16.4=57.1$억 달러로, $57.1 \times 6=342.6>301.6$이다.

오답분석

ㄱ. 제시된 자료를 통해 한국의 IT 서비스 부문 투자액은 최대 투자국인 미국 대비 $\dfrac{3.4}{200.5} \times 1,000 ≒ 1.7\%$임을 알 수 있다.

ㄹ. 일본은 '전자 – 바이오·의료 – 기계 장비 – 통신 서비스 – IT 서비스' 순서이고, 프랑스는 '전자 – IT 서비스 – 바이오·의료 – 기계 장비 – 통신 서비스' 순서이다.

풀이 꿀팁

이 문제의 ㄱ과 ㄷ은 계산을 해야 풀이할 수 있는 문제이다. 때문에 ㄴ과 ㄹ을 먼저 확인하는 것이 좋다. ㄴ은 추가 설명에 따라 옳지 않은 것을 알 수 있고, ㄹ의 투자액이 많은 순서가 일치하지 않아 옳은 설명이라는 것도 빠르게 확인할 수 있다. 즉, 선택지에 ㄴ은 있어야 하고, ㄹ은 없어야 하므로 ㄱ이나 ㄷ 중에 더 빠르게 계산할 수 있는 ㄱ을 확인해 보면 선택지 전체를 확인하지 않아도 답을 찾을 수 있다.

06

ㄱ. 1시간 미만 운동하는 3학년 남학생 수는 87명이고, 4시간 이상 운동하는 1학년 여학생 수는 46명이므로 옳은 설명이다.
ㄴ. 제시된 자료에서 남학생 중 1시간 미만 운동하는 남학생의 비율이 여학생 중 1시간 미만 운동하는 여학생의 비율보다 각 학년에서 모두 낮음을 확인할 수 있다.

[오답분석]

ㄷ. 남학생과 여학생 모두 학년이 높아질수록 3시간 이상 4시간 미만 운동하는 학생의 비율은 낮아진다. 그러나 남학생과 여학생 모두 학년이 높아질수록 4시간 이상 운동 하는 학생의 비율은 높아지므로 옳지 않은 설명이다.
ㄹ. 3학년 남학생의 경우 3시간 이상 4시간 미만 운동하는 학생의 비율은 4시간 이상 운동하는 학생의 비율보다 낮다.

07

고객 불만족 비용을 반영한 표는 다음과 같다.

구분	CPU	RAM	카메라모듈	액정
MOON사	30만 원	27만 원	15만 원	30만 원
SUN사	38만 원	25만 원	13만 원	38만 원
EARTH사	22만 원	23만 원	17만 원	34만 원

따라서 CPU와 RAM은 EARTH사, 카메라모듈은 SUN사, 액정은 MOON사에서 구입해야 한다.

08

견과류 첨가 제품의 시리얼은 단백질 함량이 1.8g, 2.7g, 2.5g이며, 당 함량을 낮춘 제품의 시리얼은 단백질 함량이 1.4g, 1.6g으로 옳은 설명이다.

[오답분석]

① 탄수화물 함량이 가장 낮은 시리얼은 후레이크이며, 당류 함량이 가장 낮은 시리얼은 콘프레이크이다.
② 일반 제품의 시리얼 열량은 체중 조절용 제품의 시리얼 열량보다 더 낮은 수치를 보이고 있다.
④ 당류가 가장 많은 시리얼은 초코볼 시리얼(12.9g)이며, 초코맛 제품이다.
⑤ 콘프레이크의 단백질 함량은 3g이므로 약 2배 이상 많다.

09

매년 로봇 부품이 차지하는 비율은 2022년 $\frac{1,007}{9,336} \times 100 = 10.8\%$에서 2023년 $\frac{1,072}{10,984} \times 100 = 9.8\%$로 감소하였으므로 ⑤는 옳지 않은 설명이다.

[오답분석]

① 생산 설비 투자 금액이 2019 ~ 2022년까지 매년 가장 많았으므로 투자 비중이 가장 높다.
② 2023년 연구개발 설비와 생산 설비의 투자 금액의 차는 1,334-1,275=59억 원이다.
③ 2023년에 10,984억 원으로 1조를 돌파하였다.
④ 제조용 로봇 수출 비중은 2019년(80.9%), 2020년(84.6%), 2021년(83%), 2022년(72.9%), 2023년(80.7%)으로 2020년이 가장 높다.

10

2회차 토익 점수를 x점, 5회차 토익 점수를 y점이라 하자.

평균점수가 750점이므로 $\dfrac{620+x+720+840+y+880}{6}=750 \rightarrow x+y=1,440$

$\rightarrow x=1,440-y$

x값의 범위가 $620 \leq x \leq 700$이므로

$620 \leq 1,440-y \leq 700 \rightarrow -820 \leq -y \leq -740$

$\rightarrow 740 \leq y \leq 820$

따라서 ⓛ에 들어갈 수 있는 최소 점수는 740점이다.

11

2023년도 남성 공무원 비율은 $100-29.7=70.3\%$로 70% 이상이다. 따라서 ④는 옳지 않은 설명이다.

[오답분석]

① 제시된 자료에 따라 2018년 이후 여성 공무원 수는 매년 증가하고 있다.

② 2021년 전체 공무원 수는 2,755백 명으로, 2020년 전체 공무원 수 2,750백 명에서 증가하였다.

③ 2022년 남성 공무원 수는 $2,780-820=1,960$백 명이다.

⑤ 2023년 여성 공무원 비율은 2018년 비율보다 $29.7-26.5=3.2\%$p 증가했다.

12

서울, 베이징, 도쿄 모두 해당 기간 동안 지속적으로 인구가 증가하고 있으므로 ②는 옳지 않은 설명이다.

[오답분석]

① 2013년을 기점으로 서울과 베이징의 인구 순위가 바뀐다.

③ 1993년 대비 2003년의 서울의 인구 증가율은 $\dfrac{120-80}{80} \times 100 = 50\%$이다.

④ 2003년 대비 2013년의 인구 증가폭은 서울이 25십만 명, 베이징이 78십만 명, 도쿄가 26십만 명으로 베이징이 가장 높다.

⑤ 2023년 인구가 최대인 도시는 도쿄로 360십만 명이다. 이는 인구가 최소인 도시 서울의 $\dfrac{360}{180}=2$배이다.

13

ㄴ. 경징계 총 건수는 $3+174+170+160+6=513$건이고, 중징계 총 건수는 $25+48+53+40+5=171$건으로 전체 징계 건수는 $513+171=684$건이다. 따라서 전체 징계 건수 중 경징계 총 건수의 비율은 $\dfrac{513}{684} \times 100 = 75\%$로 70% 이상이다.

ㄷ. 징계 사유 D로 인한 징계 건수 중 중징계 건수의 비율은 $\dfrac{40}{160+40} \times 100 = 20\%$이다.

[오답분석]

ㄱ. 경징계 총 건수는 $3+174+170+160+6=513$건이고, 중징계 총 건수는 $25+48+53+40+5=171$건으로 경징계 총 건수는 중징계 총 건수의 $\dfrac{513}{171}=3$배이다.

ㄹ. 전체 징계 사유 중 C가 총 $170+53=223$건으로 가장 많다.

14

ㄱ. 영어 관광통역 안내사 자격증 취득자 수는 2022년에 345명으로 전년 대비 감소하였으며, 스페인어 관광통역 안내사 자격증 취득자 수는 2022년에 전년 대비 동일하였고, 2023년에 3명으로 전년 대비 감소하였다.

ㄹ. 2021년에 불어 관광통역 안내사 자격증 취득자 수는 전년 대비 동일한 반면, 독어 관광통역 안내사 자격증 취득자 수는 전년 대비 감소하였다.

오답분석

ㄴ. 2023년 중국어 관광통역 안내사 자격증 취득자 수는 일어 관광통역 안내사 자격증 취득자 수의 $\frac{1,350}{150}=9$배이다.

ㄷ. 2020년과 2021년의 태국어 관광통역 안내사 자격증 취득자 수 대비 베트남어 관광통역 안내사 자격증 취득자 수의 비율은 다음과 같다.

- 2020년 : $\frac{4}{8} \times 100 = 50\%$

- 2021년 : $\frac{14}{35} \times 100 = 40\%$

따라서 2020년과 2021년의 차이는 $50-40=10\%$p이다.

15

2019년과 2021년의 전체 풍수해 규모에서 대설로 인한 풍수해 규모가 차지하는 비중을 구하면 다음과 같다.

- 2019년 : $\frac{480}{7,942} \times 100 = 6.04\%$

- 2021년 : $\frac{113}{1,720} \times 100 = 6.57\%$

따라서 전체 풍수해 규모에서 대설로 인한 풍수해 규모가 차지하는 비중은 2021년이 2019년보다 크다.

오답분석

① 풍수해가 가장 큰 해부터 나열하면 '2014년 – 2020년 – 2019년 – 2018년 – 2017년 – 2015년 – 2022년 – 2021년 – 2016년 – 2023년' 순이다. 따라서 피해가 3번째로 컸던 해는 2019년이다.

② 제시된 자료를 통해 확인할 수 있다.

③ 2023년 호우로 인한 풍수해 규모의 전년 대비 감소율은 $\frac{1,422-12}{1,422} \times 100 = 99.16\%$이다.

⑤ 2015년과 2023년의 태풍으로 인한 풍수해 규모는 전년보다 증가했지만, 전체 풍수해 규모는 전년보다 감소했다. 그리고 2017년 태풍으로 인한 풍수해 규모는 전년보다 감소했지만, 전체 풍수해 규모는 전년보다 증가했다.

풀이 꿀팁

① 순서 전체를 나열하는 문제가 아니라면 필요한 값을 구하기 위한 최선의 선택을 해야 한다. 만약 가장 피해 규모가 적었던 해를 구하는 문제하면 적은 순서부터 구하는 방법이 빠르다.

③ 2022년의 호우 풍수해 규모인 1,422의 3%는 1,422×0.03≒43억 원이다. 따라서 97% 이상이다.

16

ㄱ. 대도시 간 예상 최대 소요시간의 모든 구간에서 주중이 주말보다 소요시간이 적게 걸림을 알 수 있다.

ㄴ. 주중 전국 교통량 중 수도권에서 지방으로 가는 교통량의 비율은 $\frac{42}{380} \times 100 = 11.1\%$이다.

ㄹ. 서울 – 광주 구간의 주중 소요시간과 서울 – 강릉 구간의 주말 소요시간은 3시간 20분으로 같다.

오답분석

ㄷ. 지방에서 수도권으로 가는 주말 예상 교통량은 주중 교통량보다 $\frac{52-35}{35} \times 100 = 45.7\%$ 많다.

17

총 이동자 수 대비 20 ~ 30대 이동자 수 비율은 약 45.4%로 2013년이 가장 높다.

18

전체 유출량이 가장 적은 연도는 2020년이고, 기타를 제외한 선박 종류별 사고 건수 대비 유출량의 비율은 다음과 같다.

• 유조선 : $\frac{21}{28}=0.75$

• 화물선 : $\frac{49}{68}≒0.72$

• 어선 : $\frac{166}{247}≒0.67$

따라서 어선의 사고 건수 대비 유출량이 가장 낮다.

[오답분석]

① 평균적으로 유조선 사고의 유출량이 가장 많다.
② 2022년에는 전년 대비 전체 사고 건수는 감소했지만, 유조선 사고 건수는 증가했다. 따라서 전년 대비 비율은 증가하였다.
③ 2022년에는 유조선의 사고 건수에 대한 비율이 어선보다 낮다.
④ 2020년에 사고 건수는 증가하였으나 유출량은 감소하였다.

19

표에 따라 다음과 같이 식을 세울 수 있다.
{(25,000−500×5−5,700−600×3)÷250}÷12=5
따라서 비품을 주문하고 남은 돈으로 구매할 수 있는 볼펜의 수는 5타이다.

20

곡류의 수입 물량은 2020년과 2021년 사이에 증가하였고, 수입 금액은 2021년과 2022년 사이에 감소하였다.

[오답분석]

① 2018년 대비 2023년의 농산물 전체 수입 물량은 $\frac{3,430−2,450}{2,450}×100=40\%$ 증가하였다.

③ 2018년 대비 2023년의 과실류 수입 금액은 $\frac{175−50}{50}×100=250\%$ 급증하였다.

④ 곡류, 과실류, 채소류의 2018년과 2023년의 수입 물량 차이를 구하면 다음과 같다.
 • 곡류 : 1,520−1,350=170만 톤
 • 과실류 : 130−65=65만 톤
 • 채소류 : 110−40=70만 톤
 따라서 곡류가 가장 많이 증가했다.
⑤ 2019 ~ 2023년 동안 과실류와 채소류 수입 금액의 전년 대비 증감 추이는 '증가 – 감소 – 증가 – 감소 – 증가'로 같다.

SK하이닉스 고졸/전문대졸 필기시험 답안지

언어이해

문번	1	2	3	4	5
1	①	②	③	④	⑤
2	①	②	③	④	⑤
3	①	②	③	④	⑤
4	①	②	③	④	⑤
5	①	②	③	④	⑤
6	①	②	③	④	⑤
7	①	②	③	④	⑤
8	①	②	③	④	⑤
9	①	②	③	④	⑤
10	①	②	③	④	⑤
11	①	②	③	④	⑤
12	①	②	③	④	⑤
13	①	②	③	④	⑤
14	①	②	③	④	⑤
15	①	②	③	④	⑤
16	①	②	③	④	⑤
17	①	②	③	④	⑤
18	①	②	③	④	⑤
19	①	②	③	④	⑤
20	①	②	③	④	⑤

언어표현

문번	1	2	3	4	5
21	①	②	③	④	⑤
22	①	②	③	④	⑤
23	①	②	③	④	⑤
24	①	②	③	④	⑤
25	①	②	③	④	⑤
26	①	②	③	④	⑤
27	①	②	③	④	⑤
28	①	②	③	④	⑤
29	①	②	③	④	⑤
30	①	②	③	④	⑤

문번	1	2	3	4	5
1	①	②	③	④	⑤
2	①	②	③	④	⑤
3	①	②	③	④	⑤
4	①	②	③	④	⑤
5	①	②	③	④	⑤
6	①	②	③	④	⑤
7	①	②	③	④	⑤
8	①	②	③	④	⑤
9	①	②	③	④	⑤
10	①	②	③	④	⑤
11	①	②	③	④	⑤
12	①	②	③	④	⑤
13	①	②	③	④	⑤
14	①	②	③	④	⑤
15	①	②	③	④	⑤
16	①	②	③	④	⑤
17	①	②	③	④	⑤
18	①	②	③	④	⑤
19	①	②	③	④	⑤
20	①	②	③	④	⑤

고사장

성 명

수험번호

⊝	①	②	③	④	⑤	⑥	⑦	⑧	⑨
⓪	①	②	③	④	⑤	⑥	⑦	⑧	⑨
⓪	①	②	③	④	⑤	⑥	⑦	⑧	⑨
⓪	①	②	③	④	⑤	⑥	⑦	⑧	⑨
⓪	①	②	③	④	⑤	⑥	⑦	⑧	⑨
⓪	①	②	③	④	⑤	⑥	⑦	⑧	⑨
⓪	①	②	③	④	⑤	⑥	⑦	⑧	⑨

감독위원 확인

㊞

SK하이닉스 고졸/전문대졸 필기시험 답안지

청의수리

문번	1	2	3	4	5
1	①	②	③	④	⑤
2	①	②	③	④	⑤
3	①	②	③	④	⑤
4	①	②	③	④	⑤
5	①	②	③	④	⑤
6	①	②	③	④	⑤
7	①	②	③	④	⑤
8	①	②	③	④	⑤
9	①	②	③	④	⑤
10	①	②	③	④	⑤
11	①	②	③	④	⑤
12	①	②	③	④	⑤
13	①	②	③	④	⑤
14	①	②	③	④	⑤
15	①	②	③	④	⑤
16	①	②	③	④	⑤
17	①	②	③	④	⑤
18	①	②	③	④	⑤
19	①	②	③	④	⑤
20	①	②	③	④	⑤

청의수리

문번	1	2	3	4	5
21	①	②	③	④	⑤
22	①	②	③	④	⑤
23	①	②	③	④	⑤
24	①	②	③	④	⑤
25	①	②	③	④	⑤
26	①	②	③	④	⑤
27	①	②	③	④	⑤
28	①	②	③	④	⑤
29	①	②	③	④	⑤
30	①	②	③	④	⑤

지문해석

문번	1	2	3	4	5
1	①	②	③	④	⑤
2	①	②	③	④	⑤
3	①	②	③	④	⑤
4	①	②	③	④	⑤
5	①	②	③	④	⑤
6	①	②	③	④	⑤
7	①	②	③	④	⑤
8	①	②	③	④	⑤
9	①	②	③	④	⑤
10	①	②	③	④	⑤
11	①	②	③	④	⑤
12	①	②	③	④	⑤
13	①	②	③	④	⑤
14	①	②	③	④	⑤
15	①	②	③	④	⑤
16	①	②	③	④	⑤
17	①	②	③	④	⑤
18	①	②	③	④	⑤
19	①	②	③	④	⑤
20	①	②	③	④	⑤

SK하이닉스 고졸/전문대졸 필기시험 답안지

언어이해

문번	1	2	3	4	5
1	①	②	③	④	⑤
2	①	②	③	④	⑤
3	①	②	③	④	⑤
4	①	②	③	④	⑤
5	①	②	③	④	⑤
6	①	②	③	④	⑤
7	①	②	③	④	⑤
8	①	②	③	④	⑤
9	①	②	③	④	⑤
10	①	②	③	④	⑤
11	①	②	③	④	⑤
12	①	②	③	④	⑤
13	①	②	③	④	⑤
14	①	②	③	④	⑤
15	①	②	③	④	⑤
16	①	②	③	④	⑤
17	①	②	③	④	⑤
18	①	②	③	④	⑤
19	①	②	③	④	⑤
20	①	②	③	④	⑤

언어표현

문번	1	2	3	4	5
1	①	②	③	④	⑤
2	①	②	③	④	⑤
3	①	②	③	④	⑤
4	①	②	③	④	⑤
5	①	②	③	④	⑤
6	①	②	③	④	⑤
7	①	②	③	④	⑤
8	①	②	③	④	⑤
9	①	②	③	④	⑤
10	①	②	③	④	⑤
11	①	②	③	④	⑤
12	①	②	③	④	⑤
13	①	②	③	④	⑤
14	①	②	③	④	⑤
15	①	②	③	④	⑤
16	①	②	③	④	⑤
17	①	②	③	④	⑤
18	①	②	③	④	⑤
19	①	②	③	④	⑤
20	①	②	③	④	⑤
21	①	②	③	④	⑤
22	①	②	③	④	⑤
23	①	②	③	④	⑤
24	①	②	③	④	⑤
25	①	②	③	④	⑤
26	①	②	③	④	⑤
27	①	②	③	④	⑤
28	①	②	③	④	⑤
29	①	②	③	④	⑤
30	①	②	③	④	⑤

교시장

성명

수험번호

⓪	①	②	③	④	⑤	⑥	⑦	⑧	⑨
⓪	①	②	③	④	⑤	⑥	⑦	⑧	⑨
⓪	①	②	③	④	⑤	⑥	⑦	⑧	⑨
⓪	①	②	③	④	⑤	⑥	⑦	⑧	⑨
⓪	①	②	③	④	⑤	⑥	⑦	⑧	⑨
⓪	①	②	③	④	⑤	⑥	⑦	⑧	⑨
⓪	①	②	③	④	⑤	⑥	⑦	⑧	⑨

감독위원 확인

(인)

SK하이닉스 고졸/전문대졸 필기시험 답안지

창의수리

문번	1	2	3	4	5
1	①	②	③	④	⑤
2	①	②	③	④	⑤
3	①	②	③	④	⑤
4	①	②	③	④	⑤
5	①	②	③	④	⑤
6	①	②	③	④	⑤
7	①	②	③	④	⑤
8	①	②	③	④	⑤
9	①	②	③	④	⑤
10	①	②	③	④	⑤
11	①	②	③	④	⑤
12	①	②	③	④	⑤
13	①	②	③	④	⑤
14	①	②	③	④	⑤
15	①	②	③	④	⑤
16	①	②	③	④	⑤
17	①	②	③	④	⑤
18	①	②	③	④	⑤
19	①	②	③	④	⑤
20	①	②	③	④	⑤

문번	1	2	3	4	5
21	①	②	③	④	⑤
22	①	②	③	④	⑤
23	①	②	③	④	⑤
24	①	②	③	④	⑤
25	①	②	③	④	⑤
26	①	②	③	④	⑤
27	①	②	③	④	⑤
28	①	②	③	④	⑤
29	①	②	③	④	⑤
30	①	②	③	④	⑤

자료해석

문번	1	2	3	4	5
1	①	②	③	④	⑤
2	①	②	③	④	⑤
3	①	②	③	④	⑤
4	①	②	③	④	⑤
5	①	②	③	④	⑤
6	①	②	③	④	⑤
7	①	②	③	④	⑤
8	①	②	③	④	⑤
9	①	②	③	④	⑤
10	①	②	③	④	⑤
11	①	②	③	④	⑤
12	①	②	③	④	⑤
13	①	②	③	④	⑤
14	①	②	③	④	⑤
15	①	②	③	④	⑤
16	①	②	③	④	⑤
17	①	②	③	④	⑤
18	①	②	③	④	⑤
19	①	②	③	④	⑤
20	①	②	③	④	⑤

SK하이닉스 고졸/전문대졸 필기시험 답안지

언어이해

문번	1	2	3	4	5
1	①	②	③	④	⑤
2	①	②	③	④	⑤
3	①	②	③	④	⑤
4	①	②	③	④	⑤
5	①	②	③	④	⑤
6	①	②	③	④	⑤
7	①	②	③	④	⑤
8	①	②	③	④	⑤
9	①	②	③	④	⑤
10	①	②	③	④	⑤
11	①	②	③	④	⑤
12	①	②	③	④	⑤
13	①	②	③	④	⑤
14	①	②	③	④	⑤
15	①	②	③	④	⑤
16	①	②	③	④	⑤
17	①	②	③	④	⑤
18	①	②	③	④	⑤
19	①	②	③	④	⑤
20	①	②	③	④	⑤

언어표현

문번	1	2	3	4	5
21	①	②	③	④	⑤
22	①	②	③	④	⑤
23	①	②	③	④	⑤
24	①	②	③	④	⑤
25	①	②	③	④	⑤
26	①	②	③	④	⑤
27	①	②	③	④	⑤
28	①	②	③	④	⑤
29	①	②	③	④	⑤
30	①	②	③	④	⑤

문번	1	2	3	4	5
1	①	②	③	④	⑤
2	①	②	③	④	⑤
3	①	②	③	④	⑤
4	①	②	③	④	⑤
5	①	②	③	④	⑤
6	①	②	③	④	⑤
7	①	②	③	④	⑤
8	①	②	③	④	⑤
9	①	②	③	④	⑤
10	①	②	③	④	⑤
11	①	②	③	④	⑤
12	①	②	③	④	⑤
13	①	②	③	④	⑤
14	①	②	③	④	⑤
15	①	②	③	④	⑤
16	①	②	③	④	⑤
17	①	②	③	④	⑤
18	①	②	③	④	⑤
19	①	②	③	④	⑤
20	①	②	③	④	⑤

고사장

성 명

수 험 번 호

⓪	①	②	③	④	⑤	⑥	⑦	⑧	⑨
⓪	①	②	③	④	⑤	⑥	⑦	⑧	⑨
⓪	①	②	③	④	⑤	⑥	⑦	⑧	⑨
⓪	①	②	③	④	⑤	⑥	⑦	⑧	⑨
⓪	①	②	③	④	⑤	⑥	⑦	⑧	⑨
⓪	①	②	③	④	⑤	⑥	⑦	⑧	⑨
⓪	①	②	③	④	⑤	⑥	⑦	⑧	⑨

감독위원 확인

인

SK하이닉스 고졸/전문대졸 필기시험 답안지

창의수리

문번	1	2	3	4	5
1	①	②	③	④	⑤
2	①	②	③	④	⑤
3	①	②	③	④	⑤
4	①	②	③	④	⑤
5	①	②	③	④	⑤
6	①	②	③	④	⑤
7	①	②	③	④	⑤
8	①	②	③	④	⑤
9	①	②	③	④	⑤
10	①	②	③	④	⑤
11	①	②	③	④	⑤
12	①	②	③	④	⑤
13	①	②	③	④	⑤
14	①	②	③	④	⑤
15	①	②	③	④	⑤
16	①	②	③	④	⑤
17	①	②	③	④	⑤
18	①	②	③	④	⑤
19	①	②	③	④	⑤
20	①	②	③	④	⑤

문번	1	2	3	4	5
21	①	②	③	④	⑤
22	①	②	③	④	⑤
23	①	②	③	④	⑤
24	①	②	③	④	⑤
25	①	②	③	④	⑤
26	①	②	③	④	⑤
27	①	②	③	④	⑤
28	①	②	③	④	⑤
29	①	②	③	④	⑤
30	①	②	③	④	⑤

자료해석

문번	1	2	3	4	5
1	①	②	③	④	⑤
2	①	②	③	④	⑤
3	①	②	③	④	⑤
4	①	②	③	④	⑤
5	①	②	③	④	⑤
6	①	②	③	④	⑤
7	①	②	③	④	⑤
8	①	②	③	④	⑤
9	①	②	③	④	⑤
10	①	②	③	④	⑤
11	①	②	③	④	⑤
12	①	②	③	④	⑤
13	①	②	③	④	⑤
14	①	②	③	④	⑤
15	①	②	③	④	⑤
16	①	②	③	④	⑤
17	①	②	③	④	⑤
18	①	②	③	④	⑤
19	①	②	③	④	⑤
20	①	②	③	④	⑤

2025 최신판 시대에듀 All-New SK하이닉스 고졸/전문대졸 온라인 필기시험 최신기출유형 + 모의고사 4회 + 무료하이닉스특강

개정13판2쇄 발행	2025년 02월 20일 (인쇄 2025년 01월 07일)
초 판 발 행	2018년 06월 20일 (인쇄 2018년 05월 28일)
발 행 인	박영일
책 임 편 집	이해욱
편 저	SDC(Sidae Data Center)
편 집 진 행	안희선 · 김지영
표 지 디 자 인	박수영
편 집 디 자 인	양혜련 · 장성복
발 행 처	(주)시대고시기획
출 판 등 록	제10-1521호
주 소	서울시 마포구 큰우물로 75 [도화동 538 성지 B/D] 9F
전 화	1600-3600
팩 스	02-701-8823
홈 페 이 지	www.sdedu.co.kr

I S B N	979-11-383-8013-3 (13320)
정 가	23,000원

SK
하이닉스

Operator / Maintenance

고졸 / 전문대졸 **온라인 필기시험**

최신기출유형＋모의고사 4회
＋무료하이닉스특강

변경된 영역 전면 반영